READY FOR TAKE OFF.

Der Katamaran

IN NUR 52 MINUTEN NACH ÜBERSEE.

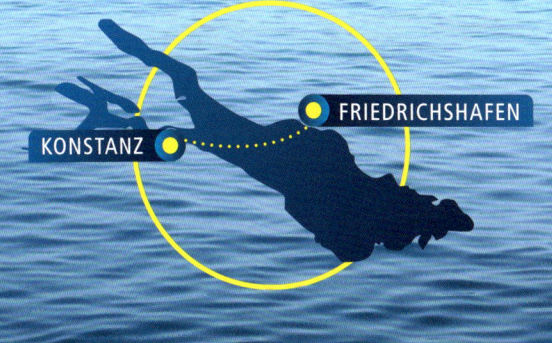

D1748431

KONSTANZ · FRIEDRICHSHAFEN

Die geniale Verbindung.

der-katamaran.de

VORWORT

KINDER Sommer
ALLGÄU · BODENSEE · OBERSCHWABEN

Ab in den Sommer!

Liebe Leserinnen und Leser,
so umfangreich wie diese Neuauflage ist der KinderSommer in den letzten zehn Jahren noch nie gelungen: über 600 Ausflugsziele auf 352 Seiten! Sie halten hier ein absolutes Standardwerk in den Händen, mit dem Sie noch weit über den Sommer hinaus viel Erleben können!

Unsere Ausflugs-Tipps gehen rund um den Bodensee, tief in die Allgäuer Alpen und weit in das Oberschwäbische Land hinein. Auch bei dieser neuen Auflage KinderSommer ist unser gesamtes Redaktionsteam wieder erstaunt und begeistert über die Vielzahl der Freizeitangebote. Es gibt wirklich in jeder Ecke der Region etwas zu erleben, ganz unabhängig vom Wetter. Dabei geht es nicht nur ausschließlich um Kinder. Denn es ist egal, ob die ganze Familie von Enkel bis Oma und Opa inklusive Hund mitkommt, oder ob Sie sich allein oder zu zweit auf den Weg machen.

Die Vielfältigkeit zeichnet unsere besondere Region aus:
Sie können jede Menge Kultur bestaunen, Sie können spaßvolle Orte zum Toben finden, Sie können aber auch viele ruhige und erholsame Orte inmitten der schönen Natur finden.

Auch die finanziellen Möglichkeiten spielen nicht die große Rolle, denn Freizeit kann teuer sein, muss aber nicht: Auf den folgenden Seiten finden Sie auch ein reichhaltiges Angebot an Museen, Parks, Naturwegen, Steinbrüchen, Canyons und viele mehr, die keinen Eintritt kosten!

Fahrten quer durchs Land mit Bus und Bahn sind auch kein Problem, denn mit dem BODO-Verkehrsverbund kommen Sie in allen drei Regionen fast überall kostengünstig hin.

Wie immer freuen wir uns über Ihr feedback! Bitte schreiben Sie uns, wo es Ihnen am besten gefallen hat und welche Erfahrungen Sie gemacht haben. Wenn Sie unterwegs sind, gerne über unsere facebook-Seite, oder per E-Mail an:
redaktion@kindersommer-online.de.

Nun aber viel Spaß und herzliche Grüße aus der KinderSommer Redaktion!

CAMPINGPARK
GITZENWEILER HOF
Lindau – Bodensee

60 JAHRE
Naturcamping Gitzenweiler Hof

TIPP: IDEALER AUSGANGSPUNKT FÜR FAMILIENAUSFLÜGE AN DEN BODENSEE, INS ALLGÄU UND NACH OBERSCHWABEN!

Urlaub buchen
www.gitzenweiler-hof.de

Campingpark Gitzenweiler Hof
Gitzenweiler 88
D-88131 Lindau (Bodensee)

+49 (0) 8382 / 9494-0
info@gitzenweiler-hof.de

WIRTSHAUS
CAMPINGPARK GITZENWEILER HOF

Hunger? Durst? Kaffee?
Wir geben Ihnen Heimat auf die Löffel!

11 bis 22 Uhr geöffnet
Dienstag Ruhetag

Mittagstisch
Mo., Mi., Do., Fr.
11.30 bis 14.30 Uhr

Reservierung: **+49 (0) 8382 / 5145**
Information: **www.wirtshaus-lindau.de**
Gitzenweiler 88 | D-88131 Lindau (Bodensee)

inatura
Natur, Mensch und Technik erleben

WISSEN ÜBER
NATUR, MENSCH UND TECHNIK

Multimedial und Interaktiv

täglich von 10-18 h
www.inatura.at

OBERSTDORF KLEINWALSERTAL
Bergbahnen

LOSLASSEN.
FAHRTWIND SPÜREN.
GLÜCKLICH SEIN.

Berge erleben: sicher, geborgen, verantwortungsvoll.

SORGSAM. SICHER. SANFT.

www.ok-bergbahnen.com

Nebelhorn | Fellhorn | Söllereck | Kanzelwand | Heuberg | Walmendingerhorn | Ifen

IMPRESSUM

8. aktualisierte Auflage

Herzlich Willkommen!

- über **600** Ausflugsziele
- über **350** Seiten
- über **650** Farbbilder
- plus 🇦🇹 und 🇨🇭

Impressum:

Aktualisierte Ausgabe 2021
ISBN: 9783981503975

.com/Kinder.Sommer
/kinder_sommer
www.kindersommer-online.de

Herausgeber:
PR Medien GmbH
Poststr. 11 · 88239 Wangen
Tel: 0 75 22 79 50 30
redaktion@kindersommer-online.de
HRB 730241, Amtsgericht Ulm
Geschäftsführer:
Michael Pertl und Thomas Reiner

Autoren und redaktionelle Mitarbeiter:
Aida Mujkic, Franci Rizo
Fotosatz und Gestaltung:
Aida Mujkic, Laura Greber
V.i.S.d.P: Michael Pertl
Mediaberatung: Thomas Reiner
Verwaltung: Christel Kuhn

Alle Texte und Bilder in diesem Buch sind urheberrechtlich geschützt, die Rechte aller Texte und Bilder liegen beim Verlag bzw. bei den beschriebenen Orten. Nachdruck, Textübernahme (auch auszugsweise) oder Kopien dürfen nur mit ausdrücklicher Genehmigung des Verlags gemacht werden. Für unverlangt eingesandte Bilder und Vorlagen übernehmen wir keine Haftung.

Die Inhalte des Buches wurden von uns mit größter Sorgfalt recherchiert, die Angaben stammen von den Betreibern der Einrichtungen. Für die Richtigkeit der Texte, insbesondere Eintrittspreise und Öffnungszeiten übernehmen wir keine Gewähr. Es gelten die AGBs, Gerichtsstand ist Wangen.

Copyright PR Medien GmbH.

ALLGÄU

Familien-Ferienglücklich in bester Lage – zu fairen Preisen!

GEW FERIENCLUB
MAIERHÖFEN

- **ruhige Lage**, außerhalb von Maierhöfen **im Westallgäu**
- **gemütliche Bungalows** bis 7 Personen, perfekt ausgestattet für Selbstversorger
- **Restaurant** mit regionaler Küche
- **familiengerecht** und heilklimatisch günstig auf 810 m Höhe
- **kostenfreier Eintritt** in das Erlebnisbad „Aquarosa"
- **Wandermöglichkeiten** für Groß und Klein **direkt ab Ferienclub**
- **Spielplätze, Indoor-Spielparadies, Ziegen, Kühe, Grillplätze, Bioschaukäserei** u.v.m. direkt auf dem weitläufigen Gelände

FERIENCLUB MAIERHÖFEN
Stockach 1 · 88167 Maierhöfen
info@ferienclub-maierhoefen.de

Wir beraten Sie gerne:
083 83 92 20-0

Alle Angebote unter:
ferienclub-maierhoefen.de

INHALT

Vorwort	Seite 4
Impressum	Seite 8
Ortsregister	Seite 348 bis 349

Anzeigen:

Wild- und Freizeitpark Allensbach	Seite: 2
Katamaran	Seite: 3
Gitzenweilerhof	Seite: 5
Inatura	Seite: 6
OK - Bergbahnen	Seite: 7
Ferienclub Maierhöfen	Seite: 9
Bodo	Seite: 12 und 13
Nachhaltig Leben	Seite: 81 und 231

Region Allgäu

Übersichtskarte — Seite 14 bis 15
Schnellüberblick und Orientierung

Ausflugsziele — Seite 16 bis 157
Die spannendsten Orte im Allgäu

Walderlebnispfad in Füssen

INHALT

Region Bodensee, Voralberg und Schweiz

Übersichtskarte   Seite 158 bis 159
Schnellüberblick und Orientierung

Ausflugsziele   Seite 160 bis 259
Die spannendsten Orte am Bodensee, Voralberg und Schweiz

Spiel und Spaß am Ufer von Immenstaad

Steinzeit in Bad Buchau

Region Oberschwaben

Übersichtskarte
Seite 260 bis 261
Schnellüberblick und Orientierung

Ausflugsziele
Seite 262 bis 347
Die spannendsten Orte in Oberschwaben

Kinder Sommer | 11

Ferien mit Bus & Bahn

Sie wollen das Auto mal stehen lassen? Prima Idee!

Einfach losfahren!
So geht's im bodo-Verkehrsverbund:

Fahrpläne
- Auskünfte bieten bodo-App & Web – mit Echtzeit
- Fahrplan-Hotline (24/7, Ortstarif):
  Tel. 0711 / 93 38 38 00

Tickets
- Gibt's per DB navigator, HandyTicket Deutschland sowie im Bus oder am Fahrscheinautomaten. Für alle, die am See zuhause sind lohnen auch eCard und ECHT BODENSEE CARD Home mit Rabatten und berührungslosem Check-in/Check-out Verfahren.
- In einigen Gemeinden erhalten Urlaubsgäste die ECHT BODENSEE CARD (EBC). Dann sind Bus & Bahn im EBC-Gebiet kostenlos.

Radmitnahme
- Im Zug: Kostenlos in allen Regionalzügen Mo – Fr vor 6 Uhr und nach 9 Uhr, ganztägig an Sa, So, Feiertagen. Ausnahme: Strecke 970 Lindau – Hergatz – Oberstaufen
- Im Bus: Mo – Sa erst ab 19 Uhr, sonntag ganztägig. Immer mit Ticket und je nach Kapazität. Kostenlose Radmitnahme auf bestimmten Buslinien. Infos unter **www.bodo.de/freizeit**

Kinder bis 6 Jahre und auch Hunde fahren im bodo übrigens kostenlos.

www.bodo.de

bodo

Mobil mit Bus und Bahn

www.bodo.de

KINDERSOMMER

Ferienregion

Oberstdorf
Obermaiselstein
Fischen
Bolsterlang
Ofterschwang
Sonthofen
Burgberg
Wertach
Pfronten
Nesselwang
Oy Mittelberg
Füssen
Forggensee
Marktoberdorf
Kaufbeuren
Bad Wörishofen

KINDERSOMMER

Allgäu

ALLGÄU

Oberammergau

Reptilienhaus Oberammergau

Seit 30 Jahren bieten wir in unserer Ausstellung aufregendes und lehrreiches für die ganze Familie.

Schlangen, Echsen, Schildkröten und Pfeilgiftfrösche sind im Reptilienhaus zuhause. Besucher können sich von der Artenvielfalt (Biodiversität) und Schönheit der Tiere selbst überzeugen und einen Einblick in eine exotische Tierwelt bekommen. Es ist schon etwas anderes den Tieren so nah zu sein, "Auge in Auge", und sie nicht nur von zuhause aus im Fernseher zu sehen.

🕐 Vom 1. April bis 31. Oktober:
täglich von 10 bis 18 Uhr geöffnet,
auch an Sonn- und Feiertagen.
Im November: Nur Sa und So
von 10 bis 17 Uhr geöffnet.
Vom 1. Dez. bis 24. Dez geschlossen.
Ab dem 25. Dezember bis 1. Januar:
täglich von 10 bis 17 Uhr geöffnet.
Vom 1. Januar bis 31. März:
von 10 bis 17 Uhr geöffnet.
Do und Fr Ruhetag
Lüftlmalereck 5 · 82487 Oberammergau
www.reptilien-haus.de

Bikepark

Der Ghost-Flowtrail ist perfekt für Einsteiger geeignet und ist der erste Schritt bevor es auf die vielen anderen Trails geht.

Ob Flowtrail, Sprünge oder Wurzeln. Bei uns findet jeder seinen Traumtrail. Wenn du magst auch gerne mit einem unserer erfahrenen Coaches. Lift- und Streckenbenutzung für Kinder ab 10 Jahren. Leihbikes (auch für Kids ab 10 Jahren, Ausrüstung und Bikekurse müssen vorab reserviert werden.

🕐 Mi und Fr: 14 bis 20 Uhr, Sa, So und Feiertag: 10 bis 18 Uhr, In der Sommerferien auch am Do von 10 bis 18 Uhr
€ Tickets bis einschließlich 17 Jahren:
Tagesticket 20€, 4-Stunden Ticket 17€
www.bikepark-oberammergau.de

ALLGÄU

WellenBerg

Baden und Erholen im Stile der großen Alpenbäder.

In der Sommerzeit steht ein sehr großes Areal im Außenbereich zur Verfügung, leicht terrassiert, mit 3 verschiedenen Schwimmbecken (50m Sportbecken, 90m Quellwasser-Naturbecken, 34°C Heißbecken mit Schwimmverbindung zum Hallenbereich), ein Sprungturm (1 und 3m), ein großes Kinderplanschbecken und 2 Beachvolleyballfelder.

Auf dem Spielplatz im WellenBerg ist eine Arche „gestrandet"! Bei so vielen Kletter- und Spielmöglichkeiten möchte man selbst gern nochmal Kind sein. Auf die Kids warten Schaukeln, Wippen und ein Sandkasten mit Sandbagger, bei dem die Kinder kreativ sein können. Die weitläufige Grünfläche eignet sich perfekt zum Austoben.

Die 2 Beach-Volleyball Felder, die nach internationalen Regeln gestaltet wurden, stehen kostenlos zur Verfügung.

Für die Sandarena des WellenBergs wurde feinster Beach-Volleyball Sand verwendet. Dabei handelt sich um eine feinkörnige, nicht färbende Rundkorn-Sandsorte, die leicht von Kleidung und Körper abfällt und nach Regen schnell entwässert.

Erlebnisbad WellenBerg
Himmelreich 52 · 82487 Oberammergau
Tel: 08822 92360
www.wellenberg-oberammergau.de

Alpine Coaster am Kolbensattel

Spaß und Action für die ganze Familie bietet der Alpine Coaster am Kolbensattel.

Von der Kolbensattelhütte geht´s auf einer Länge von 2.600 Metern mit atemberaubenden Ausblicken und abenteuerlichen Kurven ins Tal. Alpine Piloten können bei einer Höchstgeschwindigkeit von bis zu 40 km/h den Kolbensattel herabflitzen und legen dabei eine Höhendifferenz von 400 Metern zurück.

Das System ist besonders sicher durch:
· 73 Kurven, 9 Jumps, 7 Wellen
· höchste Stelle 4m über dem Boden
· modernstes Magnetbremssystem

· beidseitig angebrachte Bremshebel
· Geschwindigkeit selbst regulierbar
· optimierte Sitzschale mit Rückenlehne

ab 3 Jahren benutzen, ab 8 Jahren und 1,35 m Körpergröße alleine fahrbar

Kinder Sommer

Schongau

Märchenwald und Tierpark

Urlauber und heimische Gäste begeistert der Schongauer Märchenwald und Tierpark schon seit 1965 durch familiäre Atmosphäre und eine wunderbare Abwechslung von Erleben, Entdecken und Erfahren.

Das Geheimnis für den Erfolg und die Beliebtheit ist vielleicht, dass es jedes Jahr etwas Neues zu entdecken gibt und der Park und die Gastronomie sich stetig weiterentwickeln. Vielleicht ist es aber auch die Liebe für ihren Märchenwald, seine Tiere und natürlich seine Gäste, die in jedem Kontakt mit dem Team und der Inhaberfamilie und in allen Ecken der Anlage zu spüren ist.

Besucher erleben eine enorme Vielfalt auf einem kompakten Areal: Spielplätze wechseln sich ab mit Gehegen für Ziegen, Hasen oder Vögel, liebevoll gestaltete Märchenhäuser gehen über in einen Erlebniswald und die Kinder können von den Fahrten mit der Oldtimer-Eisenbahn durch das Zwergenbergwerk oder dem geführten Pony-Reiten gar nicht genug bekommen.

Vom Bahnhof Märchenwald dreht eine Eisenbahn durch einen märchenhaften Tunnel ihre Runden. Die Mitfahrt ist kostenfrei.

> € Kleinkinder (2-5 Jahre) 7 €, Besucher (6-60 Jahre) 9 €, Senioren (ab 61 Jahre) 8 €
> Geburtstagskinder (mit Ausweis): frei
> Senioren-, Behinderten- und Gruppenermäßigung
> Geführtes Ponyreiten für Kinder 5 €,
> Kinderautoscooter 0,50 €
> Schongauer Märchenwald und Tierpark
> Dießener Str. 6 · 86956 Schongau
> Tel: 08861 7527

ALLGÄU

Eisenberg · Burgruinen Eisenberg und Hohenfreyberg

Auf nebeneinander liegenden Berggipfeln erheben sich zwei der mächtigsten Burgruinen Bayerns: Eisenberg und Hohenfreyberg.

Gemeinsam bilden sie ein spektakuläres Burgenensemble Europäischen Ranges. Die Burgruine Eisenberg ist die einzige Mantelmauerburg des bayerischen Raumes.
Einzelne Gebäudesegmente wie das Wohngebäude mit Palas, der Zwinger oder die Kapelle sind deutlich zu erkennen und mit Hinweistafeln versehen. In direkter Nachbarschaft befindet sich die wild-romantische Burgruine Hohenfreyberg, eine der malerischsten und größten Burgruinen Bayerns.
Ihr Bauherr Friedrich von Freyberg zu Hohenfreyberg errichtete sie von 1418 bis 1432 im Stil einer staufischen Burg in einer spektakulären Höhenlage, um sich in den Zeiten des ritterlichen Niedergangs noch mal gegen den Lauf der Zeit zu stemmen und ein unübersehbares Machtsymbol zu setzen - eine hochmittelalterliche Burg mit zwei Türmen und hoch aufragenden Mauern.

> Burgenführungen: In den Sommermonaten jeden Di um 15 Uhr, Treffpunkt: Schlossbergalm, Nur mit Anmeldung Tel: 08364 1237
> Mindestteilnehmer 8 Personen
> € Erwachsene 5 €, Kinder (6 bis 14 Jahren) 2 €, unter 6 Jahren frei
> www.eisenberg-allgaeu.de

Burgenmuseum Eisenberg Zell

Das neu gestaltete Burgenmuseum im Ortsteil Zell informiert Sie über die Geschichte und Funde des einzigartigen Burgenensemble Eisenberg und Hohenfreyberg. In einem Medienraum werden Sie in eine virtuelle Zeitreise in das 14./15.Jh geführt. Entdecken Sie mit Ihren Kindern die Kinderstationen, welche zum spielerischen Lernen einladen.

> ⓘ Sa, So und Feiertage: 14 bis 17 Uhr
> Juli und August zusätzlich am Mittwoch
> www.burgenmuseum-eisenberg.de

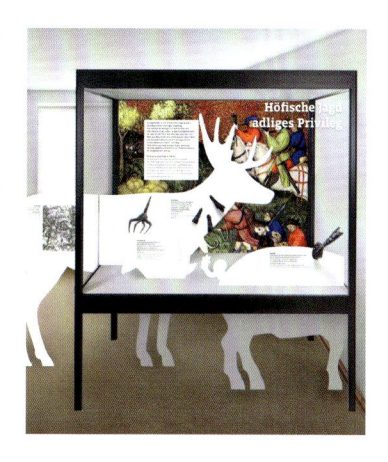

: ALLGÄU

Reutte

highline179 - Ein Blick mit Kick

Inmitten einer idyllischen Landschaft, umringt von kilometerweiten Wäldern und imposanten Bergen, überspannt die highline179 das Tal und verbindet so die historische Burgruine Ehrenberg mit dem Fort Claudia.

Durch die schlanke und offene Konstruktion haben die Besucher der highline179 das einmalige Gefühl zu schweben. Die Höhe von 114 m und das 360* Panorama machen den Besuch zu einem besonderen Erlebnis. Seit November 2014 können wagemutige ihren Mut unter Beweis stellen und die highline179 „bezwingen". Vom Parkplatz der Klause erreichen Sie das Brückenportal der „highline179" auf der Seite der Ruine Ehrenberg in gemütlichen 20 Minuten Gehzeit. Es handelt sich um einen Waldweg, der von der Klause (Tal) bis zur highline179 (Berg) leicht ansteigt. Ein Schrägaufzug für ein barrierefreies erreichen der Brücke wurde im Frühjahr 2019 eröffnet.

🕐 Täglich 8 bis 22 Uhr
€ Erwachsene ab 15 Jahre: 8 €
Kinder 4 bis 14 Jahren: 5 €
Familienkarte: 2 Erw. + alle Kinder 24 €
Gruppen ab 20 Personen Erw.: 7 €
Klause 1
A-6600 Reutte / Tirol
www.highline179.tirol

ALLGÄU

Rieden am Forggensee

Mansio Via Claudia Augusta:
Eine Kulisse wie aus dem Bilderbuch! Die Badegäste begeben sich an der Uferstelle auf die Spuren der römischen Geschichte. Liegen im römischen Stil laden zum Ausruhen ein. Für Kinder verspricht der Wasserspielplatz vergnügte Stunden. Doch nicht nur Wassersportler fühlen sich hier wohl – der Rastplatz ist perfekt für Wanderer und Radfahrer geeignet.

> 87669 Rieden/Dietriegen Seestr. (ausgewiesene Parkplätze) nur auf diesen Parkplätzen parken. Landschaftsschutzgebiet

Naturbad „Café Maria":
Südlich des Riedener Ortsteils Osterreinen liegt das Naturbad „Cafe Maria" in herrlicher Lage direkt neben dem gleichnamigen Café. Auf dem angelegten Wasserspielplatz toben die kleinen Badegäste - besonders viel Spaß haben die Wasserratten an den Wasserpumpen. Von der Liegewiese bietet sich ein traumhafter Blick auf die kleinen vorgelagerten Inseln.

> Parkplatz: ca. 200 m nordwestlich (Im Tal / neben Fa. Eberle Rieden)
> Achtung:
> Fahrzeuge von Badegästen, die auf dem Parkplatz vom Café Maria parken, werden kostenpflichtig abgeschleppt!

Badeplatz Halbinsel:
Ein königlicher Blick auf Schloss Neuschwanstein und die Berge sorgt für eine romantische Kulisse. Eine im See verankerte Badeplattform begeistert die Gäste. Kleine Urlauber spielen auf dem Piratenspielplatz, während die Erwachsenen auf der Liegefläche aus Holz und Sandstein die herrliche Natur genießen. Auf dem nahegelegenen Campingplatz Magdalena serviert die Pizzeria „Il Gambero" schmackhafte Gerichte. Radwege in der Nähe machen den Badeplatz zu einem idealen Rastplatz während einer erlebnisreichen Fahrradtour.

> Parkplatz: ca. 400 m nördlich (Dürracker)

Kinder Sommer | 21

ALLGÄU

Rieden am Forggensee

Segelschule

Die traditionsreiche Forggensee Yachtschule gehört zu den höchstgelegenen Wassersportschulen in Deutschland. Die ruhige Lage, eine familiäre Stimmung, der Blick auf Berge und Schlösser und das breite Angebot für alle Altersgruppen vom Einsteiger bis zum Fortgeschrittenen schätzen viele zufriedene Gäste.

Kindersegelkurs: Im Segelkurs können Kinder ab sieben Jahren ihre ersten Segelerfahrungen sammeln. Auf Jollen unterschiedlicher Größen geht es in kleinen Gruppen zu den ersten Segelabenteuern aufs Wasser. Kursdauer: fünf Tage (200 €), Schwimmkenntnisse erforderlich.

Piratenjagd: Eine Schnitzeljagd an Land und auf dem Wasser bietet Segelspaß, Knobelaufgaben und Überraschungen.
Beginn 13 Uhr bis ca. 18 Uhr, Preis 40 €
Schwimmkenntnisse erforderlich.

Verleih: Ruderboot mit bis zu vier Personen und Stand-Up-Paddleboard (SUP).

Seestr. 10 · 87669 Rieden am Forggensee
Tel: 08367-471
www.forggensee-yachtschule.de

Badevergnügen am Faulensee

Der Faulensee besticht mit seiner malerischen Lage eingerahmt zwischen Wäldern und Wiesen. Der kleine Moorsee oberhalb von Rieden ist ein beliebtes Naturerlebnis, dass auch außerhalb der Badesaison ein wunderbares Ausflugsziel ist.

Wanderer oder Radler genießen die einmalige Stille. Aktive Badegäste freuen sich über einen Volleyballplatz. Kinder genießen den neu gestalteten Nichtschwimmerbereich und den aufregenden Erlebnisspielplatz mit Wasserrad und Bachlauf. Nach einem ereignisreichen Tag wartet Rainis Faulenseehütte auf einen Besuch. Nach einer Einkehr laden die vielfältigen Rad- und Wanderwege in der Umgebung zur Erkundung ein.

Parkplatz ca. 800 m südöstlich (Höllmühle), gegenüber Sägewerk Höllmühle, Faulenseestr. 33, Der Faulensee kann nur mit dem Fahrrad oder zu Fuß ab der Höllmühle erreicht werden. (Landschaftsschutzgebiet)
Tourismusbüro · Lindenweg 4
87669 Rieden am Forggensee
Tel: 08362 37025 · www.rieden.de

ALLGÄU

Gästekarte Königscard

Krönende Erlebnisse mit 200 Leistungen aus Natur, Kultur, Sport und Freizeit können Sie mit der Königscard kostenlos erleben. Mit der Gästekarte/KönigsCard erhalten Sie Ihren Freifahrschein für beliebig viele Fahrten mit Bus und Bahn. Einfach einsteigen, mitfahren und die wunderschöne Urlaubsregion entdecken.

Tourismusbüro · Lindenweg 4
87669 Rieden am Forggensee
Tel: 08362 37025 · www.rieden.de

Hopferau · Die Sennerei Lehern

Die 1890 gegründete Traditions-Sennerei liegt in Blickweite der Königschlösser Neuschwanstein und Hohenschwangau.

Hier werden die echten Allgäuer Käsespezialitäten nach alten, traditionellen Methoden hergestellt. Hierbei wird täglich frische silagefreie Kuhmilch (Berg-Heu-Milch) aus dem Ortsgebiet Hopferau verarbeitet. Die hochwertige Rohmilchqualität wird durch eine streng reglementierte und gentechnikfreie Fütterung erreicht. Sie erfahren vom Käsemeister alles über das Herstellen von Allgäuer Bergkäse und Allgäuer Emmentaler. Der anschließende Rundgang beginnt im Sennereimuseum.

Besichtigungstermine: Mo, Mi, Fr, Sa um 11 Uhr und Mo bis Fr um 13:30 Uhr
€ Erwachsene 3 €, Jugendliche 1,50 €, Kinder bis 6 Jahren sind frei
www.sennerei-lehern.de

ALLGÄU

Füssen

Walderleben... grenzenlos

Das Walderlebniszentrum Ziegelwies bei Füssen an der deutsch-österreichischen Grenze verspricht ein Naturerlebnis der besonderen Art. Das abwechslungsreiche Außengelände spricht alle Sinne an und lädt dazu ein, die Natur bewusst wahr zu nehmen.

Im Ausstellungsgebäude gibt es Spannendes zum Thema Wald, seine Pflanzen, seine Tiere und seine wichtigen Schutzfunktionen zu entdecken. Für viele Besucher ist die neue Ausstellung im großen Saal besonders interessant, da sie ein echtes Ameisen-Volk beinhaltet.

Vom Ausstellungsgebäude aus können zwei verschiedene Erlebnispfade erkundet werden. Zum einen gibt es den Auwaldpfad (1,5 km), der hinunter zum Lech führt. Hier erfährt der Besucher viel Wissenswertes über den Lech und seinen Ursprung, sowie über die Entstehung und Bedeutung von Auwäldern. Das Abenteuer kommt hier allerdings nicht zu kurz. So kann der Besucher auf verschiedenste Arten das Wasser überqueren, etwa auf einem Baumstamm balancierend,

ALLGÄU

zwischen Bayern und Tirol

als Fährmann auf einem Floß steuernd und sogar hangelnd.

Vom Wildfluss weg führt der Bergwaldpfad (1,7 km) in die Steilhänge der Allgäuer Bergwelt. In diesem selbsterklärenden Naturlehrpfad gibt es Spannendes zu entdecken. Neben einem Spinnennetz, einer Affenschaukel, einer Weitsprungstation und weiteren Spielelementen, an denen sich Klein und Groß verausgaben können, erfährt der Besucher, dass der Bergwald das Tal vor Steinschlag, Lawinen, Erdrutschen und Hochwasser schützt. Zudem filtert und speichert der Wald Trinkwasser und bietet zahlreichen seltenen Tier- und Pflanzenarten Lebensraum.

Auf dem bis zu 21 Meter hohen Baumkronenweg erleben Besucher auf 480 Metern spannende Einblicke in die Welt der Baumkronen und genießen spektakuläre Blicke in die Wildflusslandschaft des Lechs und ins Alpenvorland.

www.walderlebniszentrum.eu

ALLGÄU

Füssen

Hochseilgarten

Der Hochseilgarten Füssen im VAUDE Fabrikverkauf ist das Ideale für die ganze Familie.

Hier klettern Sie durch witzige, bunte In- und Outdoorpacours unabhängig von Jahreszeit und Wetter. Die 230 m lange Zipline sorgt für eine extra Portion Adrenalin zum Schluss. Der Hochseilgarten ist mit dem modernsten Sicherungssystem ausgestattet. Damit klettern Kinder selbständig und durchgehend gesichert.

Outdoor-Hochseilgarten:
je nach Wetterlage geöffnet, auch im Winter
Indoor-Hochseilgarten:
Mo bis Sa 9 bis 19 Uhr
Parcours ab 1,30 m Körpergröße.
Schäfflerstraße 19b · 87629 Füssen
Tel: 08362 3004220
kombiniert mit Einkauf ab 10 €, ohne Einkauf 14,95 €
www.hochseilgarten-fuessen.de

Schifffahrt

„Seefahrer sehen mehr!" Auf Deutschlands größtem Stausee erleben Sie mit der ganzen Familie an Bord der „MS Füssen" oder „MS Allgäu" von Anfang Juni bis Mitte Oktober eine „Sehreise" der schönsten Art.

Je weiter sich das Schiff vom südlichen Seeufer entfernt, desto grandioser wird der Panoramablick auf die Bergwelt der Ammergauer, Lechtaler und Tannheimer Alpen, auf die hoch aufragenden Königsschlösser Neuschwanstein und Hohenschwangau und die Füssener Stadtsilhouette. Die „Kleine Rundfahrt" im südlichen Seebereich dauert eine Stunde und wird ab Bootshafen Füssen fünfmal täglich angeboten. Die zweistündige „Große Rundfahrt" startet dreimal pro Tag und verbindet als Linienschifffahrt die acht Anlegestellen rund um den See miteinander.

Eine Fahrt auf dem malerischen Forggensee sollte jeder Einheimische und Allgäuer Gast einmal erlebt haben. Der Aus- und Zustieg ist an jeder Haltestelle möglich. Gut lässt sich die Schifffahrt auch mit einer Teiletappe zu Fuß auf dem Uferweg kombinieren. Familien mit Kindern sei die Forggensee-Schifffahrt besonders empfohlen. Als beste Möglichkeit, falls dem Nachwuchs bei der Radtour um den See die Puste ausgeht oder neu im Programm ist das Leseabenteuer für Kinder. Das Team der Stadtbibliothek Füssen entführt LeseLotte-Fans an vier Sommerabenden auf eine ganz besondere Seereise, an denen sie einer spannenden oder lustigen Geschichte lauschen können.

Bootshafen Füssen – Weidachstraße
87629 Füssen · Tel: 08362 3002950
www.forggensee-schifffahrt.de

ALLGÄU

Kanu Kini Kanutouren

Angetrieben von Paddelschlägen gleitet das Boot ruhig durch das türkisblaue Wasser des Forggensee.

Eingebettet zwischen sanften grünen Hügeln und über 2000 Meter hohen Bergen liegt der größte Stausee Deutschlands ruhig in der Sonne und lädt zu einer Erkundungsfahrt ein. Und als ob die Natur nicht schon faszinierend und einzigartig genug wäre, thront über Allen noch das Märchenschloss Neuschwanstein. KANU KINI bietet ausschließlich geführte Kanutouren an, das ist auf dem großen See zum einen sicherer, denn Sicherheit steht bei KANU KINI an aller erster Stelle, zum anderen macht es in einer kleinen Gruppe Gleichgesinnter auch mehr Spaß. Es werden keine Vorkenntnisse benötigt. Alle Touren sind Familientauglich. Jeder Tour geht eine ausführliche Sicherheits- und Technikeinweisung voraus und unterwegs weiß der Tourguide sicher einige spannende Geschichten vom See und den Bergen zu erzählen.

Besonders geeignet für Familien sind Schnuppertouren und die Halbtagestour wo auch die Kinder fleißig mitpaddeln dürfen und es auch immer etwas zum Entdecken gibt.

Weidachstr. 71 · Tel: 08362 9396969
www.kanu-kini.de

Familienstadtführung mit Prinz Luggi

Bei der Familienstadtführung könnt ihr selbst in die Rolle von Prinz Luggi schlüpfen und gemeinsam auf Entdeckungsreise durch die schöne Altstadt gehen. Dabei lernt ihr viele verschiedene und spannende Orte in Füssen spielerisch kennen.

Als eines der Highlights könnt ihr den Wehrgang der alten Stadtmauer besichtigen und am Ende der Führung wartet sogar noch ein Rätsel sowie eine kleine Überraschung auf euch. Übrigens könnt ihr mit dem Kinderstadträtsel Füssen auch auf eigene Faust losziehen und mit einer Menge Rätselspaß die Füssener Altstadt erkunden. Das Kinderstadträtsel ist erhältlich in der Tourist Information Füssen.

🕐 Okt bis März: kein Wehrgang möglich
€ 5 € p.P. mit FüssenCard,
7 € p.P. ohne FüssenCard,
Kinder bis 5 Jahre kostenfrei,
6 bis 15 Jahre halber Preis
Treffpunkt: Tourist Information Füssen,
Kaiser-Maximilian-Platz 1 · 87629 Füssen
Dauer: ca. 1,5 Std.
Tel: 08362 9385-0
www.fuessen.de/familie

ALLGÄU

Füssen

Reptilienzoo Allgäu

Besuchen Sie das Exoten Paradies, gehen Sie auf Expedition und entdecken Sie eine Vielzahl von Schlangen, Echsen, Schildkröten, Fröschen, Vogelspinnen und vielem mehr! Erleben Sie die faszinierende Welt der verschiedensten Urwald- und Wüstenbewohner, in ihren naturnah gestalteten Lebensräumen, in Terrarien und Aquarien. Der Besuch im Zoo ist ein faszinierender und lehrreicher Ausflug für die Großen aber auch für die Kleinen.

> Mühlbachgasse 10 · 87629 Füssen
> Tel: 17632326768
> www.reptilienzoo-allgaeu.de

Vogelerlebnispfad am Alatsee

Der Lehrpfad führt rund um den See und ist mit ca. 2 km Länge die ideale Rundtour.

Auch der Kinderwagen kann mitgenommen werden. Entlang des Vogellehrpfads sind 10 Schaukästen aufgestellt, die Nachbildungen aus Ton von heimischen Vogelarten zeigen. Auf Schautafeln werden dazu Informationen zum Vorkommen, Lebensbedingungen und Ernährungsgewohnheiten der Tiere gegeben. Damit Sie in Zukunft die Vögel leichter an ihren Lauten erkennen, können Sie an jeder Station die Stimmen der gezeigten Vögel abspielen. Dazu benötigen Sie einen speziellen TING-Stift, den Sie in den Tourist Informationen Füssen, Hopfen am See und Tourist Info Punkt Weißensee gegen Kaution ausleihen können. Dort gibt es das Begleitbuch zum Vogelerlebnispfad.

> Direkt am Alatsee befindet sich
> ein Parkplatz (gebührenpflichtig)
> sowie Einkehrmöglichkeiten.
> Füssen Tourismus und Marketing
> Kaiser-Maximilian-Platz 1 · 87629 Füssen
> Tel: 08362 9385-0 · www.fuessen.de

ALLGÄU

„Mit Alois durchs Museum"

Alois ist ein kleiner, außergewöhnlicher Löwe, denn er hat eine blaue Mähne und eine goldene Krone. Alois und seine Schwester Luisa begleiten Dich im Rätsel durch die Ausstellung des Museums der bayerischen Könige.

Zu Beginn bekommst Du einen Rätselbogen, eine Box mit Stiften und eine goldene Krone. In den Ausstellungsräumen findest Du viele wertvolle Gegenstände, die früher einmal den bayerischen Königen und Königinnen gehört haben. Zwischen all den wertvollen Sachen befinden sich kleine Hinweisschilder. Auf diesen zeigen Dir Alois und Luisa, wo Du die Antworten zu den Fragen auf Deinem Rätselbogen findest. Eltern oder Großeltern musst Du mitbringen. Sie bekommen an der Kasse einen Audio-Guide.

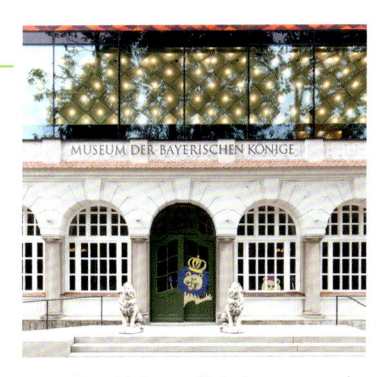

Täglich, 9 Uhr bis 17 Uhr
Frei für Kinder bis 18 Jahren, Rätselbogen (inkl. Stifte-Box & Krone): 3 €
Das Rätsel ist nicht an eine Führung gebunden. Begleitende zahlen den regulären Eintritt von 13 € (inklusive Audio-Guide).

Wanderung zum Lechfall

Vom Walderlebniszentrum sind es nur wenige Meter bis zum Lechfall.

Dort fällt der Lech über ein im 18. Jahrhundert angelegtes Stauwehr über fünf Stufen in eine enge Klamm, bevor er unterhalb der Engstelle in einem breiten Bett an der Füssener Altstadt vorbeifließt. Eindrucksvolle Hochwassermarken erzählen von der Kraft, die der Fluss vor allem nach dem Beginn der Schneeschmelze in den Frühsommermonaten entwickelt.

Tel: 08341 90022150
www.walderlebniszentrum.eu

ALLGÄU

Füssen

Schloss Neuschwanstein

Sieben Wochen nach dem Tod König Ludwigs II. wurde Neuschwanstein im Jahr 1886 dem Publikum geöffnet.

Der menschenscheue König hatte die Burg erbaut, um sich aus der Öffentlichkeit zurückzuziehen – jetzt wurde sein Refugium zum Publikumsmagneten.

Neuschwanstein gehört heute zu den meistbesuchten Schlössern und Burgen Europas. Rund 1,4 Millionen Menschen jährlich besichtigen "die Burg des Märchenkönigs". Im Sommer drängen sich im Durchschnitt täglich mehr als 6.000 Besucher durch Räume, die für einen einzigen Bewohner bestimmt waren. Das führt – in Verbindung mit dem alpinen Klima und Licht – zu erheblichen Belastungen für die wertvollen Möbel und Textilien, um deren Erhalt sich die Schlösserverwaltung intensiv bemüht.

| Neuschwansteinstraße 20
| 87645 Schwangau · Tel: 08362 939880
| www.neuschwanstein.de

ALLGÄU

Schloss Hohenschwangau

Die "Kinderstube" des jungen König Ludwig II.: Erstmals wurde die Burg Schwanstein im 12. Jhd. urkundlich erwähnt. Zu dieser Zeit lebten hier die Ritter von Schwangau.

Über die Jahrhunderte wurde die Burg stark beschädigt. 1832 erwarb Kronprinz Maximilian, der spätere König Max II. diese Burg. Während der folgenden 5 Jahre ließ Maximilian die Burg zum heutigen Schloss Hohenschwangau umbauen.

**Der Schwanseepark unterhalb
von Schloss Hohenschwangau**

Wer heute auf den Wegen durch den Schwanseepark wandert, folgt historischen Spuren. Sämtliche Wege wurden bereits vor fast 160 Jahren geplant und angelegt. Damals für die Gesellschaft am Hofe, die sich auf diesen Wegen "erging", flanierten die edlen Damen und Herren durch den Park.

Über 60 Kilometer Wanderwege gibt es im Schwanseepark und dem danebenliegenden Alpseekessel, teilweise bis zu 7 Etagen mit Wegen übereinander.

Alpseestrasse 25a
87645 Hohenschwangau
Tel: 08362 887205
www.hohenschwangau.de

© Wittelsbacher Ausgleichsfonds Hohenschwangau (Jan Wischnat)

ALLGÄU

Schwangau

Tegelberg

Der Tegelberg unweit des Urlaubsortes Füssen im Allgäu bietet ein unkompliziertes Bergerlebnis für die ganze Familie.

Mit kleinen Kindern schwebt man am besten ganz entspannt mit der Tegelbergbahn in die Welt der Alpengipfel. Die Großkabine braucht für die Fahrt zum Tegelbergplateau auf 1730 Meter Höhe nur acht Minuten. Wer den Tegelberg mit größeren Kindern zu Fuß angehen will, hat die Auswahl zwischen mehreren aussichtsreichen Routen, dem Kulturpfad Schutzengelweg (ab Talstation Tegelbergbahn) und dem Naturpfad Ahornreitweg (ab Hohenschwangau über Schloss Neuschwanstein und die Bleckenaustraße erreichbar). Die Königsrunde auf dem Tegelberg ist ein kurzer (ca. 1 Std.) Rundweg, mit viel Informationen zu Flora, Fauna und Geschichte und mit etwas Glück sieht man Steinbock und Steinadler ganz nah.

tägl. ca. von 9 bis 17 Uhr
Tel: 08362 98360
www.tegelbergbahn.de

Sommerrodelbahn und noch viel mehr!

Im Alter von 8 bis 80 Jahren könnt ihr die rasante und kurvenreiche Abfahrt erleben. Natürlich dürfen auch die Kleinen ab 3 Jahren mit der Bahn fahren – hier muss aber ein Erwachsener mit auf den Schlitten.

Die Rodelbahn ist 760 m lang, mit variantenreichen Kurven und einem Jump. Es gibt Einsitzer- und Doppelsitzer-Schlitten. Und das Beste – Sie müssen nicht den Berg hinauflaufen, sondern werden direkt von der Talstation nach oben gezogen. Rund um die Sommerrodelbahn gibt es noch vieles mehr. Einen Erlebnis-Kinderspielplatz mit Seilbahn, Auto-Scooter, Wasserspielen, ein Tretbecken mit klarem, kaltem Gebirgswasser für die müden Füße und wer noch ein wenig Kultur erfahren möchte – die Römerausgrabungen rund um die Talstation laden dazu ein. Zusätzlich gibt es noch das Bergsportzentrum Tegelberg, mit dem Familienklettersteig „Gelbe Wand" und dem etwas anspruchsvolleren „Fingersteig" und noch mehr!

Am Infozentrum im Tal gibt es eine Trainingswand und einen Kletterfelsen für Kinder – gerne führt Sie nach Anmeldung auch ein Bergführer in das Klettersteiggehen ein.

1 Fahrt: Erwachsene: 5 €, Kinder ab 8 Jahren: 3,50 €, Kinder bis einschließlich 7 Jahren: frei
Keine Beförderung unter 3 Jahren.
Bei trockener Witterung im Sommer tägl. von 10 bis 17 Uhr
Tel: 08362 9836-0 · www.tegelbergbahn.de

ALLGÄU

Oy-Mittelberg

Rottachsee

1992 auf einer Fläche von 300 ha aufgestaut, sorgt der See in extremen Trocken- oder Regenperioden für einen Wasserausgleich von Iller und Donau.

Inzwischen hat er sich zum beliebten Wasserparadies für Schwimmer, Segler, Surfer, Taucher und Angler entwickelt. Am Ufer wurden beidseitig weiträumige Freizeitanlagen mit Sanitäreinrichtungen, Umkleidekabinen, Kiosk, Beachvolleyballplatz, Spielflächen und Bootsliegeplätzen eingerichtet. Der knapp 15 km lange Wander- und Radweg lädt zu einem ausgiebigen Spaziergang oder Fahrradtour ein.

Skatepark

Einfach nur die Rampen hochfahren oder verwegen abheben – der Skatepark bietet Anfängern wie Action-Sportlern einen Adrenalinkick nach dem anderen.

Er bietet Raum genug für Skater und BMX-Fahrer. Die idyllische Lage am Ortsrand mit herrlichem Blick auf die südlich gelegene Zugspitze ist traumhaft. Zahlreiche Hindernisse bieten ein professionelles Trainingsareal: Curbes, Quarterpipes, Rails, Banks oder London Gap heißen die Obstacles, die als Herausforderung dienen.

Der Schwarzenberger Weiher

Der, malerisch am Waldrand gelegene, Moorsee ist bei schönem Wetter täglich von 10 bis 21 Uhr bewirtschaftet. Der Schwarzenberger Weiher ist ca. 1,2 km lang und über 120 m breit, bei einer Tiefe bis zu 4 m ist er mit Schilfgras umgeben.

Kinder Sommer | 33

ALLGÄU

Pfronten

Schlafen im Baum oder auf der Plattform

Höllschlucht heißt der Waldseilgarten, in dem in schwindelerregender Höhe von sieben Metern zwischen den Baumwipfeln Holzpodeste errichtet wurden, auf denen übernachtet werden kann. Aber keine Sorge, nomen ist hier nicht gleich omen: Die Podeste sind schwebend, aber fest zwischen den Bäumen installiert – ein Abstieg zum Boden ist jederzeit möglich. Wer es gerne etwas abenteuerlicher will, kann eine Nacht im „Portaledge" verbringen. Diese Schwebebetten sind an dicken Ästen freistehender, großer Bäume aufgehängt – wie ein baumelndes Zelt. Der Auf- und Abstieg in die Schlafstätte ist nur mit Seilhilfe möglich.

| Termine und Preise:
| www.waldseilgarten-hoellschlucht.de

Das Baumhaus:

Das ganz besondere Erlebnis im Allgäu. Einen Kindheitstraum erfüllt man sich leider viel zu selten, aber in Pfronten auf dem Schlossanger geht einer dieser Wünsche in Erfüllung. Gut zehn Quadratmeter groß ist das geschmackvoll eingerichtete Gästezimmer mit Eckbank, Heizlüfter, Strom und Licht. Doch nicht im Haupthaus der renommierten Schlossanger Alp, das sich unterhalb der Burg Falkenstein befindet, sondern umgeben von Baumwipfeln, in 6,5 Meter Höhe liegt die „Dependance" des Viersternehotels, das Cucumaz Baumhaus. Nach einer Nacht in der kuscheligen Schlafkoje, in der zwei Personen Platz finden, kommt das Frühstück ans Bett - per Seilzug im Korb!

| Termine und Preise: www.schlossanger.de

ALLGÄU

Outdoorerlebnisse für die ganze Familie

Beim Schnupperklettern die steile Felswand hinauf kraxeln, bei der Bachbettsafari auf Expedition durch den heimischen Bergbach waten und bei der Moorwanderung mit dem Nachtsichtgerät die heimische Tierwelt bei Dämmerung im Moor erspähen. Die abwechslungsreichen Outdoorerlebnisse für die ganze Familie versprechen Freizeitspaß für Groß und Klein. Zusammen mit den Wanderführern wird die Allgäuer Bergwelt und das wunderschöne Pfrontener Tal entdeckt. Die Die Buchung erfolgt bequem und unkompliziert online oder vor Ort in der Touristinformation.

🕐 Samstag 14 bis Sonntag 10 Uhr
€ 250 € /Person
Teilnehmerzahl ab 2 bis 4 Personen
Haus des Gastes - Touristinformation
Vilstalstraße 2
87459 Pfronten
Tel: 08363 698 88 · www.pfronten.de
www.waldseilgarten-hoellschlucht.de

Juwelenweg am Breitenberg

Der mystische Schatz des Berges: Ein interaktiver Erlebniswanderweg für die ganze Familie am Breitenberg.

Was hat es mit den Sagen rund um den Aggenstein und die Venedigermännlein auf sich? Gab es diese Gestalten wirklich? Gemeinsam mit dem Pfrontner Buben Magnus werden die Schätze der Venedigermännlein und die vielen Naturjuwelen am Breitenberg entdeckt. Interaktive und Geschicklichkeitsstationen begleiten die Wanderung über die Hochalpe. Der Wanderweg ist mit der Breitenbergbahn einfach zu erreichen.

ALLGÄU

Pfronten

Der Waldseilgarten Höllschlucht

Hoch hinauf in die Pfrontener Baumgipfel: Der Waldseilgarten Höllschlucht bietet 11 Parcours in verschiedene Höhenlagen und mehr als 100 verschiedenen Elementen.

Spektakuläre Seilrutschen über den Wildbach sind Highlights der Anlage. Der Waldseilgarten eignet sich dank des genialen Sicherungssystems besonders für Kinder, Jugendliche und Familien. Speziell ausgebildete Sicherheitstrainer sind immer für Sie da. Vorkenntnisse brauchen Sie keine!

Weitere Attraktionen am Kletterwald
Direkt vom Waldseilgarten startet man zum 3D-Bogen-Parcours in der wildromantischen Höllschlucht. Bögen für Linkshänder und für Kinder ab 6 Jahren stehen zur Verfügung. Kostenlose Angebote für Besucher: In einem Slackline–Parcours balancieren üben auf einem bodennah gespannten Gurtband. Der Kinderspielplatz Räubernest ist gleich um die Ecke.

Weitere Attraktion
Steinkugelmühle, die erste ihrer Art im weiten Umkreis. Wasser aus der Höllschlucht treibt nach uralter Methode ein Mahlwerk an, das in wenigen Tagen aus vorformatierten Steinen wunderschöne Kugeln werden lässt.

Essen, Trinken, Service
In der Holzhütte finden Sie: Info, Kasse, behindertengerechte Toiletten, Wickelraum. Am Kiosk: Getränke, Pizza, Eis, Cappuccino, Kuchen und Brotzeiten aus heimischen Produkten. Eine große Terrasse sowie ein richtiges Tipi laden zum Verweilen ein.

Geheim-Tipp
Auffahrt mit der Alpspitzbahn in Nesselwang. Für Mutige inkl. rasantem Alpspitzkick. Nach genialem Rundblick auf Berge und Voralpenlandschaft Wanderung über die wildromantische Höllschlucht hinab zum Waldseilgarten-Höllschlucht, Brotzeit und noch eine Runde Klettern oder Bogenschießen.

ab 6 Jahre in Begleitung eines Erwachsenen
Bgm. Franz Keller-Str. 14 · 87459 Pfronten
Tel: 08363 9259896
www.waldseilgarten-hoellschlucht.de

ALLGÄU

Alpenbad

Einzigartig gelegen am Südhang werden den Wasserratten auf 25.000 m² zahlreiche Attraktionen geboten – das wunderbare Bergpanorama ist immer mit dabei.

Das Alpenbad verfügt über ein 50 m Freibecken, eine große Liegewiese und für Spaß ist bei Felsen- und 73 m Großwasserrutsche, Wildwasserkanal, Sport- und Spielattraktionen gesorgt. Sollte das Wasser doch mal von oben kommen, wechselt man ins Hallenbad mit großem Schwimmbecken, Felsengrotte und Wasserfall. Zudem gibt es ein Heißwasserbecken im Freien. Der Wintergarten mit großer Liegefläche, die Kinderzone mit Wasserlandschaft und lustigen Spieltieren, das Alpenbadbistro sowie das Wassersportprogramm bringen Abwechslung in den Familienbadetag.

Hüttenwandern mit Kindern

Durch die Bergwelt führen zahlreiche Wanderwege die auch für kleine Wanderbeine geeignet sind. Da nach so viel Bewegung Stärkung Not tut gehört zu jeder Wanderung auch eine Hütteneinkehr.

Als Motivationshilfe gibt es in Pfronten den Kinder-Hüttenpass. Auf der Hütte angekommen, erhalten Wanderhelden vom Wirt einen Stempel ins Heft. Das Sammeln lohnt sich, denn ab drei Stempeln gibt es im Haus des Gastes eine kleine Überraschung. Für Kinder geeignete Hüttenwanderungen sind z.B. die Wanderung zur Gundhütte(mit Spielplatz), die Talwanderung zur Kalbelehofalpe oder zum Gasthof Fallmühle die Wanderung durch die Höllschlucht zur Kappeler Alp, leichte Wanderung auf dem Waldpfad zum Milchhäusl oder auch die Wanderung durch das Himmelreich zur Bärenmoosalpe.

Pfronten

Spielplätze

Bunt und abwechslungsreich entführen insgesamt 12 Themenspielplätze die kleinen Gäste in Fantasiewelten. Familienglück beim Spielen und Toben auf den Themenspielplätzen.

Die 12 Pfrontener Themenspielplätze wurden 2016 mit dem 3. Platz des ADAC Tourismuspreis Bayern ausgezeichnet. Einmal, Ritter, Prinzessin, Clown oder Zirkusdirektor sein, das wär's. Vom Burgen- bis zum Planetenspielplatz, von der „Schatzinsel" mit Wasserspaß bis zum Hüttenspielplatz auf dem Berg reicht das inhaltliche-, vom Märchenspielplatz bis Klettergarten das altersgerechte Angebot. Eine Übersicht der Spielplätze gibt es im Kinderortsplan Pfronten.

▌www.pfronten.de

Burgruine Falkenstein

Die Aussichtsplattform in der Burgruine Falkenstein gibt den Blick frei auf das Pfrontener Tal und den Schlosspark Allgäu. Gegen 1280, von Graf Meinhard II. von Tirol erbaut, ist der Falkenstein Deutschlands höchstgelegene Burgruine (1.277 m). Ein Museum unterhalb der Burgruine informiert mit Modellen, Originalexponaten und Schautafeln über die wechselvolle Geschichte.

ALLGÄU

Pfronten-Weißbach

Allgäuer Schmetterling-Erlebniswelt

Ein kleines, farbenfrohes Juwel des Allgäus findet man im Ortsteil Pfronten-Weißbach, versteckt in einem großen ehemaligen Gewächshaus, zwischen einer Sägerei und einem Tiefbauunternehmen: Die Allgäuer Schmetterling-Erlebniswelt der Familie Hartmann.

Kometenfalter, Atlasspinner, Maracujafalter und viele weitere Schmetterlingsarten fliegen durch die Lüfte, sitzen an den Pflanzen oder auf den ausgelegten Fruchtstücken… und manchmal auch auf den Schultern, Händen oder Köpfen der Besucher. Herr Hartmann erklärt mit Begeisterung, wo jedes Tier herkommt, wie lange es lebt und welche wissenswerten Besonderheiten es ausmachen.

Mit dem Betrieb des Schmetterlingshauses werden dem heimischen Gast diese faszinierenden Tiere nicht nur nähergebracht, sondern er unterstützt indirekt auch noch die Artenvielfalt und den Erhalt der Lebensräume in den Heimatländern. Schmetterlinge sind hochempfindliche Tiere, die keine Pestizide und Kunstdünger vertragen und die Züchter präservieren mit den Schmetterlingen so auch eine intakte Umwelt.

Die vielen Schmetterlinge werden ergänzt um weitere Tiere, die sich in diesem kompakten, tropisch-warmen Zoo wunderbar wohlfühlen: Schildkröten, Leguane, Eidechsen und Papageien… es ist ein munteres Treiben in den Terrarien und Volieren.

🕐 April bis September: Dienstag bis Sonntag von 10 bis 16:30 Uhr, Montag Ruhetag (außer an Feiertagen)
Oktober bis März: Mi bis So von 11 bis 16 Uhr, Mo und Di Ruhetag (außer an Feiertagen)
€ Erwachsene (17 bis 65 Jahre): 9,50 €
Kinder (ab 4 Jahren): 7,50 €, Senioren & Studenten: 7,50 €, Familie (2 Erwachsene und 3 Kinder): 36,50 €
www.schmetterling-erlebniswelt.de

ALLGÄU

Wertach

Allgäulino

Im Hallenspielplatz „Allgäulino" können Kinder auf über 3.000 m² bei jedem Wetter toben und Spaß haben.

Kletterberge und Türme wollen erobert werden und die 10 m hohe Drachenburg bietet alles, was ein Kinderherz höher schlagen lässt: unzählige Klettermöglichkeiten, viele Rutschen (darunter eine über 6 m hohe Freifall-Rutsche) Luftkanonen und ein Bällchenbad. Es gibt Elektroautos für kleine Formel-1-Fans, Rollenrutschen, insgesamt 16 Trampolinfelder, ein Hamsterrad, ein Soccerfeld u.v.m. Für die ganz kleinen Gäste gibt es einen eigenen Kleinkinderbereich und ein historisches Kinderkarussell. Auch für die Eltern ist gesorgt: u. a. ein schöner Indoor-Biergarten, Air-Hockey, Billard, Tischkicker, Tischtennis und kostenloses W-Lan.

🕐 tägl.: 14 bis 19 Uhr, bayrischen Ferien, Wochenende und Feiertagen: 10 bis 19 Uhr Ferien anderer Bundesländer bei Regenwetter wochentags von 10 bis 19 Uhr
€ Kinder 8,50 €, unter 3 Jahren 4,50 €, Erwachsene 5,50 €, Krabbelkinder frei
Parkplatz: Alpenstr. 20, 87497 Wertach
Tel: 08365 1027 · www.allgaeulino.de

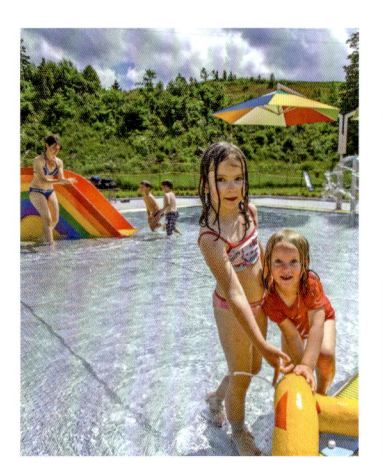

Starzlachauenbad

Ein Spaß im Wasser mit erlebnisreichem Angebot: beheiztes 50 m Sportbecken, 25 m Nichtschwimmerbecken, Kinderplanschbecken mit Rutsche, große Liegewiese und Kiosk, 52 m Wasserrutsche, Wasserpilz und Wassersitzbank mit Massagedüsen.

🕐 Bei guter Witterung ab Mitte Mai bis Anfang September von 8 bis 19 Uhr, ab 15. Juni, Juli und August von 8 bis 20 Uhr, bei schlechter Witterung von 7:30 bis 9:30 Uhr
Tel: 08365 702199 oder 70775
www.wertach.de

ALLGÄU

Buron - Kinderpark

Inmitten der herrlichen Oberallgäuer Alpen, im Herzen eines Landschafts-Schutzgebietes liegt das Sommer-Paradies auf 900 m Höhe, bei Wertach, am Ortsausgang Richtung Nesselwang, ca. 3 km vom Ort entfernt.

In der herrlichen Natur mit Wiesen und Bächen können sich Ihre Kinder mal so richtig austoben, ohne dass sich jemand dadurch gestört fühlt. Der Grüntensee, bekannt als beliebter Bade- und Angelsee, ist in Sichtweite und nur wenige Minuten entfernt. Auch der Seerundwanderweg (9 bis 12 km), auf dem Sie gemütlich zu Fuß oder per Rad die herrliche Natur genießen können, ist in unmittelbarer Nähe. So können Sie eine Wanderung oder Rad-Tour mit einem Besuch hier im Kinderpark bestens kombinieren. Ein Kinderpark mit Buron-Bob, Buron-Tube, Kletterwiese, Cross-Karts uvm. Genießen Sie den ganzen Tag "Sonne pur" auf der großen Terrasse vom Buron-Stadl, unserer urigen gemütlichen Gaststätte. Von hier haben Sie einen wunderbaren Blick auf den ganzen Kinderpark. Die Kletterwiese, die Riesenrutsche (70 m), die 300 m Tubingbahn und der neue Cross-Kart-Parcour lassen nicht nur Kinderherzen höher schlagen. Der Kinder-Traktor-Park, zwei große Trampoline, XXL-Outdoor-Brettspiel, Rutschen, Schaukeln, verschiedene Hüpfburgen, Riesen-Würfel, Fred-Feuerstein-Wagen, ein Wasserspielplatz, die Kinder-Eisenbahn und Elektro-Autos runden das Freizeitangebot im Buron-Kinderpark ab.

In der Nebensaison: Mi bis So von 10 bis 18 Uhr. Bayerischen Ferien: Di bis So von 10 bis 18 Uhr
ab 6 € für Kinder ab 3 Jahre, Erw. und Jugendliche ab 14 Jahre kostenfrei
Tel: 08365 703536
www.buron-kinderpark.de

Nesselwang

Lamaerlebnishof

Hier können Familien bei einer Ein- oder zweistündigen Lamatour als Lamaführer (Llamero) die liebenswerten, ruhigen, geduldigen und nicht aufdringlichen Lamas kennen lernen.

Für Erwachsene und Kinder ist es ein ganz besonderes Erlebnis, wenn sie ein Lama führen dürfen. Die Größe der Tiere, ihr kuscheliges Fell und ihr neugieriges Verhalten erwecken bei Kindern ein sicheres Gefühl. Bei den Touren steht die Mensch-Tier Begegnung in Vordergrund. Kinder können ab acht Jahren ein Lama führen. Bei den Lamatrekkingtouren werden Sie Ausgeglichenheit, Bewegung an der Natur und viel Spaß erleben.

🕐 Vorherige Terminvereinbarung!
Frick Christa und Daniel
Gschwend 12 · 87484 Nesselwang
Tel: 08361 643 oder 01711105051
www.nesselwang-lamas.de

Das ABC Nesselwang

Ob grenzenloser Spaß im Wasser (drinnen und draußen), oder die pure Entspannung in der Saunalandschaft – für die ganze Familie ist viel geboten!

Wagen Sie doch einen Sprung in das kühle Nass unseres Naturbadesees. Die „Kleinen" können im wohltemperierten Kinderaußenbecken nach Herzenslust planschen. In Nesselwang im Allgäu finden Sie im ABC Spaß und Erholung auf 600 qm. Für den Hunger nach dem Baden bietet Ihnen das Restaurant Taverna, das auch für Nicht-Badegäste geöffnet ist, eine reichhaltige Auswahl.
Im Alpspitz-Bade-Center Nesselwang können Sie problemlos einen ganzen Tag verbringen, ohne dass es langweilig wird. Denn das Erlebnisbad bietet Abwechslung pur mit verschiedenen Becken im Innen- und Außenbereich. Mit dem Strömungskanal und einem bunten Farbenspiel kommen dazu spannende Extras. Für Kinder gibt es einen eigenen Bereich. Ein lohnenswerter Tipp ist das Warmwasseraußenbecken mit Aussicht auf die Alpspitze.

🕐 Mo bis Fr: 10 bis 22 Uhr
Wochenende und Feiertage: 9 bis 22 Uhr
Alpspitz-Bade-Center Nesselwang
Badeseeweg 11 · 87484 Nesselwang
www.abc-nesselwang.de

ALLGÄU

Wandern an der Alpspitze

Wer ohne Anstrengungen auf den Berg kommen will, den nimmt die Alpspitzbahn gerne bis auf 1500 m mit. Von dort können gleich zwei Panoramaberge ohne große Höhenunterschiede erklommen werden. Auf den zahlreichen Hütten gibt es dann die passende Einkehr mit Allgäuer Spezialitäten.

Spielhaus im Feriendorf Reichenbach: In den großzügig gestalteten Räumen finden alle kleinen Gäste eine tolle Auswahl an Aktivitäten: Bouldern, Rutschen, Gesellschaftsspiele, Tischtennis, Kicker und vieles mehr.
Kinder- und Jugend-Ferienprogramm Florian: Alle Sommer wieder stellt das Maskottchen Florian in Nesselwang ein tolles Ferienprogramm für Kinder und Jugendliche zusammen. Bei Besuchen auf einem Bauernhof, Zauberer Magic Martin, Nachtwanderungen mit Lagerfeuer, Fußball-Turnieren und vielem mehr kommen alle auf ihre Kosten. Für Gästekinder, die in Nesselwang ihren Geburtstag feiern, hält er auf der Tourist-Information dazu eine kleine Geburtstagüberraschung bereit.

Alpspitzbahn

Ein Streichelzoo, in dem zahlreiche Tiere aus nächster Nähe beobachtet, gestreichelt und auch gefüttert werden dürfen, Bergwiesen die zum herumtoben und zum gemeinsamen Picknick einladen und die ganz Mutigen können einen Flug mit dem AlpspitzKICK wagen.

Streichelzoo: Das Streichelzoo bietet ein großes, strukturiertes Gelände, das den Bedürfnissen der Tiere gerecht wird und ausreichend Rückzugsmöglichkeiten bietet.
Bergwiesen: Wer mit der Kombibahn bis zur Bergstation fährt, findet herrlich große Wiesen, welche die Kleinen zum herumspringen und herumtollen einladen. **AlpspitzKICK:** In zwei Sektionen geht es an einem Drahtseil insgesamt 1,2 Kilometer talabwärts. Dabei werden Geschwindigkeiten bis zu 120 Stundenkilometer erreicht. Start ist an der Bergstation auf rund 1.500 Metern Seehöhe.

Kombibahn Sommer:
Täglich von 9 bis 17 Uhr
Preise Berg- und Talfahrt mit Kombibahn:
1 Fahrt Erwachsene: 18,50 €
1 Fahrt Kind (6 bis15 Jahre): 13 €
www.alpspitzbahn.de

Kinder Sommer | 43

ALLGÄU

Die Hörnerdörfer

Fischen, Ofterschwang, Obermaiselstein, Bolsterlang und Balderschwang

In den Bergen, mitten in der Natur, mitten im Allgäu. Am südlichsten Ende Deutschlands, wo Bayern Allgäuer Ausprägung hat und Tirol und Vorarlberg direkte Nachbarn sind, haben sich fünf ursprüngliche Dörfer unter den „Hörnern" zusammengefunden.

Die „Hörner" sind ihre Berge - direkt vor den Allgäuer Hochalpen gelegen. Diese sind Teil des grenzüberschreitenden Naturparks Nagelfluhkette sowie Namensgeber der Hörnerdörfer und Grundlage für Tradition, Naturerlebnis und Familienferien.

Der gemeinsame Nenner der fünf Dörfer ist schnell gefunden: die geschützte, urwüchsige Bergnatur auf drei Höhenlagen. Denn die Hörnerdörfer liegen im oder am Rand des 400 Quadratkilometer großen Naturparks Nagelfluhkette mit entlegenen Tälern, artenreichen Hochmooren, wunderschönen Alpwiesen, markanten Gipfelketten und der höchsten Dichte an traditionell und nachhaltig wirtschaftenden Alpen im gesamten Alpenraum. Ob beim Wandern im Tal, über die Voralpen oder im alpinen Gelände auf gesicherten und gut markierten Wegen: Die einzigartige Natur ist bei allen Varianten das Erlebnis und gespickt mit zahlreichen Schauspielen - von der tiefsten Spalthöhle des Allgäus über Wasserfälle bis zu den Alpenrosenfeldern der Hörnerberge. Ständiger Begleiter sind das Bergpanorama mit den über 2.000 Meter hohen Bergen des Allgäuer Hauptkamms, der Blick über das Illertal, auf die Nagelfluhkette und das Grüntenmassiv.

Entspannte Eltern, glückliche Kinder
Die Hörnerdörfer sind ein riesiges Erlebnisland. Neben Entdeckungsreisen in den Naturpark, versprechen Allgäuer Bogenparcours und Bogenübungsplatz, Frizbee-Golf, Alpenwildpark, Erlebnisbad und Co. eine Menge Abwechslung. Erlebniswanderungen wie „Dem Biber auf Spur", der Besuch tierischer Jagdhelfer oder eine Fahrt mit dem Downhill-Roller bringen nicht nur Kinderaugen zum Leuchten. Im Naturpark schlüpfen Wanderer in die Rolle von Entdeckern: Mit einem Forscher-Tagebuch ausgerüstet erkunden sie auf interaktiven Wegen die Naturschönheiten der Region. Zum besonderen Erlebnis für kleine Urlaubsgäste werden Ferien auf dem Bauernhof.

Ofterschwang

Gegensätze verschmelzen im Oberallgäuer Weltcupdorf Ofterschwang zur harmonischen Einheit. Die ursprüngliche Natur und die Landwirtschaft prägen den Landstrich. Die Gemeinde liegt, wie ihre zehn Ortsteile, in Terrassenlage über dem Illertal, inmitten von Bergwiesen und kleinen Bergwaldparzellen. Das Tiefenberger Moor zählt zu den schönsten Mooren im Allgäu. In direkter Nachbarschaft ist das Fünf-Sterne-Resort Sonnenalp erste Adresse für einen Luxusurlaub mit Golfzentrum vor traumhafter Bergkulisse. Regional erzeugte Lebensmittel werden nachhaltig in Restaurants, Hotels und Sennalpen serviert. Auf dem Rundwanderweg „Gutes vom Dorf" genießen Gäste kulinarische Qualitätsprodukte aus der Region, vom Bergkäse, über Hirschsalami und edle Spirituosen bis zum Eis aus Ofterschwanger Milch.

Allgäuer Berghof

Ein ganzer Berg für Ihren Urlaub mitten im Naturschutzgebiet „Hörnergruppe". Vielfältige Spielmöglichkeiten für die Kleinen und wohltuende Entspannung für die Großen lassen einzigartige Glücksmomente entstehen.

Im Sommer sonnenverwöhnt, bietet Ofterschwang einen hohen Freizeit- und Erholungswert mit unvergleichlichem Bergblick. Es warten im exklusiven Außengelände 7 Spielplätze und Froschis Wasserpark sowie vielzählige Naturabenteuer auf kleine Entdecker und Forscher. Für tierischen Urlaubsspaß sorgen zudem die vierbeinigen Bewohner des Streichelzoos. Während die Kleinen spannende Abenteuer in der liebevollen Kinder- und Teensbetreuung erleben, genießen Mama und Papa einige kostbare Momente der Zweisamkeit und Entspannung beim Saunieren im MaPa-Spa® oder einer wohltuenden Massage bei sagenhaftem Bergblick. Damit das Familienglück perfekt und das Reisegepäck leichter wird, richtet sich hier alles auf die Bedürfnisse junger Familien aus. Ob Babywippe, Kinderwagen oder Reisebett, im Allgäuer Berghof finden Sie alles, was das (Familien-)Herz begehrt.

Tel: 08321 8060
www.allgaeuer-berghof.de

ALLGÄU

Die Hörnerdörfer

Obermaiselstein

Das Heimatdorf Obermaiselstein regt große und kleine Naturfans zum Forschen und Entdecken an. Vom Alpenwildpark bis zur tiefsten Spalthöhle des Allgäus. Das traditionsreiche Dorf ist Luftkurort und liegt mit einem Großteil seines Gemeindegebietes im Naturpark Nagelfluhkette. Kuhschellengeläut begleitet die Wanderer auf dem zertifizierten Premiumwanderweg zum Hausberg Besler.

Zahlreiche Berghütten laden zur Einkehr ein, etwa auf Sennalpen, wo bis heute Bergkäse in Handarbeit hergestellt wird. Obermaiselstein gilt als das „Sagendorf" des Oberallgäus. Viele mystische Geschichten ranken sich um die 120 Millionen Jahre alte Sturmannshöhle und Sagenweg und die Welt vom „Stuzzemuzz", der "Wilden Fräulein" und dem Obermaiselsteiner Drachen.

Alpenwildpark

Naturliebhaber finden im Wildpark Berghof Schwarzenberg ein echtes Kleinod.

Das Wildgehege soll dazu beitragen, dem von Technik beherrschten und gestressten Menschen wenigstens für kurze Zeit eine Begegnung mit der Natur, einem Teil der heimischen Tierwelt zu ermöglichen. Beobachten und Fotografieren Sie neben Steinböcken, Gemsen, Hirschen, seltenen Greifvögeln und vielen anderen Wildtieren u.a. auch einen handzahmen Dachs, der zu den Führungszeiten sogar gerne gestreichelt werden möchten. Auch verletzte kranke oder gefundene Wildtiere werden hier betreut und können zum Teil anschließend wieder in die freie Wildbahn entlassen werden.

🕐 Täglich ab 11 Uhr (Anfang Mai bis Ende Oktober) Erlebnisführungen: Di, Mi, Fr, Sa um 17:45 Uhr, dabei kann man die Tiere auch selbst Füttern
Anschließend rundet ein zünftiger Hüttenabend mit Live-Musik das Erlebnis ab.
Info und Anmeldung
Berghof Schwarzenberg · Königsweg 4
Tel: 08326 8163

ALLGÄU

Die Sturmannshöhle

Folgen Sie den Wilden Fräulein und mystischen Geschichten 300 m tief ins Innere des Schwarzenbergs in Obermaiselstein, Sommer wie Winter bei konstant 4° Celsius.

Die einzige begehbare Spalthöhle des Allgäus eröffnet faszinierende Einblicke in 120 Mio. Jahre alte Naturgewalten. Einen sehr schönen Zugang zur Höhle ermöglicht der Sagenweg vom Hirschsprung aus. „Das ist Euer magischer Schlüssel, der Euch Einlass verschafft in das Reich der Wilden Fräulein…"

Der Sagenweg: An der Engstelle der Straße von Obermaiselstein nach Tiefenbach, dem sog. „Hirschsprung" beginnt am Fuße des Schwarzenbergs der Obermaiselsteiner Sagenweg. Der schattige Wald- und Wiesenweg nimmt den Wanderer mit auf eine Zeitreise. Hinweise zu den einzelnen Sagen werden nicht nur auf den verschiedenen Tafeln entlang des Sagenweges gefunden, sondern auch mitten im Wald oder im Bach oder… hier heißt es: Augen offen halten und suchen. Die begleitende Information geht auf die Sagen, ihre Hintergründe und die geologischen wie traditionellen Details ein.

🕐 9:30 Uhr bis 16:30 Uhr
€ Erwachsene 5 €, Kinder 3 €
Tel: 08326 38309
www.sturmannshoehle.de

Kinder Sommer | 47

ALLGÄU

Die Hörnerdörfer

Fischen

Fischen mit seinen sieben schmucken Weilern ist ein Urlaubsort wie aus dem Bilderbuch. Malerisch im wiesengrünen Illertal gelegen, mit grandioser Aussicht auf die Allgäuer Bergriesen und die Hörnerkette. Frische Bergluft, kristallklares Alpenwasser im und um das Dorf und geprüftes Heilklima. Denn Fischen zählt zu den wenigen zertifizierten Heilklimatischen Kurorten der Premium Class in Deutschland.

Direkt am Ortsrand beginnen weite Blumenwiesen, ein Gebirgsfluss und kleine Bergbäche rauschen vorbei. Stillromantische Wege, auch barrierefrei, führen durch die nahen Auwälder und über sonnige Hügelplateaus. Rundum schweift der Blick über das Bergpanorama mit dem markanten Rubihorn. Im Fischinger Kurhaus „Fiskina" haben Brauchtum und die schönen Künste ihre Bühne.

Niedrigseilgarten

Im Fischinger Weidach gibt es nun neben Minigolf, Spielwiese und Kletterfelsen auch einen neu eingerichteten Niedrigseilgarten.

Hier braucht man keine Seilsicherung oder Karabiner – hier reicht Mamas oder Papas Hand als Hilfestellung, denn hier kann auf Absprunghöhe balanciert und geklettert werden. Mit Eifer sind die Kleinen dabei, die wackeligen Hindernisse zu überwinden. Wenn dann alle Stationen gemeistert sind, bietet der Kletterfelsen, die kleine Barfuß-Insel oder der nahe gelegene Weidachwald mit seinen Eichhörnchen eine wunderbare Abwechslung.

ALLGÄU

Freizeitbad

Baden mit Extras im beheizten Familien- und Freizeitbad Fischen: Um Toben und Planschen braucht man eigentlich nur Wasser, aber wenn das Wasser im Strömungskanal saust, aus dem Massagepilz sprudelt oder einen auf der 58-Meter-Rutsche mitnimmt, macht es extra viel Spaß.

Kann man alles im Familien- und Erlebnisbad in Fischen haben – und dazu noch Kinderplanschbecken, Tropfenwerfer, Wasserspielgarten, Slackline und viele weitere Attraktionen. Die kleinsten Badegäste vergnügen sich im Kinderplanschbecken und für Sonnenanbeter steht eine große Liegewiese zur Verfügung. Das Angebot wird abgerundet mit einem Beach-Volleyballfeld, reichlich Platz zum Fußball- und Badmintonspielen und einer Cafeteria.

© Tourismus Hörnerdörfer R. Retzlaff

Mai: 10 bis 17 Uhr. Juni, Juli & August: 9 bis 19 Uhr. September 10 bis 17 Uhr.
Bei Regenwetter: 11 bis 13 Uhr
Eintritt mit der Hörnerdörfer-Gästekarte (H-AWC) kostenfrei.
Tourismus Hörnerdörfer GmbH
Am Anger 15 · 87538 Fischen
Tel: 08326 3646-0 · www.hoernerdoerfer.de

Balderschwang

Das kleine Gebirgsdorf Balderschwang liegt unweit der Grenze zum Bregenzer Wald in Vorarlberg. Sobald man über die Riedbergpasshöhe kommt taucht man in eine andere, weil ruhigere Welt ab. Als höchst gelegene Gemeinde in Deutschland ist Balderschwang vollständig vom Naturpark Nagelfluhkette umgeben. Vor allem der Höhenlage auf 1.044 Metern hat das 292-Seelendorf auch seine sommerliche Attraktivität zu verdanken: Das Hochtal ist nahezu nebelfrei. Ungetrübte Sonnentage verbringt man auf den gesicherten Bergwegen durch den Naturpark Nagelfluhkette und auf den Terrassen der bewirtschafteten Alphütten. Mit uraltem Baumbestand wie einer mehr als 2.000 Jahre alten Eibe, romantischen Bergbächen und weiten Gipfelblicken. Oder mit Sinneserfahrungen der besonderen Art bei Barfußwanderungen durchs Balderschwanger Tal mit einem Naturparkführer.

Kinder Sommer | 49

Die Hörnerdörfer

Bolsterlang

Bogenübungsplatz

Eine ruhige Hand an Pfeil und Bogen, höchste Konzentration und Treffer-Jubel! Bogenschießen ist ein Sport vielfältiger Emotionen und rascher Erfolgserlebnisse. Im Bogendorf Bolsterlang erfährt man dies am Übungsplatz im Dorf, im Talparcours am Ortsrand oder im Alpenparcours an der Hörnerbahn. Erfahrene Schützen geben Robin-Hood-Anwärtern ab 6 Jahren Grundkurse und den Fortgeschrittenen Tipps für den 3D-Parcours.

Anmeldung: Tel: 08326 8314
www.hoernerdoerfer.de/bogenschiessen

Hörnerblick Sinnesweg

Die Berge mit allen Sinnen entdecken. Auf dem „Hörnerthron" dem Bergwald lauschen, Baumharz schnuppern oder auf Himmelsliegen das Sonnenkitzeln spüren. Mit allen Sinnen entdecken heißt auf dem Bolsterlanger Horn vor allem eines: mit allen Sinnen genießen.

Von Mai bis Oktober erreicht man den Startpunkt des Sinneswegs mit der Hörnerbahn
www.hoernerbahn.de

Berg-Erlebnisweg im Naturpark Nagelfluhkette

Die größten Schönheiten im Naturpark Nagelfluhkette verstecken sich gerne, sie machen sich klein und werden nur von denen entdeckt, die genau und geduldig hinsehen.

Die Themenwege-Sammlung der „Expedition Nagelfluhkette" sensibilisiert genau dafür. Der Berg-Erlebnisweg von der Bergstation der Hörnerbahn zum Berghaus Schwaben ist ein Abschnitt, wo man neben seltenen Tieren und Pflanzen phänomenale Ausblicke findet. Ein „Entdeckerbuch" für alle Themenwege, samt Naturexperimenten und einer Belohnung für des Rätsels Lösung um einen mysteriösen Forscher, machen den Berg-Erlebnisweg zum echten Abenteuer.

www.expedition-nagelfluh.eu

ALLGÄU

Steinzeitdorf

Vor rund 9.000 Jahren zogen Jäger und Sammler durch die Allgäuer Wälder und schlugen an passenden Stellen ihre Lager auf. Einige dieser Sommerlager gab es in Bolsterlang, denn dort wurde im Bolgental eine Menge Steinzeitwerkzeuge gefunden.

Damit man sich besser vorstellen kann, wie die Steinzeitmenschen lebten, jagten und arbeiteten, entstand an der Mittelstation der Hörnerbahn ein Steinzeitdorf. Mit Hilfe von Zelten und Feuerstellen, einem Steinzeitbohrer und einem Platz zum Ledergerben kann man einen Blick in den Alltag unser Vor-Vor-Vorfahren erhalten. Ein kleiner Abenteuerweg durch das angrenzende Wäldchen mit Knobel-Bandolinos, einem Steinzeitmemo sowie einem Steinzeit-Instrument sorgen für viel Abwechslung und machen einen Ausflug in das Wandergebiet in Bolsterlang perfekt.

Tourismus Hörnerdörfer GmbH
Am Anger 15
87538 Fischen
Tel: 08326 3646-0
www.hoernerdoerfer.de

Grüntensee · Kletterwald

11 unterschiedlich schwere Kletterparcours mit insgesamt 97 Elementen, einem mega Flying Fox Parcours, ein separater Kiddy-Parcours für 3-5 jährige, ein großer Slacklineparcours und ein toller Abenteuerspielplatz warten auf Euch. Der Hochseilgarten ist speziell auf die Bedürfnisse von Familien abgestimmt und mit dem SMART Belay Sicherungssystem mit einem perfekten Sicherungssystem ausgerüstet. Kinder dürfen bereits ab 6 Jahren gemeinsam mit einem Erwachsenen klettern. Für Teamtrainings gibt es einen abgegrenzten Bereich.

Kinder Sommer | 51

ALLGÄU

Erlebniswelten der OBERSTDORF

Mit dem **Allgäu-Coaster** am Familienberg Söllereck fahren kleine und große Abenteurer bis zu 40 km/h über Wellen und durch Steilkurven hinab in Richtung Tal. Während der hinten Sitzende bremst und die Berge genießt, erlebt der Vorderfahrer spektakuläre Eindrücke: Virtual-Reality-Brillen öffnen die Pforten in die Arena des Nervenkitzels. Die Ganzjahres-Rodelbahn ist auch ein perfektes Alternativprogramm bei Schlechtwetter. Plexiglas-Schutzhauben garantieren sogar an regnerischen Tagen trockenen Fahrspaß.

An der Bergstation der Söllereckbahn liegt der **Kletterwald Söllereck**, der höchstgelegene Kletterwald Deutschlands. Der Waldseilgarten bietet spektakuläre Ausblicke in die Gipfelwelt der Allgäuer Alpen. Er ist besonders baumschonend gebaut und bietet vom spielerischen Kinder-Parcours bis zum sportlichen Erwachsenen-Parcours zahlreiche Herausforderungen, Spaß, Spannung und Abenteuer.

Doch am Söllereck überzeugen nicht nur der Allgäu-Coaster und der Kletterwald: der **Abenteuerspielplatz „Söllis Kugelexpress"** in Form einer Pistenraupe, **Söllis Kugelrennen**, der **Spielplatz „SölliBully"** sowie der **Naturerlebnisweg** erfüllen alle Ansprüche für einen ausgefüllten Abenteuertag am Familienberg.

Ein außergewöhnlicher **Skywalk** wartet am Nebelhorn auf 2.224 Höhenmetern: Mit rund 100 beeindruckenden Metern führt der **Nordwandsteig** einmal rings um den Gipfel. Die barrierefreie Stahl-Konstruktion eröffnet den legendären 400-Gipfel-Blick über die Alpen und imposante Aussichten entlang der Nordwand – 600 Meter in die Tiefe.

Wer lieber festen Boden unter den Füßen hat, kann sich auf die zwei Erlebniswege am Nebelhorn freuen. Der **Höfatsweg** von der Station Höfatsblick zum Zeigersattel zeigt die Besonderheiten des Hochgebirges. Auf diesem leicht begehbaren Weg erfährt man an den Stationen viel Wissenswertes über die Geologie an dem Aussichtsberg, über die Könige der Lüfte, die Steinadler, die hier hoch oben ihre Runden drehen und zum „Edelweißberg" - der Höfats. Auch über den Seealpsee und zu den Murmeltieren gibt es viel Interessantes zu erfahren.

ALLGÄU

KLEINWALSERTAL BERGBAHNEN

Beim **„Uff d'r Alp" Weg** steht das Leben auf der Alpe im Vordergrund. Hier gibt es KUHrioses bis Wissenswertes über das Zusammenspiel von Mensch, Natur und Tier zu entdecken während man nebenbei die herrliche Bergwelt genießen kann. Mehrere Stationen auf dem 2 - 3 km langen Erlebnisweg laden ein, sich mit der Natur und ihren vielschichtigen Zusammenhängen auseinander zu setzen – ein Abenteuerpfad zum Mitmachen und Anfassen für die ganze Familie.

Spielen, Neues ausprobieren und entdecken! Ideal eignen sich dafür die natürlichen Elemente Wasser, Stein und Holz. All das findet man am **„Burmiwasser" Erlebnisweg** an der Kanzelwand. Rund ums kühle Nass dreht sich dieser Erlebnispfad für kleine Wassermänner und -frauen, der von der Bergstation der Kanzelwandbahn zum beliebten Riezler Alpsee führt. An verschiedenen Stationen mit Gumpen, Wasserrädern und Schleusen können die Kinder mit Wasser experimentieren.

OBERSTDORF KLEINWALSERTAL Bergbahnen

(Änderungen vorbehalten)
Söllereckbahn
Kornau 58, 87561 D-Oberstdorf
Anfang Mai bis Anfang November
von 08:30 bis 16:45 Uhr
Allgäu-Coaster von 10 bis 18 Uhr
Kletterwald von 10 bis 17 Uhr
Nebelhornbahn
Nebelhornstraße 67, D-87561 Oberstdorf
Anfang Mai bis Anfang November
von 08:30 bis 17 Uhr
Kanzelwandbahn
Walserstraße 77, A-6991 Riezlern
Anfang Mai bis Anfang November
von 9 bis 16:45 Uhr
Tel: +49(0)8322 960 00 / +43(0)5517 527 40
info@ok-bergbahnen.com
www.ok-bergbahnen.com

Kinder Sommer | 53

ALLGÄU

Oberstdorf

Moorschwimmbad mit Naturspielplatz Reichenbach

Schwimmen im gesunden Moorwasser mit Blick auf die Oberstdorfer Berge und danach auf den Liegewiesen oder im Biergarten entspannen. Die Kinder können sich auf dem großen Spielplatz mit viel Sand, Wasserlauf, Schaukel & Rutsche austoben und ihrer Phantasie freien Lauf lassen. Hier entstand schon manch „großes Sand- Bauwerk".

Schwimmzeiten: 10 Uhr bis 19 Uhr. Außerhalb dieser Zeit ist keine Aufsicht anwesend. Bei geschlossenem Eingangstor ist das Schwimmen nicht erlaubt. Bei Dauerregen geschlossen.
Reichenbach 70 · 87561 Oberstdorf
Tel: 08326 1509 oder 08322 4863
www.moorstueble.de

Naturbad Freibergsee

Eingebettet in das unvergleichliche Panorama der Oberstdorfer Bergwelt bietet das Naturbad ein reichhaltiges Freizeitangebot. Ob Ruderboot fahren, Schwimmen oder einfach nur die Seele baumeln lassen.

Im Sommer beträgt die Wassertemperatur in Deutschlands südlichstem Badesee bis zu 25° Celsius. Die schöne, große, gepflegte Liegewiese lädt zum Sonnenbaden und relaxen ein. Für die kleinen Gäste steht ein spezielles im See eingelassenes Kinderbecken und ein Spielplatz zur Verfügung. Des Weiteren wird für einen abwechslungsreichen Badetag einen 3m-Sprungturm und ein Floß inmitten des Sees angeboten.

Erwachsene 4,70 € (mit Gästekarte und Einheimische 4 €), Von 6 bis 15 Jahren: 2,90 €
Naturbad Freibergsee · Freibergsee 2
87561 Oberstdorf · 08322 6069495
www.naturbad-freibergsee.de

ALLGÄU

Breitachklamm

Zwischen dem Kleinwalsertal und Tiefenbach bei Oberstdorf befindet sich das einzigartige Naturdenkmal Breitachklamm.

Sie ist die tiefste Felsenschlucht Mitteleuropas und zählt zu den imposantesten Geotopen Bayerns. An mehreren Stellen in der Klamm sind wissenswerte und spannende Informationen speziell für Kinder und Jugendliche aufbereitet. Neben den Themen Entstehung und Geologie in der Klamm sowie zum Fluss Breitach wird auch Interessantes über die Tierwelt in der Breitachklamm aber auch zu den Besonderheiten der deutsch-österreichischen Grenze zwischen dem Allgäu und dem Kleinwalsertal vermittelt. Die Wege sind gut gesichert, dennoch ist festes Schuhwerk unverzichtbar und Vorsicht geboten. Kinder sollten an die Hand genommen werden.

© Breitachklammverein eG, Fotograf Dominik Berchtold

🕐 Im Sommer 9 bis 17 Uhr (letzter Einlass, Schließung um 17:30 Uhr). Witterungsbedingt kann es zu Änderungen kommen.
€ Erwachsene: 5 €, Kinder (5 bis 15 Jahre): 2 € (mit Allgäu-Walser-Card 4,50 € / € 1,50 €)
Tel: 08322 4887 · www.breitachklamm.com

Uff d'r Alp – Alpwirtschaftlicher Erlebnispfad auf dem Nebelhorn

An der 1. Sektion der Nebelhornbahn auf 1.280 m verläuft der ca. 2 bis 3 km lange Rundwanderweg einmal um die Seealpe. An einem Kuhmodell das Melken üben, sich auf einem Hochstand wie ein Jäger fühlen, mystische Gestalten im Märchenwald entdecken oder über eine wackelige Hängebrücke wandern. An interaktiven Stationen erfährt man Spannendes über die Natur.
www.oberstorf.de

Ponyreiten

Auf einem Rundweg, vorbei an Kühen, Enten, Gänsen, Hühnern und Schafen werden die kleinen Cowboys auf den 5 Ponys und einem Esel geführt.

🕐 Mai bis Nov 14 bis 17 Uhr,
Mai, Juni, Sept Montag und Dienstag Ruhetag,
Juli, August, Oktober Montag Ruhetag
www.landhaus-boxler.de

Kinder Sommer | 55

ALLGÄU

Bad Hindelang

huskynature

Erlebe die Faszination Sibirischer Huskys in den Allgäuer Alpen! Du wirst mit einer Schnupperreise durch die Welt der Schlittenhunde geführt. Ein besonderes Erlebnis für jeden Tierliebhaber!

Husky Kuscheln
Du hattest schon immer den Wunsch ein Rudel Huskys kennen zu lernen, mit Ihnen zu kuscheln und zu spielen. Bei der Kuschelzeit machen wir dich mit den verschmusten Fellfreunden bekannt und spielerisch erfährst du alles was du über den Umgang und das Leben mit Ihnen wissen möchtest. Ein toller Einstieg in die Welt der Schlittenhunde.

Ab 8 Jahren
Dauer: ca. 90 min.
Buchbar ab zwei Personen
pro Person: 35 €
Familienermäßigung: 85 €
inkl. kleines Fotoshooting
mit Husky-Erinnerungsfoto
Freie Termine nach Absprache

Husky Mondwanderung
Tiere, die noch so nah am Ursprung sind wie Sibirische Huskys haben eine ganz besondere Verbindung zum Mond und der Natur! Sie spüren instinktiv wie alles Leben und das Universum miteinander in Verbindung stehen und welche natürlichen Wechselwirkungen herrschen. Lass dich von ihnen in ihre Welt führen und spüre selbst die magische Atmosphäre im Mondscheinlicht. Wage dich zusammen mit den Huskys in ein Abenteuer unterm Sternenhimmel! Wie ein Echo in den Bergen wird dieses außergewöhnliche Erlebnis noch lange in dir nachhallen!

Ab 12 Jahren
Dauer: ca. 2,5 Stunden
pro Person: 79 €
Begleitperson ohne Husky:
pro Person 49 €
wahlweise mit Verpflegung
Berg-Picknick mit Getränk und Snack:
pro Person 11 €
Familienermäßigung auf Anfrage!

ALLGÄU

Husky Erlebniswanderung

Das Huskyzuhause befindet sich im wunderschön gelegenen Ostrachtal, eingekesselt in der Allgäuer Bergwelt. Nach dem ersten Kennenlernen und Begrüßen des Rudels könnt ihr euch ganz auf die Huskys einlassen. Nach einer kleinen Schnupperreise durch die Welt der Schlittenhunde bekommt ihr eine ausführliche Einweisung zum Equipment und den Umgang und Ablauf außerhalb des Geheges. Wenn alle startklar sind, beginnt die Huskywanderung. Schnell wird klar, weshalb es „Schlittenhundesport" heißt. Angesteckt von der unglaublichen Lauffreude der Hunde fällt euch der kleine Anstieg gar nicht auf. Nach ca. 20 bis 30 min. Laufzeit kommt ihr oben am Berggasthof an. Von hier aus hat meine eine herrliche Aussicht auf die Bad Hindelanger Bergwelt. Anschließend seid ihr bei der Nachsorge der Huskys dabei und bekommt ein schönes Erinnerungsfotos an den Tag. (Alternative Route je nach Witterung).

- Ab 8 Jahren
- Dauer: ca. 2,5 bis 3,5 Stunden
- pro Person: 69 €
- Begleitperson ohne Husky: pro Person 29 €
- wahlweise mit Verpflegung: Familien- & Gruppenermäßigung auf Anfrage!

Husky Feriencamp

Du bekommst für die Zeit im Camp deinen eigenen Husky und lernst spielerisch den Umgang, Hege und Pflege für deinen neuen Gefährten. Außerdem erwartet dich ein Nature-Actionprogramm mit verschiedenen Erlebniswanderungen, Barfußpfad, Pilze und Bergkräuterkunde, Baden im Gumpen, Rodelgaudi, Schneeschuhwanderung, Lagerfeuer & Grillen, Indianerbrot backen und viele weitere Aktivitäten in der Natur und mit deinem Husky. Übernachten werdet ihr je Witterung im Tipi, unter freiem Sternenhimmel oder im Huskyhaus.

- 3 Tage: So 17 Uhr bis Mi 17 Uhr, pro Kind: 329 € inkl. MwSt., 5 Tage: So ab 17 Uhr bis Fr 17 Uhr, pro Kind: 549 € inkl. MwSt.
- Termine und freie Plätze nach Absprache

Kinder Sommer

ALLGÄU

Bad Hindelang

Naturbad

Eine Kombination aus herkömmlichem Freibad mit der Wasserreinigung eines Naturbades. Die Durchschnittstemperatur liegt meist über 20 Grad. Neben einem 50-Meter-Schwimmbecken bieten das Bad jede Menge Spaß für Groß und Klein. Vom Fährfloß zum Entern einer Insel bis zum Beach-Volleyballplatz, von der Vogelnestschaukel bis zur Wasserrutsche. Sonnenanbeter nutzen die 5.000 m² große Liegewiese als auch Parzellen mit eigenen Beckenzugang.

Bergabenteuer

In der Bergwelt erwartet euch ein ausgesuchter Parcours, der jede Menge Abenteuer verspricht. Hoch über Bad Hindelang klettert ihr über Felswände, balanciert über schaukelnde Brücken und saust am Seil über Schluchten. Für Spaß und den sicheren Boden unter den Füßen sorgen erfahrene Bergführer.

🕐 Mittwoch 9:30 Uhr (Sondertermine für Gruppen), Treffpunkt: 9:30 Uhr Kanzelhütte am Jochpass
€ Erwachsene 46 €, Kinder 36 €
Tel: 08324 7399
www.bergindianer.de

Allgäuer Indianerland

Die Bad Hindelanger Berge laden nicht nur ein, mit moderner Kletter- und Sicherungstechnik zu Bouldern, Sportklettern und Alpine Touren zu gehen, auch Bogenschießen auf 3D-Ziele um einen idyllischen See herum bieten ein besonderes Highlight.

Das Herzstück der Familien- und Gruppenerlebnisse ist aber ganz klar der Indianer-Wildnistag. Bach, Wald, Wiese, Feuer, Tipi.. und alles was man im Allgäuer Indianerland so „anfassen" kann, erinnern uns spielerisch an unsere Wurzeln und Ursprünge. Bei sinnvollen Gemeinschaftsaufgaben sich selbst wahrnehmen und andere einschätzen. Während ihr eure Kriegsbemalung und den Federschmuck bekommt, studiert ihr eine alte, auf Leder gezeichnete Landkarte die irgendetwas von einem Goldschatz erzählt.

Auf den Spuren der Bergindianer schleicht ihr am Bach entlang, vorbei an Totenpfählen und verlassenen Indianertipis, immer begleitet von dem Adler der über euch kreist und den Trommeln der Krähen-Indianer, die euch verfolgen. Ihr balanciert über den Baum Steg. Auf der Suche nach indianischen Zeichen löst ihr geheimnisvolle Rätsel und knifflige Aufgaben. Die Inka- Seilbahn über den Silbersee bringt euch in das geheime Versteck hinter dem Wasserfall, wo der Goldschatz vergraben ist. Im Bergindianer Reservat startet der 3D Bogenparcours, traditionelles Bogenschießen für Jung und Alt, dienstags 15 Uhr, ab 6 Personen, Kinder ab 8 Jahre (Sondertermine nach Vereinbarung)

🕐 Di 9:30 Uhr mit Voranmeldung
€ Bis 15 Jahre: 29 €, Erwachsene als Begleitung zum Selbstkostenpreis 15 € Gruppenermäßigung auf Anfrage
👥 Von 6 bis 14 Jahre, Unter 6 Jahre in Begleitung
Allgäuer Indianerland
Paßstr. 16
87541 Oberjoch
Tel: 08324 7399 · www.bergindianer.de

ALLGÄU

MusikWanderWeg

Der musikalische Wanderweg bietet eine Möglichkeit sich über regionale Musik und Natur zu informieren und ist durch Spielstationen ein abwechslungsreiches Erlebnis!

Der Wanderweg führt vom Kurhaus zur Ostrach über den Drachenspielplatz und den Schanzpark zurück zum Kurhaus Bad Hindelang. Dieser Weg von etwa 1 ½ Stunden mit Themen rund um die regionale Musik und Kultur beinhaltet für die kleinen Wanderer unter uns viele verschiedene Spielemöglichkeiten. Die Begleittafeln, die im Laufe des Pfades immer wieder entdeckt werden, bieten eine Menge Informationen über das Ostrachtal und dessen musikalischen Elementen. Damit die Kleinen in den Spielpausen auch was zu tun haben könnt ihr vor Beginn des Spaziergangs ein Begleitheft, welches z.B. Malen nach Zahlen und ein kleines Quiz rund um den Wanderweg beinhaltet, mitnehmen. Um für die musikalische Unterhaltung auch unterm Laufen bzw. an den jeweiligen Stationen zu sorgen, findet ihr auf jeder Tafel einen QR- Code, mit wessen Hilfe ihr euch das jeweilige Lied über euer Smartphone herunterladen könnt.

Wanderung ins Reich des Steinadlers

Hier kann man ohne die Adler zu stören unter fachkundiger Begleitung mit Fernrohren und ein wenig Glück den faszinierenden Großvogel und seine Nachbarn erleben.

Treffpunkt: Giebelhütte, neben Giebelhaus (Änderungen vorbehalten),
€ Erwachsene 8 €, bis 14 Jahre frei!
Tel: 08324 8920

Bad Hindelang PLUS

Mit der Bad Hindelang PLUS Karte, die es bei 220 teilnehmenden Gastgebern gibt, könnt ihr von 20 kostenlosen Zusatzleistungen profitieren.

Übernachten in Hotels, Gästehäusern, Ferienwohnungen oder Urlaub auf dem Bauernhof. Unsere zahlreichen Bad Hindelang PLUS-Gastgeber sind durch das orangene Plus Symbol auf der Internetseite und im Gastgeberverzeichnis gekennzeichnet.
Das bedeutet: Freie Fahrt mit Bergbahnen und Bussen, freier Eintritt in zwei Erlebnis-Hallenbäder und ins Naturbad, zum Tennisspielen, in den Hallen-Spielplatz „Allgäulino" und vieles mehr. Pure Urlaubsfreude und Freizeitspaß im Tal oder hoch oben in den Bergen.

| www.badhindelang.de/plus

ALLGÄU

Entdecke die VIELfalt auf nur einer Karte

Die VIELcard ist der Schlüssel zu echten Allgäu-Erlebnissen. Einmal zahlen und dann über 70 Attraktionen im Allgäu und Kleinwalsertal 1x pro Gültigkeitszeitraum kostenlos nutzen und dabei noch Geld sparen.

Nicht lange planen, weniger Anstehen an Kassen, der Urlaub bleibt unbeschwert und das Allgäu kann fast wie All-inclusive erlebt werden. Neben Berg- und Talfahrten an Bergbahnen, Eintritten in attraktive Erlebnis- und Freibäder sind Eintritte in Museen, das AllgäuLino in Wertach, Hochseilgärten oder Sommer-rodelbahnen und vieles mehr in der VIELcard enthalten. Die VIELcard ist bereits ab 54,90 € für 4 Tage erhältlich, die phantastischen Kinderermäßigungen sind perfekt für Familien, die mit der VIELcard richtig Geld sparen können. In versch. Gültigkeitszeiträumen von 4, 7 oder 14 Tagen ist die VIELcard bei den Allgäuer Gastgebern und den örtlichen Touristinformationen erhältlich. Die VIELcard wird einfach auf die Allgäu-Walser-Card aufgebucht. Das Projekt wird gefördert aus Mitteln der Europäischen Union (Europäischer Fonds für Regionale Entwicklung - INTERREG-Programm Bayern-Österreich)

| Kontakt & Infos unter: Tel: 08323 9949150
www.allgaeu-walser-card.de

Die Allgäu-Walser-Card

Die Allgäu-Walser-Card ist gratis für jeden Gast. Sie erhalten die elektronische Gästekarte direkt bei Anreise kostenlos von Ihrem Gastgeber in den Regionen Oberallgäu, Westallgäu, Kleinwalsertal und Bad Wörishofen und können anschließend Ihren Urlaub starten.

Zeigen Sie Ihre Allgäu-Walser-Card einfach bei den Partnerbetrieben vor und freuen Sie sich über zahlreiche Vergünstigungen und kostenlose Leistungen bei weit über 100 Attraktionen:
- ermäßigter Eintritt bei Bergbahnen, Erlebnisbädern, Freibädern, Museen, Naturerlebnissen, Klettergärten und mehr
- Preisvorteile beim Einkaufen, bei Veranstaltungen, beim Parken
- Zusätzliche weitere Vorteile nur in Ihrem Urlaubsort! (Infos dazu erhalten Sie bei Ihrer Tourist-Information)

Für Gäste, die „MEHR" wollen, gibt es auch MEHR! Auf jede Allgäu-Walser-Card können interessante Zusatz-Angebote gebucht werden, so z.B. die VIELcard, ein Paket mit vielen tollen Attraktionen zu einem unschlagbaren Preis.

| Tel: 08323 99 49 150
www.allgaeu-walser-card.de

ALLGÄU

Oberjoch · Familux Resort

Atme durch mit deiner Familie. Das Vier-Sterne-Superior-Hotel ist herrlich gelegen auf 1200 Metern inmitten des eindrucksvollen Allgäuer Bergpanoramas im Luftkurort Oberjoch, der laut Deutschem Skiverband das beste Familien-Skigebiet der Alpen bietet.

Über allen Gipfeln ist Spaß. Deine Kinder werden täglich von morgens bis abends durch unsere 25 erfahrenen PädagogInnen einfühlsam betreut – in fünf altersgerecht gestalteten Clubs vom Baby- bis zum Teenie-Alter auf über 2.000 m² Fläche. Schon ab dem 7ten Lebenstag kommen Babys bei uns in den Urlaubsgenuss und erleben fürsorgliche Zuwendung. Höhepunkte für alle gibt es zahlreiche: Softplayanlage, Kino & Theater mit täglichem Programm, Kartbahn, Turnhalle, Familien-Bowlingbahn und 5.000 m² Außenanlage mit Kletterwald sowie Rodelbahn und „Windelskischule", die schon Zweijährigen die ersten Schwünge auf den Brettern ermöglicht. Wer einmal unsere Alpakas, Ponys und Esel zurück in den Stall begleitet, fühlt sich leicht als zukünftiger Pferdeflüsterer. Für nasse Action sorgen die längste Hotel-Reifenwasserrutsche Deutschlands, das Panorama-Hallenbad mit seinem Babyerlebnisbad und der Infinity-Außenpool.

Erholung und unglaubliche Vielfalt an Aktivitäten. Mit dem guten Gefühl, deine Kinder optimal aufgehoben zu wissen, genießt du Zeit für dich selbst, die Entspannung in unserer vielfältigen Saunalandschaft, wohltuende Spa-Behandlungen oder den sensationellen Ausblick auf die Gipfel aus dem großzügigen, rundum verglasten Fitness-Center. Zum vollständigen Genuss-Erlebnis gehört auch die Gourmetküche den ganzen Tag über. Sportliche Aktivitäten warten direkt vor der Haustüre: die Bergwelt bietet traumhafte Wandergebiete und das mit beträchtlichen Investitionen modernisierte Skigebiet mit seinen 33 Pistenkilometern und dem großen Schneekinderland ist von unserem Resort aus leicht zu Fuß oder mit unserem eigenen Shuttle erreichbar.

Urlaub ohne Nebenkosten. All-inclusive wird hier neu definiert, denn das Oberjoch – Familux Resort verbindet kulinarische Raffinesse mit einem unvergleichlichen Service auf 5-Sterne-Niveau, zu dem auch gehört, dass die Bergbahnen im Sommer und die Skipässe im Winter schon inkludiert sind.

| www.oberjochresort.de

Sonthofen

Canyoning

Die Schluchten, die sie begehen, bieten viele Alternativen (auch Auslassen einzelner Abschnitte ist je nach Schlucht möglich).

Am Autoparkplatz angekommen stellen die Canyoning Guides die bevorstehende Schlucht vor. Hier erfolgt auch die Einkleidung in Neoprenanzug, Klettergurt und Helm und eine erste Einweisung. Nach einem kurzen Aufstieg auf einem Wanderweg, heißt es fertig machen für die Schlucht. Zunächst wird mit jedem Teilnehmer einzeln das Sichern und Abseilen geübt und der richtige Sitz des Klettergurtes überprüft.

Zuerst geht es laufend und kletternd über nasse Steine und durchs knöcheltiefe Wasser. Tiefere Gumpen werden schwimmend durchquert, wer Lust hat, kann auch gerne mal vom Schluchtrand aus ins Wasser springen. Ein besonderes Highlight ist das Rutschen, ausgewaschene Felsrinnen können gut geschützt durch Neoprenanzug und Canyoninggurt auf dem Hosenboden hinunter gerutscht werden. Die steilen Stufen werden natürlich sicher am Seil bewältigt und abgeseilt. Hier zahlt sich das Abseiltraining aus. Wenn es ans Abseilen geht, ist der Profi immer sichernd zur Hand. Wem einmal der Mut für eine besonders knifflige Stelle fehlt, der kann sich auf die Hilfe des Canyoningguides verlassen.

Der Mix aus Bergsteigen und Wassersport gibt den Kindern ein neues Selbstbewusstsein und der Familie ein neues Zusammengehörigkeitsgefühl. Die Tour muss reserviert werden (am besten Onlinebuchung), dabei erhalten Sie weitere Informationen. Ein professionell ausgebildeter, erfahrener Canyoningführer steht den ganzen Tag für Sie bereit.

Dauer: ca. 3 bis 5 Std.
€ Erwachsene: 89 €, Kinder: 79 €
Ab 6 Jahre
Winkel · Winkel 18 · 87527 Sonthofen
Büro: purelements® Station, Bahnhofsplatz 3, 87527 Sonthofen, Parkplätze vorhanden
Anmeldung: purelements GmbH & Co. KG
Tel: 08321 780479-0
www.purelements.de

ALLGÄU

Bienenlehrpfad

Im September 2016 trafen sich fünfzehn motivierte Jugendliche im Rahmen eines P-Seminares zum ersten Mal, mit dem Ziel einen Bienenlehrpfad für die Stadt Sonthofen zu gestalten.

P-Seminare (das „P" steht für Projekt) sind ein fester Bestandteil der Ausbildung in der gymnasialen Oberstufe. Die Teilnehmer sollen dabei einerseits an einem konkreten Projekt arbeiten und andererseits dabei Einblicke in verschiedene Berufsfelder bekommen, um Orientierung für die eigene Berufs- bzw. Studienwahl zu bekommen.

Da das Thema Insekten- bzw. Bienensterben eine große Öffentlichkeit in den Medien findet, wollten die Schülerinnen und Schüler mit ihrem Projekt Einblicke in das Leben der Honigbienen, aber auch anderer Bestäuberinsekten bieten, so dass die Besucher des Lehrpfades für die Bedürfnisse der Tiere sensibilisiert werden und vielleicht sogar konkrete Hilfen bieten. Neben dem Ansäen von insektenfreundlichen Saatgutmischungen und dem Ausblühenlassen der Pflanzen kann ein Beitrag zum Schutz der Tiere auch darin bestehen, Honig bei lokalen Imkern zu beziehen.

Bei der Planung legten die Teilnehmer des P-Seminares Wert darauf, dass es sich nicht nur um reine Informationstafeln handelt, sondern dass es auch Mitmachstationen gibt, an denen Dinge ausprobiert und begriffen werden können. Dadurch sollen auch Familien mit Kindern angesprochen werden, den Weg zu gehen.

Die Wegführung ist so angelegt, dass die gesamte Strecke ohne Hindernisse auch mit einem Kinderwagen absolviert werden kann. Beginnend am Illersteg beim G´hau-Park führt der Pfad zunächst entlang des Illerdammes und dann über den Wiesenweg zum Biberhof. Dort gibt es auch echte Bienenvölker zu bestaunen.

Insgesamt sieben Stationen informieren über verschiedene Aspekte zum Leben der Bienen und laden dazu ein, Dinge auszuprobieren. Besonders soll hierbei die Sensibilität für die Bedürfnisse der kleinen Nutztiere geschaffen werden. Die Leitfigur „Franzi" begleitet die Besucher dabei auf allen Tafeln.

Stadt Sonthofen- Tourist-Info
Rathausplatz 1 · 87527 Sonthofen
Tel: 8321 615292 · www.sonthofen.de

Minigolf G´hau

Der Minigolfplatz am G´hau bietet neben einem gepflegten Parcours auch eine sehr schöne bewirtschaftete Terrasse mit Eiscafé sowie in unmittelbarer Nachbarschaft einen großen Kinderspielplatz.

ALLGÄU

Sonthofen

WONNEMAR Erlebnisbad

Mit einem großen Angebot an Erlebnis, Sport, Gesundheit, Erholung und Gastronomie kann jeder Gast eine unbeschwerte Zeit genießen.

Auf 10.400 qm bieten zahlreiche Wasserbecken ereignisreiche Stunden – ein Abenteuer-Wellenbecken mit Strömungskanal, ein 25-m-Sportbecken, ein Whirlpool und das Erlebnis-Außenbecken lassen keine Wünsche offen. Nervenkitzel und Spaß verspricht der Riesenrutschentower. Besonders Mutige sausen in der „Black Hole" durch die dunkle Röhre. Wilde Stromschnellen gilt es auf der „Crazy River" zu meistern. Und im Wonniland finden unsere jüngsten Gäste alles, um sich mit dem Element Wasser vertraut zu machen.

Im Thermalbereich kommen gesundheitsbewusste Gäste voll auf ihre Kosten. Thalasso- und Kaskadenbecken, Dampfbad, Sole-Inhalationsstollen, Kneipp-Tretbecken und Sole-Außenbecken sind nur einige der Attraktionen des Gesundheitsbades. Ein Highlight in der liebevoll gestalteten Saunalandschaft ist die Allgäu-Brennerei Panoramasauna mit herrlichem Blick auf die Allgäuer Bergwelt. Außerdem stehen für einen rundum entspannenden Aufenthalt fünf weitere Saunen zur Verfügung: von der Feuersauna über eine Blockhaus- und Vitalsauna bis hin zum Steinbad oder der Finnischen Sauna. Verwöhnen lassen kann man sich im WONNEMAR SPA mit seinem vielfältigen Angebot von klassischen Massagen bis Wellness- und Schönheits-Anwendungen aus aller Welt. Im „La Pergola" im Wellness- und Saunabereich relaxt man nach dem einen oder anderen Aufguss oder einer entspannenden Massage.

InterSPA Gesellschaft für Betrieb
WONNEMAR Sonthofen mbH
Stadionweg 5 · 87527 Sonthofen
Tel: 08321 780970
www.wonnemar.de/sonthofen

ALLGÄU

Erlebnisbauernhof Krötz

Geboten sind Kurzweil für Kinder, Wissenswertes für Erwachsene und Begegnungen mit der Allgäuer Naturlandschaft.

Spielscheune und Spielplatz auf dem Naturerlebnishof bieten viel Spaß für die kleinen Gäste. Jede Menge Spielsachen für Mädchen und Jungen warten auf die kleinen Besucher.

In der Spielscheune können die Kleinen klettern und dann ins weiche Heu springen, und jede Menge Spaß haben. Die Scheune wird auch gern für Kindergeburtstage genutzt!

April bis Oktober (Montag Ruhetag)
Tel: 08321 83735
Tiefenbach 19 · 87527 Sonthofen

BUND Naturschutz Naturerlebniszentrum Allgäu

Natur entdecken, erkunden, experimentieren. Für Gruppen, vom Firmenausflug über die Schulklasse bis zum Kindergeburtstag, werden auf Anfrage maßgeschneiderte Umweltbildungsangebote entwickelt.

In Zeiten von schneller - höher - weiter bietet das NEZ Urlaubern und Einheimischen die Möglichkeit, das schöne Allgäu einmal anders zu erleben. Das Motto lautet: „Die Sensation im Kleinen entdecken". Fledermausführungen, Naturerlebnis-Ferienprogramme genau wie Zeltlager und unkonventionelle Touren, auf denen Sie lernen Ihre eigenen Grenzen zu überwinden, erwarten Sie. Das Programm beinhaltet zudem viele interessante Fortbildungen zum Thema Natur, z.B. Mein Naturgarten, Waldzeit, Artenkenner oder kreatives Naturhandwerk.

6 bis 99 Jahre
An der Eisenschmelze 27, 87527 Sonthofen
Tel: 08321 4072315
www.NEZ-Allgaeu.de

Minimobil-Museum

Mehr als 18.000 Modelle überwiegend im HO-Maßstab, geben einen Einblick in die über einhundertjährige Automobilgeschichte.

Mehrere hundert Flugzeug- und Schiffsmodelle bieten eine Übersicht über die Entwicklung der See-, Luft- und Raumfahrt. Ein eigener Bereich ist der Eisenbahngeschichte, vom Adler bis zur Transrapid-Bahn, gewidmet. Sonderausstellungen zu Themen wie Feuerwehr, Baufahrzeuge usw., wechseln alle vier Monate.

Oberstdorferstr. 10 · 87527 Sonthofen
Tel: 08321 87717 · www.minimobil-museum.de

ALLGÄU

Sonthofen

Starzlachklamm

Von den Anfängen der Starzlachklamm in den 1930er Jahren gibt es nur noch wenige Erinnerungen. Bekannt ist, dass der Sonthofer Baumeister Xaver Amann die Schlucht erschlossen hat.

Sicher ist auch, dass der Klammweg früher, zumindest stellenweise, anders verlief und weitaus beschwerlicher war. Denn oberhalb des heute komfortablen Weges sind noch alte Stahlseile zu sehen, die dort über die extrem steilen Felswände verlaufen. Viel getan hat sich seit diesen Zeiten. Damals hatte ein Hochwasser die Schlucht schwer beschädigt. Mit den Einnahmen aus den Eintritten verbesserte man Jahr für Jahr die Wegführung, auch in Sachen Sicherheit.

Aussichtsplattform am Wasserfall
Ab den 1990er Jahren begann der Tourismusverein damit, die Holzbrücken durch stabile und sicherere Stahlbrücken zu ersetzen. Ein Meilenstein für den Klammweg. Von Hand wurde das schwere Material in die Schlucht getragen und in hunderten Arbeitsstunden montiert. Direkt am Klammeingang entsteht oberhalb des 15 m hohen Schleierfalls eine Aussichtsplattform.

Wartung des Klammwegs
Jedes Jahr nach der Schneeschmelze beginnt das große Aufräumen in der Starzlachklamm. Brücken und Geländer werden geprüft, Stolperfallen beseitigt, entwurzelte Bäume herausgesägt und stückchenweise von Hand aus der Klamm getragen. Die Naturgewalten hinterlassen ihre Spuren an Geländern und Brücken, die repariert werden müssen. Schweißarbeiten müssen gemacht und Stahlseile ausgewechselt werden. Auch die Felswände werden überprüft. Fünf bis sechs Mitglieder der Bergwacht Sonthofen gehen angeseilt die Steilwände ab, rechen lose Steine aus der Wand, prüfen Felsen, die lose sein könnten, um für möglichst wenig Gefahr durch Steinschlag zu sorgen. Verbunden wird der Einsatz mit einer Bergungsübung aus der Klamm. Jedes Jahr fasziniert die Wasserschlucht über 50.000 Besucher.

€ Erwachsene 3,50 €, Kinder 2 €

Tannheim

Tannheimer Tal

Der Familienurlaub beginnt schon bei der Anreise. Schnell, bequem und vignettenfrei geht es über die Grenze von Bayern nach Tirol und nach wenigen Kilometern kommen Kinder und Eltern entspannt im Hochtal an.

Angebote

Im Sommer bietet in den Hauptferienzeiten der ‚Tanni-Kinderclub' spezielle Angebote für die ganz Kleinen und das ‚Jugendprogramm' sorgt mit Aktivitäten wie Kletterkurs, Flying Fox oder Canyoning für die Älteren für Spaß.

Outdoor

Zehn Spiel- und Abenteuerspielplätze sowie ein Kletterwald, zwei Schwimmbäder oder der Mühlwaldtrail verheißen Spiel, Spaß und Action für kleine und große Gäste. Wandertouren speziell für Familien werden zur spannenden Entdeckungstour, wie z.B. der Schmugglersteig vom Wannenjoch zum Iseler, war früher eine gefragte Route für heimliche Geschäfte. Heute können z.B. Familien mit Kindern dort in die Rollen der Schmuggler oder Zöllner schlüpfen und unterwegs spannende Aufgaben lösen.

Familienfreundliche Destination:

Als Mitglied bei den „Tiroler Familiennestern" erfüllt das Hochtal höchste Qualitätsansprüche. Dazu gehören zahlreiche geprüfte Gastbetriebe in unterschiedlichen Preiskategorien, die jeweils individuelle Einrichtungen und Betreuungsmöglichkeiten bieten – vom Biobauernhof bis zum Wellnesshotel ist alles geboten. Kinder im Vorschulalter können anhand der Familienkarte die Ferienregion erkunden. Die Karte kann in jeder ortsansässigen Tourismusinfo gegen eine Schutzgebühr von 2 € erworben werden.

Tanni's Kinderparadies

Das Kletter- und Bouldertreff bietet ein vielseitiges Indoor-Angebot für kletterbegeisterte Anfänger oder Profis. Die zentrale Lage im Gebäude des Tourismusverbandes und die Top-Ausstattung für im Tanni's Kinderparadies und dem Kletter- und Bouldertreff machen beides zur idealen Schlechtwetteralternative.

Tourismusverband Tannheimer Tal
Vilsalpseestr. 1 · A - 6675 Tannheim
Tel: 0043 5675 622031
0043 5675 622060
www.tannheimertal.com

Burgberg

Familienrafting auf der Iller – Sei dein eigener Kapitän

Kinder, Eltern und Wasserratten aufgepasst! Wir bieten Euch in den Pfingst- und Sommerferien ein attraktives Ferienprogramm im Allgäu an. Bei unserem Familienrafting bezwingt ihr mit unseren Guides zusammen einen wilden Fluss! In einem großen Raftingboot paddelt Ihr die Iller hinab, die sich auf ihrem Weg von Oberstdorf nach Ulm am Grünten, dem Wächter des Allgäu, vorbeischlängelt.

Die Bootstour ist das ideale Outdoorprogramm bei jedem Wetter – bei heißen Temperaturen und Sonnenschein bietet sie die nötige Abkühlung. Und bei trübem Regenwetter ist sie das ideale Alternativprogramm zum Wandern. Denn unabhängig vom Regen, nass werdet ihr sowieso und der Neoprenanzug schützt Euch vor der Kälte.

Auf der Fahrt könnt ihr könnt ihr nicht nur die wunderschöne Allgäuer Landschaft vom Boot aus erleben, sondern es wartet auch jede Menge Spaß für die gesamte Familie auf Euch. Bei der Tour kommen nicht nur die Kinder auf ihre Kosten, sondern auch die Eltern dürfen wieder für einen Moment Kind sein. Strömungsschwimmen, Duelle mit den anderen Booten, Sprünge ins kühle Nass sowie eine kleine Überraschung, die wir noch für unsere kleinen Gäste in petto haben, sorgen für eine ordentliche Wasseraction und ein unvergessliches Erlebnis, an das ihr Euch als Familie gerne erinnern werdet.

Habt ihr noch mehr Lust auf Outdooraction, dann können wir euch neben dem Familienrafting auch noch Familien-Canyoning für die etwas größeren Kids (ab 8 Jahren) und Familien Flying Fox für alle, die zwischen den Bäumen Höhenluft schnuppern wollen (ab 140cm), wärmstens empfehlen.

Mo bis So 8 bis 18 Uhr
Kinder bis 14 Jahre 30 €
Erwachsene 36 €
Familienrafting: Ab 5 Jahren möglich, Spezialausrüstung und Betreuung durch ausgebildete Guides. Anmeldung erforderlich!
www.spirits-of-nature.de

ALLGÄU

Erzgruben – Erlebniswelt am Grünten

Reise in das "Herz" des Grünten - ein Bergerlebnis der anderen Art!

Schon die Fahrt mit dem Erzgrubenbähnle von Burgberg hinauf zum Museumsdorf ist ein erstes tolles Erlebnis! Ab dem kostenlosen Parkplatz am Steinbruch, am Ortsrand von Burgberg ist das Museumsdorf der "Erzgruben - Erlebniswelt am Grünten" bequem zu erreichen.

Dort erfahren die Besucher vieles über die hochinteressante Geologie des Grünten und des Allgäus, den Eisenerz-Bergbau in vergangenen Jahrhunderten, über die Verhüttung bis hin zur althergebrachten Schmiedekunst. Im Grubi-Stadel gibt es Filme zur Bergbaugeschichte zu sehen.

Und als Höhepunkt tauchen Sie ein in die unterirdische Erlebniswelt - in das "Innere" des Grünten! Bei einer ca. zweistündigen geführten Rundwanderung besichtigen Sie "steinalte Grubenanlagen" wie die "Theresiengrube" und erfahren dabei von unserem "Grubi" wie das Leben und Arbeiten der Bergknappen früher war - aber auch spannendes vom "Venedigermännle" und dem "Goldbrünnele"!

Während der Saison finden auch besondere Aktionstage statt. Bei Themen- und Aktionstagen, den Schauschmiedetagen und Abend- bzw. Nachtwanderungen wird die Bergbaugeschichte am Grünten zu einem ganz besonderen Erlebnis. In den Ferien sorgt ein interessantes Programm für jede Menge Spaß und Abwechslung. Bei den Vorführungen in der Schauschmiede-Hütte können die Besucher nicht nur dem Schmied über bei der Arbeit zusehen. Erwachsene und Kinder haben die Möglichkeit selbst ihr "Glückshufeisen" zu schmieden.

Sonderführungen für Gruppen, wie Vereine, Betriebe, Schulklassen werden gerne nach Vereinbarung organisiert!

🕐 Mai bis Oktober
👪 Rundwanderung ab 4 Jahren geeignet für Kleinkinder wird eine Rückentrage empfohlen. Nicht für Kinderwagen geeignet.
Tel: 08321 7884646
www.erzgruben.de

ALLGÄU

Burgberg

Familien-Vitalpark

Familien-Vitalpark
Blaichacher Str. 29a · 87545 Burgberg
Tel: 08321 607760
www.familienvitalpark.de
www.naturbad-allgaeu.de
www.familien-ferienwohnungen-allgaeu.de

Erleben Sie auf mehr als 20.000 qm ein reichhaltiges Freizeitangebot.

Durch eine biologische Filteranlage wird gänzlich auf eine chemische Reinigung verzichtet. Grün schimmerndes, weiches Wasser ist der Dank dafür. Sei es die 5m Sprungturmanlage, das 50m Sportschwimmbecken, die Wasserrutsche oder der Flying Fox über das großzügige Nichtschwimmerbecken. Während sich die Kleinen am kindergerechten Bachlauf vergnügen, powern sich die Großen auf den drei Beachvolleyballplätzen aus. Entspannung findet jeder auf den weitläufigen Liegewiesen. Erfrischende Getränke und ein leckeres Eis, im sonnig gelegenen Bistrobereich, runden den Badetag am Fuße des Grünten ab.

Burgberger Tierparadies

Tierische Vielfalt finden Sie im Streichelzoo. Im Tierparadies leben die verschiedensten Tiere, ob Einheimische oder Exoten.

Freundliche Ponys, wollige Schafe, störrische Esel, neugierige Ziegen, glucksende Hennen und stolze Hähne, flauschige Hasen und Kaninchen, schnatternde Gänse, exotische Lamas, grunzende Schweine. Streicheleinheiten für die Seele können jung und alt genießen. Die Streicheleinheiten für die Tiere tun auch den Besuchern gut. Sie werden staunen wie beruhigend es ist in spannender Atmosphäre die Tiere zu beobachten und hautnah zu erleben.

Platz zum Toben gibt es natürlich auch: Gleich neben dem Kafe Kult befindet sich unser Spielplatz für die Kleinen. Hier können sich die jüngsten Gäste so richtig austoben, spielen und Spaß haben.

Kinder unter 8 Jahren dürfen sich nur in ständiger Begleitung eines Erwachsenen im Tiergehege aufhalten.

Bitte die Tiere nicht füttern und keine Hunde mit auf das Gelände mitbringen.

ALLGÄU

Rettenberg

Beobachtungsturm am Fledermaussee

Rund um den Fledermaussee bei Untermaiselstein gibt es viel zu entdecken. Der Aussichtsturm – die Fledermauswarte – ermöglicht einen spannenden Einblick in die heimischen Tier- und Wasserwelten.

Tipp: Geführte Nachtwanderungen im Hochsommer „Tanz der Vampire am Fledermaussee".

€ Erw. 9 €, Kinder 5 €, Familien 18 €
(Bezahlung direkt vor Ort)
Tel: 08327 92040

Grünten - Bogensportanlage

Nach der Begrüßung und Ausgabe von Pfeil und Bogen gibts noch eine Fachkundige Einweisung. Nicht jeder Pfeil trift gleich die Zielscheibe, wird aber von Pfeil zu Pfeil immer besser. Nach dem Einschießen gehts anschließend auf die Pirsch in den Waldparcours.

Tel: 08327 7586
www.gruentenbogen.de

Weitere Ausflugsziele in Rettenberg:

• Minigolfanlage: Tel: 08327 6359850 • Familienbad: Tel: 08327 6359850
Info: Tourist-Info Rettenberg · Bichelweg 2 · Tel: 08327 92040 · www.rettenberg.de

ALLGÄU

Rettenberg

Abenteuer

Erlebnispfad

Hier ist der erste Allgäuer Wassersteig entstanden und ein Erlebnispfad mit 13 tollen Stationen rund um das Reich der Wasseramsel. Fauna und Flora werden erklärt. Mit dem Forscherrucksack geht es auf Entdeckungsreise am Fuße des Grünten.

Wandersteig durch den Bachlauf

Durchs Wasser waten, mitten durch den Bach, das Nass umspült die Füße. Man spürt seinen sanften Druck, hört sein Rauschen und Sprudeln. Im Klettersteigset gesichert geht es an einem fest verankerten Stahlseil, in wasserdichten Wathosen über natürlichen Gewässergrund, über Felsen und Steinplatten, etwa 100 Meter durch den Wildbach. Ringsum die grüne Uferböschung und wildromantische Aulandschaft. Während der Wassertour erzählt die "Elderhex" mittels Audioguide in bestimmten Abständen nette und interessante Dinge über die Lebewesen im und am Gebirgsbach. Ziel sei es, Kinder für die Natur zu sensibilisieren und dabei viele verschiedene Sinne anzusprechen. Erlebnis in der Natur und Rücksichtnahme auf die Natur, beschreibt die Diplom-Biologin die Idee des Steigs, der naturverträglich umgesetzt wurde.

Becherlupe, Bachkrebs und Mühlkoppe

Neben dem Wassersteig säumen 12 weitere Informations- und Erlebnisstationen den Rundweg am Galetschbach. So kann man sich mit den Tieren des Waldes im Weitsprung üben und erfährt dabei, dass der Grasfrosch immerhin einen Satz von einem Meter macht. An Station 6 lässt sich mit den Utensilien aus dem Forscherrucksack (Becherlupe, Sieb, Pinsel, Wasserbehälter, Kosmos-Naturführer, Insektenbestimmungstafel und Fernglas) das Gewässer genauer untersuchen. Die Natur mit Tieraugen sehen: An Station 10 erfährt man es. Hier können große und kleine Entdecker durch verschiedene Prismen schauen, die das

ALLGÄU

Galetschbach

Sehfeld verschiedener Tiere nachempfinden. Viele weitere interessante Stationen etwa zu Tierstimmen und -spuren, Quellentstehung und Wassermühlen warten am Erlebnisweg in Rettenberg. Am Ende der Runde wurde ein neuer Naturspielplatz angelegt.

Wichtig für die Verleihausrüstung für den Wasseramselsteig

Es können am Tag maximal 4 Familien den Klettersteig im Wasser begehen. Bitte anmelden.

€ Verleih Klettersteigset (ab 6 Jahre und Körpergröße von 1,10 m): 6,50€ / Person, 5,50€ / Person ab 4 Personen, Verleih Forscherrucksack für 2 Personen: 6,50€/Person, 5,50€/Person ab 4 Personen
Bichelweg 4
87549 Rettenberg
Tel: 08327 6359850
www.abenteuer-galetschbach.de

ALLGÄU

Blaichach

Wasserskilift

Mitten im wunderschönen Allgäu, umgeben von herrlichen Berglandschaften.

Egal ob Jung oder Alt, ob Anfänger, Profi oder Publikum: Der perfekte Tag am See ist hier garantiert. Wasserskifahren und Wakeboarden kann jeder lernen, die freundlichen Mitarbeiter/innen helfen gerne bei den ersten Starts und geben Tipps. Im Shop direkt am Lift kannst du selbstverständlich jegliches Equipment wie Wakeboards, Wasserski, Kneeboards, Schwimmwesten, Helme und Neoprenanzüge ausleihen. Den Wasserskilift kannst du auch für dich und deine Freunde, einen Sportverein oder Firmenausflug mieten.

Café am Wasserskilift: Den perfekten Blick auf den See hast du direkt im Café am Wasserskilift. Nachhaltigkeit, Regionalität und hohe Qualität sind ein großes Anliegen. Nach dem Essen findest du auf der Liegewiese mit Volleyballplatz und Kinderspielplatz sicher noch ein sonniges Plätzchen, um zu entspannen oder dich auszutoben.

Über den Illerdamm-Radweg sind wir auch ganz leicht mit dem Fahrrad zu erreichen.

 zusätzliches Angebot: Barrierefreier Zugang zu Terrasse und Toiletten, Kinderspielplatz, kostenlose Parkplätz, E-Bike-Ladestation

- Von April bis Oktober jeden Tag
- Stundenkarten gibt es schon ab 17 €

Wasserskilift Allgäu
Am Inselsee 4 · 87544 Blaichach
Tel: 08323 8176
www.wasserskilift-allgaeu.de

74 | Kinder Sommer

Immenstadt

Allgäuer Bergbauernmuseum

Ein Ausflug in das Allgäuer Bergbauernmuseum ist in jeder Hinsicht ein Höhepunkt.

Das auf über 1000 m gelegene Freilichtmuseum entführt den Besucher vor einer traumhaften Bergkulisse in die Welt der Allgäuer Bergbauern vor 200 Jahren. In den historischen Gebäuden wird anschaulich das entbehrungsreiche und harte Leben der Allgäuer Bergbauern dokumentiert. Unterschiedlichste Themen „rund um die Kuh" und die Milchwirtschaft im Allgäu werden gezeigt. Der Weg vom Gras zur Milch wird im begehbaren Kuhmagen „begreifbar", die Situation auf einem Bauernhof erlebbar. Die Allgäuer Alpwirtschaft mit ihrem Senn-Alltag und dem Viehscheid im Spätsommer wird dem Besucher auf der historischen Museumsalpe anschaulich nähergebracht. Auch für Kinder kommt keine Langeweile auf: sich im Trettraktorenparcours wie ein kleiner Bauer fühlen, im Heustock hüpfen, alte Tierrassen wie das Allgäuer Braunvieh, Bergschafe, Schwäbisch-Hällische Schweine und Sulmtaler Hühner kennenlernen. Mit einem Panoramablick lädt die Museumsalpe zu einer „g´scheiten" Brotzeit ein und rundet den Besuch im Allgäuer Bergbauernmuseum ab.

🕐 Vom Palmsonntag bis zum Ende der Herbstferien
€ Unter 7 Jahren: frei, unter 16 Jahren: 4,50 €, Erwachsene: 7,50 €, Familienkarte: 15 €, Familien- Saisonkarte: 43 €
Diepolz 44 · 87509 Immenstadt
Tel: 08320 9259290
www.bergbauernmuseum.de

Immenstadt

Entdecke die Alpsee Bergwelt

Die Alpsee Bergwelt zwischen Immenstadt und Oberstaufen zählt zu den absoluten Freizeit-Highlights im Allgäu. Aus dem Tal geht es mit der Sesselbahn oder zu Fuß in die Alpsee Bergwelt, dem Erlebnisberg auf 1100m Höhe. Umgeben von einer einzigartigen Berglandschaft, mitten im Naturpark Nagelfluhkette, erwartet dich ein aufregender Tag voller Action und Spaß für die ganze Familie.

Der Alpsee Coaster: Deutschlands längste Ganzjahres-Rodelbahn

Mit dem Alpsee Coaster, Deutschlands längster Ganzjahres-Rodelbahn, saust du mitten durch die Natur, durch Wald und über Bergwiesen, über 2,8 km rasant hinunter ins Tal. Zwischen 5-10 Minuten dauert die Fahrt von der Bergstation der Sesselbahn bis zum Restaurant Rodelwirt an der Talstation, dabei kannst du jederzeit selbst das Tempo bestimmen. Unterwegs sorgen über 100 Kurven, Wellen und Jumps für richtig Spaß.

**Der Kletterwald Bärenfalle:
Action in Bayerns größtem Hochseilgarten**

Klettere im Kletterwald Bärenfalle, Bayerns größtem Hochseilgarten, mit 19 Parcours und 190 Kletterelementen, hinauf in abenteuerliche Höhen. Ab 6 Jahren können Kinder in Begleitung eines Erwachsenen klettern. Für Kinder zwischen 3 und 5 Jahren bietet der Kiddy-Parcours „Kleiner Bär" spannende Kletterelemente in bis zu einem Meter Höhe.

Die Abenteuer Alpe: Der riesige Abenteuer-Spielpark für Kinder

Die Abenteuer Alpe ist Deutschlands größtes Bergspiel-Abenteuer mit einzigartigen Spielelementen aus Holz. Baue meterlange Wassergräben und rutsche mit deinen Freunden in der 4er-Rutsche um die Wette. Klettere in den Bauch des Riesenbären und durch den eindrucksvollen Kraxelberg. Süße Alpakas, Lamas und Schafe freuen sich auf dich – die Zwergziegen kannst du sogar streicheln. Alpakawanderungen nach Anmeldung.

Abenteuer Alpe: 3 bis ca. 10 Jahre
Alpsee Coaster: mitfahren ab 3 Jahren, selbst fahren ab 8 Jahren und 1,40 m Größe
Kletterwald Bärenfalle: klettern von 6 bis 13 J. in Begleitung Erwachsener, alleine klettern ab 14 Jahren, Kiddy-Parcours: 3 bis 5 Jahre
Alpsee Bergwelt · Ratholz 24
87509 Immenstadt · Tel: 08325 252
www.alpsee-bergwelt.de

ALLGÄU

Alpsee Skytrail

Klettern auf drei unterschiedlichen Ebenen! Egal ob in 3,7 oder 11 Metern Höhe, hier findet jeder seine Herausforderung.

Ab einer Körpergröße von 1,20 Meter kannst Du die 42 verschiedene Kletterelemente bewältigen und dabei über Seile und Balken balancieren. Teste Deine eigene Trittsicherheit und Schwindelfreiheit in luftiger Höhe. Auch für die Kleinen gibt es etwas – der Kiddy Parcours für erste Klettererfahrung!

Seestraße 10 · 87509 Immenstadt/Bühl
Tel: 08323 998877
www.alpsee-skytrail.com

©Alpsee Immenstadt Tourismus GmbH

Museum Hofmühle

Im historischen Mühlengebäude gibt es für Familien viel Spannendes zu erkunden über Burgen und Ritter, über Arbeit, Gefahren und Freuden am Wasser, über Wohnen, Kleidung, Religiosität und Künstlerleben, über Immenstadt als Warenumschlagplatz für Salz und Leinwand, über den Beginn der Industrialisierung, über Kriegs- und Krisenzeiten und die Wirtschaftswunderjahre in der örtlichen Industrie.

Das Themenspektrum der über 1000 m² großen Dauerausstellung reicht von der Stadtgründung Immenstadts im Jahr 1360 bis in das Computerzeitalter. Zeitgemäße Didaktik und Inszenierungen veranschaulichen den historischen Alltag und machen ihn so für Kinder und Erwachsene gleichermaßen spannend und nachvollziehbar. Verschiedene Ausstellungsbereiche sind besonders kindgerecht gestaltet! Jährlich werfen wechselnde Sonderausstellungen einen Blick auf historische oder auch gegenwärtige Themen.

© bayern.by - Florian Trykowski

Die Sonnenbänke vor dem Museum am Brunnen laden zu einer Pause ein, während sich das Mühlrad am Gebäude außen langsam dreht.

🕐 Mittwoch bis Sonntag, 14 bis 17 Uhr
€ Erwachsene 3 €, Ermäßigt 2 €, Kinder bis 7 Jahre frei, Familienkarte 7,50 €
Museum Hofmühle
An der Aach 14 · 87509 Immenstadt
www.museum-hofmuehle.de

Kinder Sommer | 77

ALLGÄU

Immenstadt

Naturpark Nagelfluhkette

Ein besonderes Großschutzgebiet im Allgäu und Bregenzerwald. Den gefährdeten Apollofalter auf der Alpwiese beobachten, die seltene Steinnelke entdecken und die kulturprägende Alpwirtschaft erleben.

Der Naturpark Nagelfluhkette hat viele besondere Pflanzen, Tiere und Landschaften zu bieten. Am besten lassen sich die Besonderheiten bei einer Wanderung durch das Schutzgebiet erleben. Die Gebirgslandschaft weist ein dichtes Netz aus gut ausgebauten und einheitlich beschilderten Wanderwegen auf. Das Zurechtfinden ist also einfach. Die Naturerlebniswanderwege laden dabei zum Verweilen und Mitmachen ein und bereiten Groß und Klein kurzweilige Stunden mit besonderen Naturerlebnissen und Aha-Effekten.

Bevor Sie das Schutzgebiet erkunden, empfehlen wir Ihnen einen Besuch im Naturparkzentrum AlpSeeHaus. Das markante Holzhaus ist direkt am größten Natursee des Allgäus gelegen – dem Alpsee. Hier bekommen Sie alle Informationen rund um das Gebiet. Ein lohnendes Ausflugsziel für große und kleine Entdecker ist dabei die Naturparkausstellung „Expedition Nagelfluh". Dort erfahren die kleinen Forscher beispielsweise warum die Nagelfluhkette zu den Hotspots der Artenvielfalt zählt oder eben auf Allgäuerisch gesagt: „Wia des sing ka, dass des so bunt um dia Hidde rum isch". Zusammen mit einem attraktiven Außengelände können Sie mit Ihrer Familie einen abwechslungsreichen Tag verbringen.

Die Ranger und Umweltbildner begrüßen gern zu unseren Erlebnisprogrammen rund um das Naturparkzentrum und sind bei unseren Themen-Wanderungen „Mit dem Ranger unterwegs" für Sie da. Vielleicht treffen Sie auf Ihrem Weg auch spontan einen unserer Ranger bei ihrer Arbeit im Gelände.

🕐 Naturparkzentrum AlpSeeHaus:
April bis Oktober tägl. 10 bis 18 Uhr
November bis März tägl. 10 bis 16 Uhr
am 24., 25.12 und 01.01. geschlossen
€ Kinder: Frei*, Erwachsene: 3,50 €
(**3 €), *Bis einschließlich 15 Jahre (Kinder und Jugendliche unter 16 Jahren nur in Begleitung einer Aufsichtsperson)
** Ermäßigung mit Ticket des ÖPNV, Allgäu-Walser-Card/ Bregenzerwald Gäste-Card und für Bürger der Naturparkgemeinden)
www.nagelfluhkette.info

ALLGÄU

Sternwarte

Seit 1999 exestiert die Sternwarte in dem kleinen Ort Knottenried, in der Nähe von Immenstadt am Alpsee. Es wird Besuchern, an öffentlichen Beobachtungsabenden, die Möglichkeit angeboten, den Nachthimmel durch leistungsstarke Teleskope zu sehen und die verschiedensten Objekte am Himmel zu entdecken. Die Mitglieder führen durch den Abend und beantworten alle Fragen rund um die Astronomie.
• Himmelsbeobachtung • Informationen
• Referate • Exkursionen • Astrofotografie

Knottenried · 87509 Immenstadt
Tel: 08323 609805
www.sternwarte-oberallgaeu.de

Wassersportschule Oberallgäu

Angeboten werden Segelkurse, Kindersegelkurse, Motorbootkurse, Urlaubssegeln, Surfkurse, Kitesurfkurse und Segeln.

Die Segelschule liegt am Großem Alpsee im Oberallgäu im Süden Bayerns. Auch wer noch nie seinen Fuß auf ein Schiff oder gar auf ein Surfbrett gesetzt hat, der wird sofort von dem einzigartigen Gefühl begeistert sein, das diese Sportarten vermitteln. Angetrieben von der natürlichen Kraft des Windes, weitab vom Lärm und der Hektik des Alltags, findet man einerseits die Ruhe die man sonst oft vergeblich sucht, aber andererseits auch die Möglichkeit, Kräfte und Geschicklichkeit messen zu können. Wer sich nicht mit dem Wind messen will sondern sich nur auf seine Muskelkraft verlassen möchte findet am Ruder- und Tretbootverleih eine ganze Reihe von Ruderbooten, Tretbooten und Kajaks oder auch Standup-Paddler.

🕐 Anfang Mai bis Mitte Oktober tägl. 10 Uhr bis 18 Uhr (je nach Witterungslage auch länger.)
Wassersportschule Oberallgäu
Seepromenade 15
87509 Immenstadt
Tel: 08323 52200
www.wassersportschule-oberallgaeu.de

ALLGÄU

Steibis

Hochgrat

Die Bergstation auf 1.708 Metern ist Ausgangspunkt für viele kleine und große Wanderungen auf gut ausgeschilderten Wegen am Hausberg Oberstaufens.

Von einem Panoramarundwanderweg über eine Tour über das Rindalphorn oder den Eineguntkopf bis hin zur Nagelfluh-Gratwanderung gibt es verschiedenste Wandermöglichkeiten. Die Wanderung über die Nagelfluhkette zählt zu den schönsten Bergtouren des westlichen Allgäus. Den Allgäuer Hochalpen direkt vorgelagert, bietet diese äußerst abwechslungsreiche Strecke dem Wanderer einmalige Aussicht auf die Alpenkette von der Zugspitze bis zum Säntis und vom Bodensee bis weit nach Oberschwaben.

Sommer: täglich von 8:30 bis 17 Uhr
Tel: 08386 8222 · www.hochgrat.de

Buchenegger Wasserfälle

Der Gebirgsbach Weißach hat sich über Millionen von Jahren tief in die Sandsteinschichten eingegraben. So sind drei verschiedene Wasserfälle entstanden. Rund 20 m stürzen die Wassermassen in das untere Becken, dass im Hochsommer die Besucher gerne zum Baden einlädt. Die Wasserfälle werden sogar als das älteste Naturerlebnisbad Deutschlands bezeichnet.

Das Magazin
IM ALLGÄU
für bewusstes Leben

120 SEITEN FÜR 6.90 EURO

Hier direkt bestellen:

www.nachhaltig-magazin.de

Oberstaufen

Hündle

Die Fahrt mit der 8er Gondelbahn eröffnet einen herrlichen Ausblick über das Konstanzer Tal auf den Großen Alpsee.

Der Erlebniswanderweg und die Expedition Nagelfluh sind besonders für Familien interessante und abwechslungsreiche Touren und laden zum Mitmachen ein. Spaß, Spannung und – kindgerechte – Informationen lassen die Wanderungen kurzweilig werden. Der Erlebniswanderweg ist auch mit einem Kinderwagen begehbar. Ein „Muss" für jeden Naturliebhaber ist der Premiumwanderweg „Wildes Wasser", der zu den Buchenegger Wasserfällen führt.

Ein großes Vergnügen für Klein und Groß ist auch die Sommerrodelbahn. Auf 850 m geht es durch 16 Steilkurven rasant ins Tal. Das Tempo lässt sich jederzeit selbst bestimmen. Zum Freizeitangebot am Hündle gehören außerdem ein Kleintiergehege, Minigolfplatz, Abenteuerspielplatz, Elektroautos, Bungee-Trampolin sowie ein Elektrobagger.

Der Transport von Kinderwagen, Rollstühlen usw. und auch die Mitnahme von Hunden sind problemlos möglich. Die Bergstation ist Ausgangspunkt zahlreicher Wanderungen, vom kleinen Spaziergang bis hin zur Tagestour ist alles dabei.

Die Hütten und Gaststätten im Hündle laden zur Einkehr und Rast auf der Sonnenterrasse ein. Genießen Sie die herrliche Aussicht und lassen Sie sich mit feinen Allgäuer Spezialitäten verwöhnen.

Hündle GmbH & Co. KG
Hinterstaufen 10
87534 Oberstaufen
Tel: 08386 2720
www.huendle.de

ALLGÄU

Erlebnisbad Aquaria

Das Erlebnisbad wird nicht umsonst als eines der schönsten Bäder im süddeutschen Raum bezeichnet. Mit einem breit gefächerten Angebot werden sowohl der „Aktive" als auch der „Ruhebedürftige" angesprochen.

Der sportliche Schwimmer kann im 25 Meter-Sportbecken seine Bahnen ziehen, für die Kinder gibt es einen eigenen Kinderbereich sowohl Innen als auch im Freien und die ganz Mutigen springen vom 3- bzw. 5- Meter Sprungturm in das 4 Meter tiefe Rundbecken. Die Tiefe dieses Beckens kann hydraulisch so verändert werden, dass sogar Schwimmkurse für die ganz Kleinen hier stattfinden. Die Sprünge können auf einem großen Bildschirm zeitversetzt begutachtet werden um evtl. die Technik noch zu verfeinern.

Als absoluter Spaßfaktor ist die 100 Meter Rutsche bei den großen und kleinen Badegästen sehr beliebt. Vom Wildwasserkreisel aus kann direkt ins Außenbecken geschwommen werden und das Solebecken befindet sich ebenfalls im Außenbereich mit einer grandiosen Aussicht auf die Allgäuer Berge.
Im Sommer ist das Aquaria eine ideale Anlaufstelle für alle Sonnenhungrigen, die gerne die Liegestühle im weitläufigen Garten belegen und sich im Außenbecken abkühlen möchten.

Dieses Angebot für die Schwimmer wird durch ein Saunaangebot der Extraklasse ergänzt.

Als einziges Bad in der Region bietet das Aquaria eine eigene Damen-Sauna-Abteilung mit Trockensauna, Bio-Sauna, Dampfbad und Infrarotkabine. In der gemischten Sauna haben sie die Auswahl zwischen Trockensaunen bis zu 100°, einer Bio-Sauna und einer Dampfsauna. Anstelle einer Infrarotkabine befindet sich im II. Obergeschoß die gestaltete Physiotherm-Infrarot-Ruhezone mit Wärmeliegen und Sitzplätzen.

Der Außenbereich mit 2 Außensaunen und schön angelegten Terrassen beeindruckt mit einer grandiosen Aussicht auf den Hochgrat, am allerschönsten nach einer gelungenen Berg- oder Skitour.

Für alle Aktiven ist jeden Montag, Mittwoch und Freitag-Vormittag kostenlose Wassergymnastik, am Montag-Abend und Dienstag-Vormittag ist Aqua-Nordic-Walking und am Donnerstag-Abend die sehr effektive Tiefengymnastik.

🕐 9 Uhr bis 22 Uhr, Winterzeit:
Jeden Fr und Sa bis 23 Uhr
Tel: 08386 93130 · www.aquaria.de

Kinder Sommer | 83

Oberstaufen

Eibelebach

Der Wasserfall am Wasserkraftwerk Eibele: Im Ortsteil Eibele gibt es einen Stausee, der ein Wasserkraftwerk mit Wasser versorgt.

Es ist so ausgelegt, dass im größten Teil des Jahres das gesamte Wasser durch ein Fallrohr das WKW Eibele erreicht. Nur zu Hochwasserzeiten und zur Schneeschmelze wird das überschüssige Wasser über den unteren Eibelewasserfall (ab)geleitet. Stausee und WKW Eibele erreicht man, wenn man am Ortsanfang Eibele die kleine Straße links begeht. Nach kurzer Zeit erreicht man den Stausee, etwas weiter und 40 Höhenmeter tiefer dann die beiden Wasserkraftwerke. Fährt man durch Eibele hindurch, gelangt man zur Eibeles Mühle. Dort parken, über die Brücke nach Vorarlberg gehen und rechts abbiegen, nach 20 Metern erreicht man den oberen Eibeleswasserfall. Der Wasserfall wird durch den Eibelebach, der durch den Eibelesee fließt, gespeist.

Imbergbahn

Mit der Gondelbahn am Imberg gelangen die Gäste mühelos und bequem nach oben. Auch der Transport von Kinderwagen, Rollstühlen usw. ist ganz einfach möglich.

An der Bergstation erwarten den Wanderer eine Vielzahl von Wegen und Touren durch das Imberg-Gebiet, das sich durch ein gut ausgebautes Wanderwegenetz, ein prachtvolles Panorama und Einkehrmöglichkeiten auszeichnet. Der Alperlebnispfad mit insg. 47 Stationen und die Expedition Nagefluh sind Erlebniswanderwege, die besonders Kindern Spaß machen und einladen, selbst aktiv zu werden.

🕘 9 Uhr bis 16:30 Uhr (verlängerte Öffnungszeiten in den Sommerferien)
www.imbergbahn.de

ALLGÄU

Miniwelt

Modelleisenbahnschau um die Faszinierenden Fluss-Landschaften zwischen Rhein und Moseltal im Modell auf einer Fläche von 300 qm.

Zu sehen sind Landschaftsmotive des Rheins zwischen Bingen und Koblenz. Dieser Teil des Mittelrhein wurde am 27.06.2002 zum Weltkulturerbe der Unesco erklärt. Das Deutsche Eck mit der Reiterstatue Kaiser Wilhelm 1. in Koblenz, mit Zusammenfluss von Rhein und Mosel. Auf 2500m Gleislänge, 25 Schattenbahnhöfe, sind z.Zt. 220 Züge verschiedener Epochen im Einsatz. Für eine komplette Runde auf der Anlage ist ein Zug über 6 1/2 Stunden unterwegs. Dabei taucht er immer wieder mal in der einen oder anderen Richtung auf. Kinder können an der LGB – Spielanlage selbst einmal Lokführer sein.

Möggers · Ein Wald voller Geheimnisse

Erleben Sie den imposante Schluchtenwald, ein Werk der Natur der im Sägetobel in Möggers liegt.

Ein abwechslungsreicher Rundweg von ca. 1,5 Stunden - mit Spielaufenthalt bis zu 3 Stunden - führt über abenteuerliche Hängebrücken durch den schönen Buchenwald. Eine Waldhütte und ein Blockhaus zum Umbauen laden zu interessantem Verweilen ein. Hängematten und Holzbänke bieten Möglichkeiten der Unterhaltung des Waldes zu lauschen. Ein geschlossenes Wanderwegenetz ermöglicht Ausgangspunkte von den umliegenden Orten Hohenweiler, Scheidegg und Eichenberg-Pfänder. Wasserweg, Höhenweg, Aussichtsweg und Rupp-Käsewanderweg/Käselehrpfad, der den Zusammenhang bäuerlicher Arbeit und Produktion mit dem Erhalt der einzigartigen Landschaft vor Ort realistisch nachvollziehbar macht, runden das Wandern am Pfänderstock ab.

ALLGÄU

Weiler

Freibad

Besuchen Sie die beheizte Bade-Erlebniswelt am Ortsrand von Weiler. Das Edelstahlbecken mit Strandeinlauf und Massagedüsen, der Wasser-Spray-Park für Kinder sowie die gemütliche Liegewiese mit Beachvolleyballfeld, großem Sandspielbereich und Naturerlebnispfad bieten eine optimales Umfeld.

🕐 Vom Mai bis September: 9 bis 20 Uhr
€ Erwachsene: 3,30 €, 6 bis 15 J.: 1,70 €, darunter frei · www.weiler-tourismus.de

Minigolfplatz

Neben den 9 Bahnen zum Spielen lädt der Platz auch noch zum Verweilen in der eigenen Außengastronomie ein.

Für Kinder gibt es im Sommer spezielle Aktionen und für Erwachsene und Gruppen werden Turniere angeboten.
Der Minigolfplatz liegt direkt im Ortskern von Weiler im Allgäu. Parkplätze sind direkt vor Ort in der Fridolin-Holzer-Straße vorhanden.

🕐 Nur bei trockener Witterung:
Mo bis Fr 14 Uhr bis 22 Uhr
Sa, So, Feiertag: 11 Uhr bis 22 Uhr
Im Winterhalbjahr geschlossen.
Tel: 01602200336

ALLGÄU

Hausbachklamm und Rothachtal

Die wildromantische Hausbachklamm und das Rothachtal bieten die perfekte Umgebung für eine abwechslungsreiche Tour.

Schon in Weiler beginnt dieser spannende und malerische Weg entlang des Hausbachs. Mit einer angenehmen Steigung geht es am Wasser in Richtung Oberreute und Sulzberg in Österreich. Das Wasser, welches sich über die Jahrtausende in den Felsen eingeschnitten hat, ist hier unser ständiger Begleiter und dokumentiert die Kraft der Elemente. Durch den tief eingeschnittenen unteren Teil der Hausbachklamm geht es über Schnellers zum nächsten Naturdenkmal, dem Enschenstein. Dieser mystische Felsen diente schon den Germanen und Römern als Fliehburg und strahlt auch heute noch ein besonderes Ambiete aus. Nun geht es bergab in idyllische Rothachtal zur Quelle der Siebersquelle. Diese älteste dokumentierte Mineralquelle des Allgäus dient bis heute der Postbrauerei als Quelle für das Bier brauen und das Mineralwasser. Das Ende der Wanderung bringt dann noch einen kulinarischen Höhepunkt mit sich, denn hier bietet sich ein Abstecher zur Sennerei Bremenried an, welche den typischen Heumilchkäse herstellt.

| www.weiler-tourismus.de

Scheidegg

Naturerlebnispark skywalk allgäu

Wie wäre es mit einem Spaziergang auf Höhe der Baumkronen? Die Hauptattraktion des überwiegend barrierefreien Naturerlebnisparks ist ein bis zu 25 Meter hoher und 540 Meter langer Baumwipfelpfad.

Die freischwebende Hängebrückenkonstruktion zählt zu den modernsten Anlagen ihrer Art in Deutschland. Hier oben fühlt man sich tatsächlich so, als würde man durch den Himmel laufen („skywalken"). An seiner höchsten Stelle – dem Aussichtsturm mit Aufzug – befinden sich die Besucher 40 Meter über dem Waldboden. Ein Highlight sind die herrlichen Panoramaaussichten: In südlicher Richtung erblickt man die Allgäuer Alpen mit ihrer markanten Nagelfluhkette und in nordwestlicher Richtung den Boden-

Reptilienzoo

In den über 60 naturgetreu eingerichteten Terrarien des Tropenhauses gibt es viele verschiedene Reptilien wie Krokodile, Echsen, Warane, giftige und ungiftige Schlangen sowie Spinnen und Skorpione zu bestaunen.

Von den tödlich giftigen Kobras und Mambas, den kraftvollen Würgeschlangen wie Boas und Pythons, bis hin zu den niedlichen Geckos und Fröschen wie auch haarigen Vogelspinnen und Panzerechsen ist das Angebot der zu bestaunenden Tiere breit gefächert.
Im Freigehege findet man europäische und einheimische Reptilien wie Schildkröten, Kreuzotter, Ringelnatter, Feuersalamander und Kröten. Die Betreiber des Reptilienzoos stehen gerne jederzeit für Fragen zur Verfügung. Ein Besuch im Reptilienzoo lohnt sich sowohl für Erwachsene als auch für Kinder und ist auch bei schlechtem Wetter ein Erlebnis.

🕐 Tägl. 10 bis17 Uhr, Freitag Ruhetag
€ 4 bis 12 Jahre: 3 €, Erwachsene: 5 €
Gretenmühle 9 · 88175 Scheidegg
Tel: 08381 8917538
www.reptilienzoo-scheidegg.com

ALLGÄU

see. Doch im skywalk allgäu kann man den Wald nicht nur von oben auf sich wirken lassen. Auf seinem Waldgelände bietet der Park abwechslungsreiche Begleitattraktionen für die ganze Familie – zum Beispiel einen Geschicklichkeitsparcours, einen großen Abenteuerspielplatz, ein eigenes Areal zum Waldbaden oder die skywalk-Rätselrallye, die zur spielerischen Erkundung des 60.000 Quadratmeter umfassenden Parkgeländes einlädt. Natürlich ist auch für das leibliche Wohl bestens gesorgt.

🕐 Hauptsaison ende März bis anfang November: täglich 10 bis 18 Uhr
skywalk allgäu Naturerlebnispark
Oberschwenden 25 · 88175 Scheidegg
www.skywalk-allgaeu.de

Erlebnis Ponyhof

Geführte Ausritte für Kinder mit traumhaftem Bergpanorama. Im Streichelzoo könnt ihr Lamas, Alpakas, Ziegen, Enten und Pfauen hautnah erleben und füttern.

Während sich Eltern auf der Sonnenterrasse Kaffee, Kuchen oder Eis schmecken lassen, können die Kinder auf dem Abenteuerspielplatz toben und spielen, oder sie machen eine Entdeckungstour durch die Spielscheune. Auch können sie hier ihren Kindergeburtstag feiern, mit Möglichkeit zum selber Grillen oder Pizza aus dem Imbiss. Beliebt sind auch Reiterferien für Kinder auf dem Erlebnis Ponyhof, um sich einmal selbst um 100 Haustiere kümmern zu können, wie Hasen, Meerschweinchen, Vögel, Hunde, Katzen, Papageien, Schweine, Hühner, Tauben und natürlich die lieben Ponys. Zudem ist das Quadfahren möglich.

🕐 täglich von 13 bis 17 Uhr
€ Pro Person 2 €,
Geführter Ausritt ca.15 Minuten: 8 €
Reitstunde 15 Minuten: 8 €
zwei Runden auf dem Reitplatz: 3 €
fünf Minuten Quad fahren: 4 €
Reiterferien für Kinder pro Tag: 45 €
Tagesbetreuung Kinder: 28 €
88175 Scheidegg · Denzenmühle 3
Tel: 08381 83680 · www.erlebnisponyhof.de

ALLGÄU

Scheidegg

Alpenfreibad

Genießen Sie von der Liegewiese aus das gewaltige Alpenpanorama des Dreiländerecks im Allgäu.

Schwimmen im von Quellwasser gespeisten Naturbecken – mit einer Aussicht wie bei einem Bergsee! Kinder sind der Mittelpunkt: Zwei kreisrunde beheizbare Kinderbecken mit Rutsche lassen jede Menge Spaß aufkommen. Dafür sorgen auch der Spielplatz, die Tischtennisanlage und mehr. Auch die Allerkleinsten können sich rundum wohl fühlen – neben modernsten Sanitäreinrichtungen steht u. a. auch ein Wickelraum zur Verfügung. Ergänzt wird unser Sanitärbereich durch eine behindertengerechte Dusch- und WC-Anlage.

Sonne – für Erholung: Mit Hilfe der Solar- und Photovoltaik-Anlage sowie der Absorgermatten erzeugt sie Strom und die Wärme für die Duschen und Becken.

€ Erwachsene 3,50 €, 6 bis 18 J. 1,50 €, mit Gästekarte ermäßigten Eintritt, Familien-Karte 7,50 €
🕐 In der Badesaison: Freibad: tägl. von 9 bis 19 Uhr, (bei entsprechender Witterung)
Tel: 08381 1440 · www.scheidegg.de

Sportalm

Die Sport,- und Freizeitanlage bietet Familien und Sportbegeisterten verschiedene Aktivitäten wie Indoor Klettern, Indoor Fußball, Hochseilgarten und Minigolf. Zur Abrundung eines Besuches kann auch gut bürgerlich im Restaurant Käsestadl gespeist werden. Für längere Aufenthalte können auch Einzel,- Doppel,- und Familienzimmer gebucht werden.

Kurstr. 14 · 88175 Scheidegg
Tel: 08381 926420
www.sportalm-scheidegg.de

ALLGÄU

Wasserfälle – Naturgeotop

Entdecken Sie den Lebensraum „Rohrachschlucht" und genießen Sie eines der hundert schönsten Geotope Bayerns mit Blick auf eine wildromantische Flusslandschaft und die Scheidegger Wasserfälle.

Das Wasser des Rickenbachs stürzt über zwei mächtige Gesteinsstufen in die Tiefe: 22 Meter und 18 Meter sind die beiden nahe beieinander liegenden Wasserfälle hoch, die von mehreren Aussichtspunkten aus bestaunt werden können.

Beim Abstieg zu den Scheidegger Wasserfällen öffnet sich der Blick auf die bis zu 200 Meter tief eingeschnittene Rohrachschlucht, die als größtes Naturschutzgebiet im Landkreis Lindau besonderen Schutzstatus genießt. Die Rohrachschlucht bietet mit ihren Nass- und Streuwiesen, Quellen, Fels- sowie Offenlandbereichen vielen seltenen Tieren und Pflanzen ein geeignetes Zuhause. In den oberen Hängen dominieren Mischwälder aus Buchen und Tannen. In den unteren besteht der Schluchtwald aus Esche, Grauerle und Ahorn.

🕐 April bis Ende Oktober täglich
(bei guter Witterung): 9: bis 19 Uhr
Letzter Einlass: 18 Uhr
€ Erwachsen 4,50 € (3 € ermäßigt)
Kinder 3 € (1,50 € ermäßigt)
Scheidegg-Tourismus
Tel: 08381 89422-33
Rathausplatz 8 · 88175 Scheidegg

Kinder Sommer | 91

ALLGÄU

Lindenberg

Deutsches Hutmuseum Lindenberg

Entdecken Sie Hutgeschichte(n) zum Anfassen und Aufsetzen.

Deutschlands größtes Hutmuseum ist mit dem Bayerischen Museumspreis 2015 ausgezeichnet worden und erzählt die ungewöhnliche Geschichte Lindenbergs. Wir zeigen wieviel Handwerk bis heute in der Herstellung von Stroh- und Filzhüten steckt und präsentieren wunderschöne und ausgefallene Hüte. Hundert Hüte warten darauf anprobiert zu werden und dann könnt ihr an unserer Fotobox ein Erinnerungsbild machen. In unserer Ausprobier-Ecke gibt es neun Entdeckerboxen. Probiert doch mal aus, ob ihr mit Stroh, Holz, Papier und Stoffen tolle Hüte gestalten könnt? Hier könnt ihr auch unser Museumsmaskottchen Hutbert basteln.

Es gibt auch eine Führung für die ganze Familie mit spannende Geschichten rund um den Hut. Danach probieren wir gemeinsam aus, wer die besten Strohhutflechter in der Familie sind.

Führungen:
Jeden 2. Sonntag im Monat um 15 Uhr,
Dauer: ca. 70 min.
Die Führung findet ab 5 Teilnehmern statt, max. 20 Personen.
pro Familie (2 Erw. + Kinder) 5 €
pro Familie (1 Erw. + Kinder) 3 €
zzgl. Eintritt (nur Erw., Kinder frei!)
pro Person 5,50 €

🕐 Di bis So 9:30 Uhr bis 17 Uhr. Mo geschlossen. Falls ein Feiertag auf einen Montag fällt geöffnet. Weitere Öffnungszeiten auf der Internetseite

€ Erwachsene 7 €, Ermäßigt 5,50 €, Kinder (6 – 14) 2€, Kinder unter 6 Jahren frei, Familie 15 €, Familie „single" 8 €, Audioguide 2€, Führung (bis 20 Personen) pauschal 55 € + Eintritt à 5 €, Gruppenrabatt ab 10 Personen (ohne Führung, pro Person) 5€

Museumsplatz 1
88161 Lindenberg
Tel: 08381 9284320
www.deutsches-hutmuseum.de

ALLGÄU

Der Waldsee

Nur wenige Minuten vom Stadtzentrum entfernt lädt der idyllisch gelegene Waldsee zum Bad im weichen Moorwasser ein. Das Bad bietet Spaß und Erholung für die ganze Familie.

Das 2008 neu gestaltete Waldseebad mit seinem modernen Multifunktionsgebäude ist sehr familienfreundlich. Auf der großen Spielwiese mit Beachvolleyballplatz, Rasen-Spielfeld und Tischtennisplatten können sich Kinder und Jugendliche austoben.
Auch für kleinere Kinder stehen zahlreiche Spielgeräte wie Schaukeln und Klettergerüste zur Verfügung. Eine besondere Attraktion ist das Piratenschiff mit angrenzender andspielfläche, das ganz in der Nähe des Kinderbeckens steht.

Auf den zwei großen Liegewiesen finden die Badegäste viel Platz zum Sonnen. Diverse Sonnenbänke, ein Sonnendeck und ein Kiosk mit Sonnenterrasse runden das Angebot ab. Der Kiosk ist von Mai bis September – abhängig vom Wetter – geöffnet.

Im Außenbereich des Bades befindet sich eine ganzjährig geöffnete öffentliche Toilette. Während der Öffnungszeiten des Bades stehen den Badegästen Toiletten und Duschen zur

Verfügung. Der Eintritt ins Waldseebad ist frei. Der Zugang erfolgt durch eine Drehtür, die von fünf Uhr bis ca. 22 Uhr geöffnet ist. Weitere Einkehrmöglichkeit gibt es im Hotel Waldsee mit Seeterrasse.

Wanderfreunde finden im Landschaftsschutzgebiet Natur pur vor. Wandern Sie dort entlang der Westallgäuer Wasserwege oder begehen Sie den Moorerlebnispfad. Routenvorschläge und Karten zum Wander-, Rad- und Langlaufnetz in Lindenberg erhalten Sie in der Tourist-Information in der Kulturfabrik Lindenberg

Kultur & Tourismus Lindenberg
Museumsplatz 1 · 88161 Lindenberg
Tel: 08381 92843-10
www.lindenberg.de

Kinder Sommer

Oberreute

Wasser, Wälder und Moore

Oberreute bietet eine Vielzahl an Ausflugsmöglichkeiten für Familien.

So erfahren Kinder beim Mythen- und Erlebnisweg Grenzerpfad mit seinen zahlreichen Quizstationen allerlei Interessantes rund um das Leben der Grenzer und Schmuggler. Highlights auf dem Weg sind vor allem Waldhängematten, Fernrohre und eine Aussichtsplattform mit herrlicher Sicht über die Nagelfluhkette. Einen Teil des Pfades bildet das romantische Wildrosenmoos. Die dortigen Tümpel und Moore sind ein idealer Lebensraum für viele Tier- und Pflanzenarten. Wer entdeckt die meisten Tiere und Pflanzen? Seid auf den Spuren des sagenumwobenen „Hochsträßwibles" und ihrem Geist, die in den Mooren einst allerhand Schabernack trieben.
Auf der Hausbachklamm gibt es für Groß und Klein jede Menge Action. Ein Abenteuerspielplatz, Holzstege und sogar eine Seilrutsche über den Hausbach sorgen für reichlich Abwechslung. Ein Rastplatz lädt zum Verweilen ein, während Kinder im flachen, kiesigen Bachbett herumtoben können. Wasserfälle, ausgespülte Felsformationen und Gumpen bringen die verschiedenen Facetten des Wassers als besonderes Naturerlebnis näher.
Wer vom Wasser noch nicht genug hat, für den lohnt sich ein Besuch im Freibad Oberreute. Beheizte Schwimmer- und Nichtschwimmerbecken, Babybecken, eine 40m-Riesenrutsche und eine großzügige Liegewiese mit Slackline versprechen großen Spaß für die ganze Familie.

Beste Wanderzeit: April bis November
Öffnungszeiten Freibad Oberreute:
Mai-August täglich von 9 bis 19 Uhr
Erwachsene 3,50€ , Kinder 2€
www.oberreute.de

ALLGÄU

Opfenbach

FußballGolf

Fußballgolf ist ein Mix aus Geselligkeit, Sport und Geschicklichkeit und ideal dafür geeignet, überschüssige Kräfte abzubauen.

Der Ball wird mit dem Fuß direkt vom Boden „abgefeuert". Ziel ist es, den Ball in ein mit einer Fahne markiertes Loch zu befördern. Auf dem Weg dahin gilt es jedoch einige Hindernisse zu umspielen. Die Regeln sind etwas golfähnlich, jede Berührung des runden Leders gilt als Schuss und wird gezählt. Natürliche Hindernisse wie Bäume, Hecken und tiefes Gras erschweren das Einlochen. Gespielt wird mit Leihbällen und ohne Stollenschuhe. Im Cafe Bistro „Mocca" werden leckere Pizzen, Kuchen, Eis und feine italienische Kaffeespezialitäten angeboten.

🕐 Fr: 13 Uhr bis 18:30 Uhr, Sa, So und Feiertage 10 Uhr bis 19 Uhr
In den Ferien (alle Bundesländer)
Mo bis Fr 10:30 Uhr bis 18:30 Uhr
Sa, So und Feiertage 10 Uhr bis 19 Uhr
€ Erwachsene (ab 18 Jahre): ab 8 €
Kinder (8 bis 13 Jahre): ab 6 €
Mywiler 161 · 88145 Opfenbach
Tel: 08385 9214374
www.fussballgolf-allgaeu.de

Heimenkirch

Leiblachbad

Das Leiblachbad ist ausgesprochen familienfreundlich gestaltet und hält für alle Generationen interessante Einrichtungen bereit!

Eine lange Edelstahl-Rutsche mit drei Bahnen findet bei den Badegästen großen Anklang. Am Beckenrand sind Wasserspritzer angebracht, mit denen Halbwüchsige so manche Schlacht austragen. Im angrenzenden Schwimmerbereich können die Sportorientierten in Ruhe ihre Bahnen ziehen. Sprudeldüsen am Beckenboden verwandeln das Kinderbecken in regelmäßigen Abständen in einen Whirlpool. Daneben steht eine in Regenbogenfarben gestrichene Babyrutsche bereit und in einem „Schiffle-Kanal" können kleine Kapitäne ihre Boote fahren lassen. Eine allseits begrüßte Attraktion im Heimenkircher Bad ist das Beach-Volleyballfeld. Schlicht und funktionell sind die Gebäude des Bades. Schließfächer, Wickelraum, Einzel- und geräumige Familienumkleidekabinen samt Duschen.

🕐 In der Badesaison bei guter Witterung tägl. von 10 bis 19 Uhr
Feibadstraße 9 · 88178 Heimenkirch
Tel: 08381 84574
www.heimenkirch.de

Kinder Sommer | 95

ALLGÄU

Wangen

Lust auf eine spannende Führung durch die Altstadt von Wangen?
Dann macht mit und verkleidet euch als Ritter, Räuber und Burgfräulein
oder geht mit Lupe und Fernglas auf Expedition und Spurensuche.

Von Rittern, Räubern & Rabauken
Wangener Stadtgeschichten vom Stadtschreiber erzählt. Erlebe einen abenteuerlichen Rundgang durch die Eselmühle und über den Wehrgang der alten Stadtmauer. Spiele und fechte mit in unseren Ritter-, Räuber- und Burgfräuleingewändern.

Kostüme werden zur Verfügung gestellt.
🕐 Juli bis September oder auf Anfrage
Dauer der Führung: ca. 1,5 Stunden
Treffpunkt: Gästeamt, Bindstraße 10
👥 6 bis 12 Jahren, Kinder mit 6 bitte in Begleitung eines Erwachsenen
€ 8 € pro Teilnehmer*in

Komm wir gehen auf Bärenjagd!
Ein Bär in der Stadt ….? Findet gemeinsam heraus wo er sich herumtreibt. Ausgerüstet mit Lupe, Fernglas und Seil geht ihr in Begleitung einer Stadtführerin auf Expedition durch die Stadt. Ein aktives Abenteuer und jede Menge Spaß – helft mit den Bären zu fangen!

🕐 Juli / August oder auf Anfrage
Dauer der Führung: ca. 1,5 Stunden
Treffpunkt: Gästeamt, Bindstraße 10
👥 6 bis 12 Jahren, Kinder mit 6 bitte in Begleitung eines Erwachsenen
€ 8 € pro Teilnehmer*in
Gruppen und Kindergeburtstag
Diese Erlebnisführungen können von Gruppen ganzjährig zu jedem beliebigen Termin im Gästeamt gebucht werden.

Stadtrallye
Eine spannende Entdeckungstour durch die Altstadt – Überraschung garantiert! Mit einer Broschüre könnt ihr auf eigene Faust unser schönes Städtchen erkunden und bei der Beantwortung von 17 Fragen Wangen kennenlernen. Mit der richtigen Lösung erwartet euch am Ende im Gästeamt eine Überraschung.
Start/Ziel: Gästeamt, Bindstraße 10
Dauer: ca. 1 Stunde
👥 8 bis 12 Jahren
€ 1 € (Broschüre und Überraschung)

Gästeamt – Tourist Information · Bindstraße 10 · 88239 Wangen · Tel: 07522 74211
tourist@wangen.de · www.wangen-tourismus.de

ALLGÄU

Pumptrack

Der absolute Hit für Kinder und Jugendliche ist der Pumptrack beim Städtischen Jugendhaus Wangen.

Die Bahn passt sich dem Gelände am benachbarten Skateplatz an und ermöglicht großen und kleinen Radfahrerinnen und Radfahrern voranzukommen ohne zu treten. Mit einer Pump-Bewegung geht es voran, wobei unter anderem Kraft und Frequenz darüber entscheiden, wie schnell es vorangeht. Fortgeschrittene können beinahe durch die S-Kurve „fliegen", die den Rückkehrpunkt markiert. Helm tragen ist Pflicht.

| Leutkircher Str. 5 · 88239 Wangen

Eseltrekking

Nach einer theoretischen Einführung, macht man sich mit seinem Partner- Esel beim Putzen vertraut und genießt dann bei einer Wanderung im Umland von Wangen die herrliche Landschaft und die Besonderheiten der sanftmütigen Langohren.

Kinderferienprogramm: Wir erfahren viel über die sanftmütigen Langohren, beschäftigen uns aktiv mit ihnen auf kleinen Wanderungen oder einem Hindernisparcours und abschließend gibt es täglich eine andere kleine, kreative Einheit rund um den Esel (filzen, drucken, malen, werken, etc.) Die Touren sind für groß und klein, sowie für Menschen mit Handicap geeignet.
| www.kreativschnecke-aktiv.de

ALLGÄU

Wangen

Minigolfplatz

Die gepflegte Minigolfanlage in idyllischer Lage auf der Halbinsel zwischen Argen und Scherrichmühlbach, entspricht mit 18 Bahnen den Anforderungen für Turniere.

Attraktive Spielfelder wie beispielsweise eine Pyramide, eine Doppelwelle, eine Sprungschanze bieten Spaß für die ganze Familie. Für das leibliche Wohl nach dem Spiel ist bestens gesorgt. Der gemütliche Biergarten bieten neben einem kühlen Getränk oder einem Eis auch Kaffee und kleine Speisen an. Der Biergarten ist auch für Nichtspieler geöffnet.

🕐 11 bis 21 Uhr (trockener Witterung)
Scherrichmühlweg
Tel: 0170 2034546
www.miniaturgolf-wangen.de

JUFA Hotel Wangen – Sport Resort***s

Das JUFA Hotel Wangen – Sport Resort***s liegt nur etwa 15 Gehminuten vom Stadtzentrum, das für seine zahlreichen denkmalgeschützten Bauten bekannt ist, entfernt.

Als Sporthotel punktet es mit Tennisplätzen, turniertauglichem Kunstrasenplatz und einer Sporthalle (gegen Aufpreis) mit Kunstrasen. Nach spannenden Matches treffen sich die Mannschaften gerne zu einer freundschaftlichen Runde im gemütlichen Stüberl.

Wer sich viel bewegt, braucht auch Entspannung und Regeneration! Das JUFA Hotel Wangen – Sport Resort***s ist eine Wellness-Oase mit hauseigener Sauna.

Ein wunderschöner, großzügig angelegter Gartenpark mit alten Platanen und bunter Blütenpracht verbreitet eine ruhige, gelassene Stimmung. Eine idyllische Außenterrasse und sonnige Balkone sind wunderbare Rückzugsorte zum Ausruhen.

ALLGÄU

Bienenlehrpfad

Der Bienenlehrpfad entstand 2007 im Rahmen des Projekt „Entente florale". Entlang der Argen stehen 13 Infotafeln, auf denen man Erläuterungen über das Bienenleben, die Bienensprache, die Bienenprodukte, Bestäubung, Hornissen u. Wespen, die Imkerei und der Imkerverein und vieles mehr.

Freibad Stefanshöhe

Das beheizte Freibad Stefanshöhe ist der „Erfrischungsort" im Luftkurort Wangen für Wasserraten und Sonnenanbeter.

Das 50-Meter-Schwimmbecken, der 3 und 5 Meter Sprungturm und das große Erlebnisbecken mit Strömungskanal garantieren Badespaß für die ganze Familie. Aktion pur bietet die 77 Meter-Riesenrutsche und eine Breitrutsche. Konstante Wassertemperatur von 25°C in allen Becken.

Auf der großen Liegewiese lässt es sich wunderbar entspannen und der Bewegungs-, Sport- und Spielpark wartet mit verschiedenen Stationen wie Beachfußball, Badminton, Volleyball, Hüpfburg, Trampolin, Bocciabahn und vielem mehr.

Mitte Mai bis Mitte September:
Burgelitz 15 · Tel: 07522 1225
www.stefanshoehe.de

Kinder Sommer | 99

ALLGÄU

Kißlegg

Neues Schloss Kißlegg

Schon Albert Einstein wusste, dass alles nur relativ ist. Und so ist die Bezeichnung Neues Schloss auch nur im Vergleich zum Alten Schloss zu sehen, dass sich in Sichtweite unweit des Zeller Sees befindet.

Die beiden Schlösser, sowie zwei zentrumsnahe Seen, prägen bis heute das Ortsbild und das Leben im Luftkurort Kißlegg. Im Laufe der Jahrhunderte hat sich das Neue Schloss vom Fürstenschloss zum Bürgerschloss entwickelt – ein Ort für Veranstaltungen, Ausstellungen, Trauungen, Führungen und vieles mehr. Den schönsten Blick auf das Schloss erhält man vom Schlosspark aus. Zugreisende genießen die Aussicht schon beim Spaziergang vom Bahnhof durch den Park zum Schloss.

Schlossrallye

Wer als Familie das Neue Schloss auf eigene Faust auskundschaften möchte, für den eignet sich eine Schlossrallye: Der italienische Graf Labridero benötigt unbedingt Hilfe! Er möchte eine Kopie des Schlosses in Italien bauen – so wunderschön und imposant, wie er es in Kißlegg gesehen hat. Der Bauplan ist aber noch lange nicht fertig. Wer kann ihm helfen, die Daten zu vervollständigen? Die Aufgaben zur Rallye sind an der Kasse während der Öffnungszeiten kostenlos erhältlich.

🕐 Museumssaison:
Ende März bis Ende 31. Oktober
Di, Do und Fr: 14 bis 17 Uhr
So und Feiertage 13 bis 17 Uhr
Führungen: Offene Führung jeweils Sa, So und Feiertage um 15 Uhr.
Erlebnis- und Gruppenführungen buchbar beim Gäste- und Bürgerbüro.
€ Unter 10 Jahren: frei, Schüler bis 16 Jahre: 2,50 €, Erwachsene: 4 €, Familien: 9 €
Tel: 07563 936142

ALLGÄU

Erlebnispfad Burgermoos

Entdeckt die faszinierende Moorlandschaft des Kißlegger Burgermoos! Otti, die schlaue Kreuzotter, führt euch auf einer etwa 3,8 km langen Runde und zeigt an zehn Erlebnisstationen das beeindruckende Zusammenspiel der Lebensräume Bach, Wald und Moor.

Der Weg verläuft über moorig, federnde Waldböden, Forstwege, Wegstücke aus Rindenmulch und einem eigens angelegten Holzsteg. So wird schon alleine der wechselnde Untergrund zum Erlebnis für die gesamte Familie! Das Wandern entlang des Weges eignet sich bei geeignetem Schuhwerk zu jeder Jahreszeit: im Frühjahr und Herbst entwickelt das Moor seinen ganz eigenen Charme, an heißen Sommertagen kühlt der schattige Wald.
Familien-Tipp: Der Pfad beginnt am Parkplatz des Familienfreizeitgeländes – für sich alleine schon einen Besuch wert - lässt es sich auch gut mit der Wanderung auf dem Erlebnispfad verbinden.

Gäste- und Bürgerbüro Kißlegg
Schlossstr. 8 · 88353 Kißlegg
Tel: 07563 936142 · www.kisslegg.de

Strandbad

Kindern, Jugendlichen und Familien bietet das Strandbad Obersee vielseitige Freizeit- und Sportmöglichkeiten.

Speziell auf die Kleinsten wartet das Kleinkinderbecken und der Sand- und Matschbereich mit schützendem Sonnensegel. Ein großer Spielplatz darf natürlich auch nicht fehlen. Ob Schaukel oder Kletterturm – die Eltern können ihren Liebsten aus nächster Nähe von der Liegewiese beaufsichtigen. Mitten im See kann man sich auf dem Floß sonnen, außerdem stehen Tret- und Ruderboote, sowie Stand-Up-Paddle-Boards für eine kleine Ausfahrt bereit.

⏱ Von Mitte Mai bis Mitte September: Tägl. 9 bis 19 Uhr, Bei Regen 9 bis 10 Uhr sowie von 17 bis 19 Uhr
Unter 15 °C Grad geschlossen

ALLGÄU

Ratzenried · Burgruine

Mit einer grundlegenden Modernisierung und Erweiterung um 1500 wurde die im 12. Jahrhundert erbaute Burg zur größten Dienstmannenburg des Allgäus.

Die Gesamtanlage erstreckt sich in der Länge auf ca. 220 m, in der Breite sind es ca. 75 m. Über drei Zugbrücken führte der Weg in die Hauptburg. Der Heimatverein Ratzenried hat seit 1984 in tausenden von Stunden die Türme und Mauern vor weiterem Verfall gesichert und über Jahre hinweg die weitläufige Anlage aus dem Dornröschenschlaf befreit. Eine große Informationstafel zeigt das stattliche „Schloss Ratzenried", wie die Burg vor ihrer Zerstörung im Jahr 1632 genannt wurde. Die Kurzfassung der Geschichte, ein detaillierter Grundriss der Anlage sowie eine eindrucksvolle Rekonstruktion bilden den Ausgangspunkt für individuelle Erkundungen durch die Besucher.

Führungen nach Vereinbarung unter:
Tel: 07522 5282 und 3902
www.ratzenried.de

Amtzell · Singenberger Weiher

Der von frischem Quellwasser gespeiste „Singenberger Weiher" wurde in den Jahren 2000 - 2001 von der Gemeinde Amtzell aus einer Lehmsohle geschaffen.

Um stets eine gute Wasserqualität gewährleisten zu können, sind regelmäßige Wasserqualitätskontrollen zur Sicherstellung eines ungetrübten Badevergnügens Standard. Der Weiher liegt in einer kleinen Aue am südwestlichen Ortsrand von Amtzell, zwischen Wiesen gelegen, von einer Seite durch einem kleinen Baumgürtel begrenzt. In unmittelbarer Nähe sind Parkmöglichkeiten vorhanden. Neben einer Liegewiese findet man auch sanitäre Einrichtungen sowie Umkleidemöglichkeiten vor. Ein Kiosk gibt es nicht. Die Kleinkinder können in einem gesicherten und nur knietiefen Badebereich herumtollen. Bojen und Seile zeigen an, wo sich der Nichtschwimmerbereich befindet. Eine Badeaufsicht ist nicht vorhanden und Hunde müssen draußen bleiben.

€ Eintritt frei!

ALLGÄU

Argenbühl

Ferien- und Reiterhof Bareth

Auf dem Hof wird Kindern, Jugendlichen und Erwachsenen Freude und Motivation am Reitsport vermitteln.

Das Ziel ist es, eine so vielseitig wie mögliche Reitausbildung zu gewährleisten. Dazu gehört als Grundstein der Umgang mit dem Pferd, das richtige annähern, putzen und führen, genauso wie korrektes Satteln und Trensen.

Reitunterricht:
Für Urlaubsgäste wird Reitunterricht auf dem Außenreitplatz, aber auch geführtes Ponyreiten für die Kleinen wird angeboten. In den Pfingst- und Sommerferien wird ausserdem ein spezielles Ferienprogramm angeboten:

Reiterferien ohne Übernachtung:
(Altersgruppe 6-14 Jahre)
Eine Woche von Mo bis Do 9 bis 17 Uhr und Fr 9 bis 13 Uhr für 180 €

Umgang mit dem Pony:
Fr in den Ferien von 14 bis 15:30 Uhr für 17 €, Anmeldung erforderlich
Geführtes Ponyreiten:
Fr zwischen 16 bis 18 Uhr, 30 Minuten jeweils 12 €, Anmeldung erforderlich

🕐 Sonntag Ruhetag
Ferien- und Reiterhof Bareth
Gottrazhofen 19 · 88260 Argenbühl
Tel: 07566 396
www.reiterhof-bareth.de

Badestelle

Die Badestelle hat im Luftkurort Argenbühl eine lange Tradition und lädt im Sommer zu einem entspannten Tag ein. Das Moorwasser bietet gesundes und wohltuendes

Die kleinen Badegäste vergnügen sich im Kinderbereich oder nutzen den Spielplatz zum Austoben. Die Aktiven spielen Rasen-Volleyball oder Tischtennis. Und wer einfach nur die herrliche Ruhe genießen möchte, der findet auf grünen Liegewiesen unter Bäumen ein schattiges Plätzchen zum Entspannen. Lassen Sie die Seele baumeln während für Ihr leibliches Wohl am Kiosk gesorgt wird.
Ein schöner Wanderweg (ca. 2 km) führt direkt von Eglofs zur Badestelle und ein ausgewiesener Radweg von Eisenharz und Eglofs.

Die Badestelle wird ohne Wasseraufsicht betrieben. Hunde sind nicht erlaubt. WC und Umkleidekabinen vorhanden. Verleih von Liegestühlen und Sonnenschirmen

🕐 witterungsbedingt von Mai bis Sept.
Kiosk bei guter Witterung geöffnet
€ Kein Eintritt
Tel: 075 66382 · www.argenbuehl.de

Isny und Umgebung

Bikevergnügen in der Max-Wild-Arena

Nur fünf Minuten vom Isnyer Zentrum entfernt können Radbegeisterte die Trails des Bikeparks rocken oder Fahrtechnik- und Sicherheitstrainings absolvieren.

Ein Hang – drei Abfahrten!
Sieben Partner aus der Region stehen hinter der geschaffenen Max-Wild-Arena. Gemeinsam sorgen sie dafür, dass Mountainbiker mit ihren Familien und Freunden gemäß dem Motto „Go Wild" unvergessliche und actionreiche Tage an der Felderhalde erleben. Drei unterschiedliche Downhill-Strecken – Wilde Kerle, Flow Line und die Pro Line – stehen für kleinste Biker und Anfänger sowie fortgeschrittene Fahrer und Profis bereit. Das große Plus in Isny: Die Höhenmeter müssen nicht hinaufgeradelt werden. Ein eigens konzipiertes System für das Einhängen des Bikes am Schlepplift der Familien Lifte Isny sorgt für eine sichere und bequeme Auffahrt.

Umfangreiches Angebot für Biker
Eine kleine Bike-Station von Geyer Zweiradsport verkauft coole Bike-Klamotten und Zubehör vor Ort. Außerdem können hier Mountainbikes samt Schutzausrüstung ausgeliehen und gleich im Bike-Park ausprobiert werden. An einzelnen Nachmittagen und am Wochenende geben versierte Trainer des alteingesessenen Fahrradhändlers aus Bad Wurzach wertvolle Tipps und eine Einweisung in die Trails. Und für all diejenigen, die Technik als auch Style auf ihrem Bike verbessern wollen, bieten erfahrene Tour-Guides Fahrtechniktrainings für das sichere Bergabfahren an.

Öffnungszeiten auf der Homepage
Felderhalde
Zur Ludwigshöhe 3 · 88316 Isny
Tel: 07562 9701920
www.max-wild-arena.de

ALLGÄU

Schwarzer Grat Erlebnisweg

Vorbote der Alpen ist die Adelegg mit dem Schwarzen Grat (1.118 m). Wege zum Gipfel gibt es viele.

„Schwarzer Grat Erlebnisweg" - Geschichten über ehemalige Meere, den Beginn des Skitourismus oder die gefährliche Arbeit der Holzmacher bringen kleinen und großen Entdeckern den voralpinen Höhenzug näher. Die Broschüre mit Wanderkarte und Themenstationen gibt es bei der Isny Info.

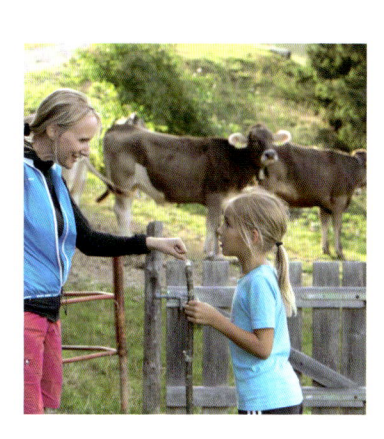

Wassertor-Museum

Das Wassertormuseum ist Teil der Stadtmauer und befindet sich in einem ehemaligen Stadttor, das Mitte des 13. Jahrhunderts errichtet wurde. Es diente nicht nur als Wachturm, sondern auch als Gefängnis. Im Verlies geben original erhaltene Wandkritzeleien Einblick in die Gedanken der Gefangenen.

🕐 Nur mit Führung: Mai bis Oktober, jeden 3. Samstag im Monat, 14 Uhr.
€ p.P.: 3 €, ermäßigt 2 €, Kinder ab 7 Jahren 1 €
Wassertor-Museum
Wassertorstraße 52
Tel: 07562 93434

Kinder Sommer | 105

ALLGÄU

Isny und Umgebung

Wandern mit Kinderwagen

Mitten drin sein und den moosig, nassen Moorwald riechen, dem Sing-Sang des Krummbachs lauschen. Das ist dank der Holzstege durch Moorgebiete, weit in den See kragende Plattformen und der Hörstation auf dem Naturerlebnisweg ganz einfach. Auf dem Wasserspielplatz können Kids mit dem kühlen Nass so richtig arbeiten - Wasser pumpen, kanalisieren ...

Trilogierundgang „Isny erkundet Mittelalter"

Auf den Wehrgang klettern, in einstige Verliese schauen und in luftige Höhen klettern – so machen Stadtrundgänge auch dem Nachwuchs Spaß.

Der Trilogierundgang um das mittelalterliche Oval führt zurück in die Zeit der Türmer und Wächter. Gemeinsam mit den Eltern besichtigen Kids Tore, Türme und Gefängnisse. Bürgerhäuser, Kirchen, Schloss und Museen sprechen von den historischen Wurzeln. Besondere Einblicke in Isnys Geschichte der Gegensätze geben die Trilogieplätze an der Kirche St. Georg und Jakobus, der Nikolaikirche und am Diebsturm.

Führungen jeden 2. Sonntag im Monat, jeweils um 11 Uhr.
p.P.: 5 €, ermäßigt 4 €, bis 16 Jahre frei.
Weitere Infos: www.isny.de

Walderlebnisweg Beuren

„Augen und Ohren auf" heißt es auf dem Walderlebnisweg bei Beuren. Zehn Stationen fordern zum Mitmachen auf. Wo äst das Reh im Unterholz? Wie alt ist der Baum oder wie viele Mäander hat der kleine Bach? Spielerische Naturkunde für die ganze Familie, insbesondere für Kinder bis zu zehn Jahren. Ausgangspunkt ist am Wanderparkplatz Allmisried in Isny-Beuren. Auf der Homepage informiert eine digitale Karte.

ALLGÄU

Die Untere Argen bei Isny-Neutrauchburg

Die Untere Argen zählt zu den wenigen Flüssen im Voralpenland, die in weiten Bereichen unverbaut talwärts fließen.

Auf einem Rundweg zwischen Neutrauchburg, Herbisweiher und der Menelzhofer Höhe informieren zehn Stationen über das Flusssystem und seine Lebewelt. Sie erzählen von längst vergangenen Zeiten, als sich die Alpen emporhoben und riesige Gletscher unsere Voralpenlandschaft formten. Dabei gehen sie auf die vielfältigen Berührungspunkte zwischen Mensch und Fluss ein.

SpurenSuche im Moor

Beim Spaziergang auf den Themenwegen „SpurenSuche im Moor" ab Isny und Isny-Beuren lernen Kinder und Eltern die Charakteristika des Niedermoorgebietes Bodenmöser und das Hochmoor Taufach-Fetzach-Moos mit seinen Toteislöchern und Urseen kennen. Der Naturerlebnisführer informiert über das Werden dieser Landschaft in den letzten 10.000 Jahren und ist als Download auf der Homepage abrufbar.

Isnyer NaturSommer

Moore durchstreifen, Schluchten durchwandern, dem Lauf der Argen folgen und die Adelegg erklimmen: Beim Isnyer NaturSommer können Familien fachkundig begleitet das Voralpenland rund um die Allgäustadt erkunden. Das wöchentliche Führungsprogramm mit Terminen von April bis Oktober gibt es auf der Hompage.

Alle Wanderflyer mit Karte, Wegbeschreibungen und Themenstationen gibt es bei der Isny Info (Tel. 07562 99990-50) oder auf www.isny.de

ALLGÄU

Isny und Umgebung

Käsküche

Naturschutz, Heimatverbundenheit, die Pflege der Kulturlandschaft und gesunde Ernährung – all das verbindet die Käsküche Isny. Die Führung durch die Schaukäserei ist lebendig, anschaulich und informativ, gibt Einblick in die Kunst der Käseherstellung – und schmeckt! Verköstigung, u. a. von Adelegger und Isnyer Ur-Bergkäs.

Mo bis Fr 9 bis 12:30, 14 bis 18:30 Uhr (Fr durchgehend), Sa 9 bis 14 Uhr, So 14 bis 18 Uhr, Führungen in der Schaukäserei: Fr 10:30 Uhr.
Juli/August zusätzlich Di 10:30 Uhr
Käsküche Isny · Maierhöfener Str. 78
88316 Isny · Tel: 07562 912700
www.kaeskueche-isny.de

Puppenwerkstatt

In der Remise des Hauses Tanne in Eisenbach im Kreuzthal werden in der Puppenwerkstatt Einblicke in die Herstellung einer Porzellanpuppe gegeben. Kinder können bei der Vorführung „Vom flüssigen Porzellan zur fertigen Tasse" den Künstlern über die Schulter blicken und dabei selbst ihre eigene Tasse bemalen.

Mai bis Oktober, Mi – So 11 - 16 Uhr oder auf Anmeldung.
5 € inkl. Tasse pro Kind.
Info & Anmeldung:
Haus Tanne, Eisenbach 15
Tel: 07569 9302005
www.haustanne.de/puppenwerkstatt

ALLGÄU

Segelfluggelände Isny-Rotmoos / Luftsportgruppe Isny e.V.

Idyllisch liegt der Segelflugplatz zwischen Isny und Neutrauchburg. Die Segelflieger räumen an den Wochenenden ab etwa 10 Uhr die Flugzeughallen aus, bauen die Segler auf und bereiten den Flugbetrieb vor.

Gestartet wird normalerweise an der Winde mit einem langen Seil, aber auch Schlepps hinter einem Ultraleichtflugzeug sind an der Tagesordnung. Wo der bunte, umgebaute Wohnwagen steht, dort ist die „Kommandozentrale" mit Telefon zur Winde, das Funkgerät und hier kann man sich auch nach einer Mitflugmöglichkeit über dem schönen Allgäustädtchen Isny erkundigen oder auch Fragen zum Segelfliegen stellen. Bei guten thermischen Bedingungen, wenn also genügend warme Luft aufsteigen kann, kreisen die Segler zunächst über dem Flugplatz und entfernen sich immer weiter in Richtung Berge, die Alb oder nach Osten. Flüge, nur mit Sonnenantrieb, sind sehr weit möglich. Bis zu 800 Kilometer wurden von hier aus schon geschafft. Dennoch bleiben etliche Segelflugzeuge in der Nähe, so dass man bei dem Starten und Landen den ganzen Tag zuschauen kann.

Jedes Jahr sind die traditionellen „Isnyer Flugtage". Das Wochenende ist dem Kinderfliegen im Rahmen des Isnyer Ferienprogramms vorbehalten, und es können Segel- und Motorkunstflüge mit Flugzeugen aus Isny und anderen Plätzen bestaunt werden, ebenso wie spektakuläre Modellflüge. Es sind auch Motorrundflüge mit erfahrenen Piloten am Steuer geplant.

Heinz Mauch
88299 Leutkirch · Tel: 016096208762
www.lsg-isny.de

ALLGÄU

Maierhöfen

Ferienclub Maierhöfen

Umgeben von sattgrünen Wiesen und Wäldern und am Rande von sanften Hügeln finden Sie in ruhiger Lage auf knapp 800 m Höhe den Ferienclub Maierhöfen im gleichnamigen Dorf. Isny im Allgäu ist nur 5 km entfernt, Lindau im Bodensee erreichen Sie nach nur 35 km und in die „Metropole des Allgäus", Kempten gelangen Sie nach nur 25 km.

Besonders Familien mit kleinen und großen Kindern sowie rüstige Großeltern erleben hier einen tollen Urlaub. Bei der Unterkunft kann zwischen komfortablen Hotelzimmern im 3-Sterne-Standard oder geräumigen Bungalows für bis zu 6 Personen gewählt werden.

Für alle gleich sind die vielfältigen Möglichkeiten einer aktiven, entspannten und erholsamen Freizeitgestaltung. Aus den vielen Attraktionen ragt besonders das Erlebnisbad Aquarosa heraus: mit einem Planschbecken für die Kleinen, Strömungskanal, Sprudelliegen und Familienbecken für das beschauliche Baden und schließlich das 25m- Sportbecken für die sportlichen Schwimmrunden.

Im oberen Bereich erwarten Sie zur Entspannung eine Sauna, Dampfbad, ein Ruheraum sowie der Massage-bereich. Natürlich kommt auch das leibliche Wohl nicht zu kurz. Am Frühstücksbüffet mit großer Auswahl beginnt der Urlaubstag nochmals so gut, mit Spezialitäten der Region und typisch schwäbisch-bayerischen Köstlichkeiten klingt er schließlich wohlschmeckend aus.

Urlaubstage im Ferienclub Maierhöfen sind garantiert immer sehr kurzweilig und abwechslungsreich. Auf dem parkähnlichen Gelände der Anlage finden Sie Kegelbahnen, Tischtennis, Minigolf, Volley- und Beachvolleyball, ein Fußballfeld, Fahrradverleih sowie eine Westernstadt. Noch mehr Urlaubsspaß bieten der Wasser- und Matschspielplatz und das GEW Spielparadies. Hier können Kinder spielen und toben, auch wenn die Sonne einmal nicht scheinen sollte.

Der Ferienclub Maierhöfen bietet für jeden Geschmack und jeden Geldbeutel ein passendes Angebot. Dieses einmalige Urlaubserlebnis im reizvollen West-Allgäu dürfen Sie sich keinesfalls entgehen lassen!

Tel: 08383 9220-0
www.ferienclub-maierhoefen.de

Skulpturenweg

Steinsamen, Pflastersteine in Baumwipfeln, Riesenigel, Wolkenfänger und 13 weitere Skulpturen aus Fels, Holz und Metall sind zu einem Rundweg verknüpft. Kinder dürfen gespannt sein … Auf www.isny.de informiert eine digitale Karte.

Kugel-Alp-Weg

An 18 familiengerechten Erlebnisstationen entlang des Weges erfahren Wanderer viel Wissenswertes.

Die Rundwanderung führt an mehreren Alpen und an einer Bio-Käserei vorbei. Unterwegs laden zudem zwei Aussichtsplattformen zum Rasten und Verweilen ein. Auch für Kinder gibt es auf dem Kugel-Alp-Weg viel zu entdecken: an jeder Erlebnisstation wartet eine interessante Wissensfrage auf die Kleinen. Darüber hinaus stellt eine Tierbeobachtungsstation Vögel und Säugetiere des Waldes vor. Für Abwechslung sorgen mehrere Balancier- und Spielelemente entlang der Rundtour.

Startpunkt: Ortsmitte Maierhöfen
(begrenzt Parkplätze vorhanden)
Gehzeit: 2 bis 2,5 Stunden
(ohne Kugelbesteigung)
Gehzeit: 2,5 bis 3 Stunden (mit Kugelbesteigung, für Kinderwagen nicht geeignet)
Gästeamt Maierhöfen
Tel: 08383 98040

WaldSinneaktiv Pfad

Spinnenblume, Wald-Eule, Waldampel, Weitsprunggrube, Waldsofa und noch vieles mehr können Kinder entdecken, erfühlen und beobachten. Der kleine Rundweg führt erst in den Wald und geht dann ins Moor hinein. Wenn man ganz leise ist, entdeckt man vielleicht sogar ein Reh….. Der Pfad wurde von Kindern für Kinder erarbeitet und erbaut. Die Benutzung aller Spielgeräte und Aktivitäten geschieht auf eigene Gefahr!

Startpunkt: Ortsmitte Maierhöfen. Parkplätze vorhanden. Der Pfad ist ausgeschildert.
Gästeamt Maierhöfen · Tel: 08383 98040

ALLGÄU

Maierhöfen

Schaukäserei Bergwies

Hier können Kinder erleben, wie aus Milch Käse wird. Hier werden unter anderem 20 Kühe gehalten, deren Milch in der Schaukäserei täglich verarbeitet wird. Hier wird biologische Landwirtschaft mit Kühen, Kälbchen, Schweinen sowie Streuobstwiesen für die Besucher verständlich und anschaulich. Milch, Quark, Butter, Käse, Wurst sowie Streuobstapfelsaft werden in der Sennstube angeboten. Mit einer Panorama Sonnenterrasse, Kinderspielplatz und Kleintiergehege genießen Familien, Wanderer den Alltag.

🕐 Ab Mai bis Sept.: 9:30 Uhr bis 21 Uhr (Mo und Di Ruhetag). Ab 1. September bis Oktober: Do & Fr 14 Uhr bis 21 Uhr, Sa 11 bis 21 Uhr, So 11 bis 18 Uhr. (Mo / Di / Mi geschlossen). Schaukäserei: Von Mai bis Ende August, außer Mo und Di. Bauernhofführungen für Gruppen auf Anfrage.
Bergwies Bio-Käserei
Stockach 3
88167 Maierhöfen
Tel: 08383 2809836
www.bergwies-biokaeserei.de

Eistobel

80 bis 130 Meter stürzen die Wasserfälle talwärts. Tiefe Gumpen, riesige Nagelfluhblöcke und gewaltige Felsbrocken erzählen von der Entstehungsgeschichte des Allgäus und bilden eine tolle Abenteuer-Landschaft für eine Wanderung.

In der Oberen Argen, die den Eistobel formt, können Kinder auf Kiesbänken waten, Dämme bauen oder Larvenhüllen von Steinen am Ufer sammeln. Bei Riedholz vor dem Abstieg in den Eistobel erinnert ein multifunktionales Spielgerät in Gestalt einer Drachen-Eidechse an die Jahrmillionen zurückreichende Geschichte des Naturschutzgebietes. Seile und Kerben im naturbelassenen Holz machen Lust auf Klettern, ein Hängenetz ist beliebtes Versteck und Rückzugmöglichkeit.

🕐 Schlucht: 1. Mai bis Anfang November.
€ Kinder 1€, Erwachsene 2,50 €.
www.isny/eistobel

112 | Kinder Sommer

ALLGÄU

Eistobel

Leutkirch

Dein Urlaub. Unsere Heimat....

Eine historische Altstadt. Gepflegte Gastlichkeit. Lebendiges Kulturleben. Brauchtum und Traditionen. Eine Stadt im Aufbruch in traumhafter Landschaft vor der Kulisse der Alpen. Das ist Leutkirch.

Die reichsstädtische Vergangenheit zeigt sich in der Altstadt. Im geistlichen Viertel mit der katholischen „Leutekirche" St. Martin. Am mittelalterlichen Bockturm. Am Gotischen Haus, einem Baudenkmal höchsten Ranges aus dem 14. Jahrhundert. Am prächtigen Rokoko-Rathaus, einem der schönsten barocken Profanbauten weit und breit. Und rund um die evangelische Dreifaltigkeitskirche.

Verlässt man die Mauern der Stadt, dann zeigt sich das Allgäu von seiner schönsten Seite: Hügel, Wiesen, Wälder und Seen. Auf dem Zeiler Rücken hat man vom Schloss aus einen überwältigenden Fernblick auf die Alpen. Die gewaltige Bergkette zeichnet sich wie ein monumentales steinernes Band am Horizont ab. Und davor die Adelegg: Ein geheimnisvoll-zerklüfteter Gebirgszug, ein Paradies für Wanderer. Und ein Erlebnisraum für historisch Interessierte: Im Glasmacherdorf Schmidsfelden liegt die wechselvolle Geschichte der Glasmacherei im Allgäu vor den Besuchern wie ein geöffnetes Geschichtsbuch. Und am Rande der Adelegg entstand eines der bedeutendsten touristischen Projekte bundesweit: Der Center Parcs Park Allgäu.

| Touristinfo Leutkirch
| Marktstraße 32 · 88299 Leutkirch
| Tel: 07561 87154
| www.leutkirch.de

Schmidsfelden - das Glasmacherdorf

Das 1825 erbaute Glasmacherdorf Schmidsfelden bietet ein einzigartiges Ambiente. Die meisten Gebäude sind erhalten geblieben und behutsam renoviert worden – Schmidsfelden hat so sein historisches Gesicht bewahrt.

Sie erleben das gesamte Ensemble, jedes Gebäude wird mit seiner historischen Funktion vorgestellt. Stets im Blick: Das Leben und Arbeiten der Glasmacher im Barock. Schmidsfelden, wie es einmal war...
Folgen Sie uns in die Geschichte des Glasmacherdorfes: Die Glashütte in Schmidsfelden lebt! Immer wieder bietet sie ein neues Schauspiel zwischen Schmelzofen und Kühlofen. Je nach Produktionsbedarf sehen und erleben Sie die unterschiedlichen Techniken der Heißglasbearbeitungen. Die Glasmacher demonstrieren ihr Handwerk mit der Glasmacherpfeife und dem flüssigen Glas aus dem Schmelzofen.

| www.glas-schmidsfekden.de

ALLGÄU

Center Parcs Park Allgäu

Im Oktober 2018 eröffnete mit dem Center Parcs Park Allgäu - der sechste Center Parcs in Deutschland. Inmitten von saftgrünen Wiesen und Bäumen entstand ein Ferienparadies für Groß und Klein. Mit einer Gesamtfläche von 184 Hektar und 1000 verfügbaren Ferienhäuser zählt er als der Größte Center Parcs in Deutschland.

Das Zentralgebäude bietet eine atemberaubende Auswahl an Aktivitäten an: das Tropische Spaßbad Aqua Mundo mit unzähligen Wasserrutschen, ein Indoor Spielplatz, eine Minigolfanlage, mehrere Bowlingbahnen, etliche Restaurants und vieles mehr.

Neben dem Zentralgebäude bietet der Center Parcs Park Allgäu ein großer See zum Trettbod fahren, eine Minigolfanlage, ein Kinderbauernhof und zahlreiche Spielplätze an. Wer nach all dem Spaß und Action gerne eine Erholung gebrauchen könnte, ist im Spa-Bereich des Center Parcs genau richtig. Der Spa & Country Club ist ein Entspannungsareal mit Saunen, Warm- und Kaltwasserbecken, Erlebnisduschen, Dampfbad und Infinity-Pool.

Center Parcs Park Allgäu
Allgäuallee 40
88299 Leutkirch
Tel: 07561 90950
www.tagesausflugcenterparcs.de

Leutkirch

Heimatmuseum – Museum im Bock

Das Museum im Bockgebäude lässt die Geschichte der Stadt und der Region in wechselnden heimatgeschichtlichen Ausstellungen lebendig werden.

Eine sorgfältig präsentierte Sammlung illustriert die Historie der ehemals freien Reichsstadt. Im „Kinderzimmer" erwarten die Museumsbesucher Spielzeug, Puppenstuben und Puppenküchen im bürgerlichen Ambiente des 19. Jahrhunderts. Religiöse Kunst ist im „weißen Saal" des Museums zu sehen. Zahlreich vertreten sind hier Arbeiten des Rokoko-Meisters Konrad Hegenauer.

Mi: 14 bis 17 Uhr
Jeden 1. Sa im Monat: 13 bis 17 Uhr
Sonn- und Feiertag: 13 bis 17 Uhr
Museum im Bock · Am Gänsbühl 9
88299 Leutkirch · Tel: 07561 87149
www.museum-im-bock.de

Schloss Zeil

Weithin sichtbar steht das Schloss Zeil auf einem kleinen bewaldeten Berg bei Leutkirch. Dort residierten schon vor mehr als 800 Jahren die Herren des Landes – und bis heute ist das Renaissance-Schloss der Wohnsitz der Familie des Fürsten Waldburg-Zeil.

Das Schloss selbst ist der Öffentlichkeit nicht zugänglich, wohl aber der Schloss-Park und die Aussichtsterrasse. Am Fuße des Zeiler Bergs ist der Flugplatz Schloss Zeil, zugleich eines der größten Fallschirmsport-Zentren in Süddeutschland. Wagemutige schauen sich das Schloss bei einem Tandem-Sprung von oben an. Wem der Mut dazu fehlt, der bewundert den Mut der Fallschirmspringer, die sich in die Tiefe stürzen.

Schloss Zeil · Schloss Zeil 1
88299 Leutkirch
www.schlosszeil.de
www.skydive-nuggets.de

ALLGÄU

Verkehrslandeplatz

In Leutkirch-Unterzeil gibt es einen Verkehrslandeplatz auch für Flugzeuge mit zwei Motoren und auch Hubschrauber. Bei schönem Wetter ist dort den ganzen Tag was los.

Jedes Jahr veranstaltet die Fliegergruppe Leutkirch einen der schönsten Flug-Wettbewerbe, den „Allgäuflug". Bis zu 30 Motor-Reiseflugzeuge, Motorsegler und Ultraleichtflugzeuge messen sich bei einem Navigationswettbewerb und bei Ziellandungen in einem bestimmten Feld auf der Landebahn. Auch besonders beeindruckend sind die Aktivitäten der auf dem Flugplatz stationierten Fallschirmspringer. Auf Nachfrage ist auch eine Flugplatzführung für Gruppen ab 10 Personen möglich. Hierbei werden den Kindern in einer kleinen Einführung z.B. das Funktionieren von Flugzeugen, das Navigieren oder das Wetter erklärt. Danach geht es zur Besichtigung des Turmes und zu einer Karussell-Flugzeughalle. Dieser Programmpunkt ist für Kinder ab einem Alter von 8 Jahren zu empfehlen. Die Führung ist kostenlos.

Sommerflugbetrieb:
Mo bis Sa von 9 Uhr bis 20 Uhr
So und Feiertags ab 10:30 Uhr bis 20 Uhr
Flugplatz 16 · 88299 Leutkirch
Tel: 07561 3156 · www.flugplatz-leutkirch.de

Freibad

Das Leutkircher Freibad verbindet den Reiz des Natursees mit den Vorzügen eines Spaßbades. In einem beheizbaren Badebecken finden Streckenschwimmer vier 25-Meter-Bahnen vor, im Weiher drei 50-Meter-Bahnen.

Eine Breitrutsche, ein Geysir, ein Sprungbrett, zwei Wasserspeier und etliche Massagedüsen sorgen für Badevergnügen. Für Bewegungshungrige gibt es eine Spielwiese und einen Beachvolleyballplatz. Wer die Kühltasche zu Hause gelassen hat, der lässt es sich auf der Kiosk-Terrasse gut gehen.

Freibad Stadtweiher
Kemptener Straße 65 · 88299 Leutkirch
Tel: 07561 3204
www.leutkirch.de/freibad

ALLGÄU

Weitnau

Alt-Trauchburg

Südöstlich des circa 6 km von Weitnau entfernten Ortsteils Kleinweiler liegt auf einem Nagelfluh-Höhenrücken von Wald umgeben, auf einer Höhe von 903 Meter, die altehrwürdige Burgruine Alt-Trauchburg, der Rest einer ehemals großen Dynastenburg im Allgäu.

Die Alt-Trauchburg gehört zu den besterhaltenen Ruinen der Burgenregion Allgäu und wurde in den Jahren 1985 bis 1998 saniert und restauriert. Heute ist die Burganlage mit gemütlicher Burggaststätte und Biergarten ein beliebtes Ausflugsziel und Schauplatz für kulturelle Veranstaltungen wie Konzerte und das jährlich im August stattfindende historische Burgfest. Mit historischer Musik, Ritterliche Kampfvorführung mit Waffenshow und sogar mit einer Wahrsagerin, ist das Fest seit vielen Jahren ein Höhepunkt und weit über die Grenzen der Gemeinde hinaus bekannt.

Alt-Trauchburg 1
87480 Weitnau-Kleinweiler

ALLGÄU

Carl-Hirnbeinweg

Entlang des Weges laden aufregende Spielplätze zu Aktivitäten und gemütliche Plätze zum Verweilen ein. Zahlreiche Stationen wollen entdeckt werden. „Käsimir", die Hausmaus der Hirnbein's erzählt spannende Dinge rund um Hirnbein, Käse und das Allgäu.

Zahlreiche Infostationen, Geschichten über Land und Leute sowie verschiedene Spielbereiche laden Kinder und Erwachsene zum Rätseln, Nachdenken und Ausprobieren ein. Wegbeschreibung: Der Weg startet in Weitnau am Gasthof Goldener Adler in der Ortsmitte, überquert die Ortsstraße und er verläuft über dem "Braut- und Bahrweg" weiter zur Kirche, wo Carl Hirnbein, der um 1840 als erster die Weichkäserei und damit den wirtschaftlichen Aufschwung in das verarmte Allgäu brachte, seine letzte Ruhestätte fand. Von dort geht es vorbei an der Freizeitanlage und am Widdumstüble weiter zum Widdumtobel.

Der „Dorfblick Weitnau" bietet einen Blick auf das Weitnauer Tal und lädt zum kurzen Verweilen ein. An verschiedenen Balanciermöglichkeiten vorbei, führt der Weg über die Waldimkerei am Bienenhaus vorbei, hinauf in den Kinderwald. Eine Riesenspinne hat hier ihre riesigen Netzen gewebt, eine schwankende Tobelbrücke und andere Spielmöglichkeiten machen den Wald zum Abenteuer. Danach geht's vorbei am Waldweiher, den Trettenbach entlang und durch Wälder und stille Wiesen. Schon von Weitem sieht man den Spielbereich am Trettenbach. "Riesenstühle" und andere Spielgeräte laden Kinder erneut zum Toben und Klettern ein. Das nächste Ziel ist der Kräutergarten in Wilhams. Bei einem Rundgang kann man dort eine Fülle von heimischen Heil- und Gewürzkräutern entdecken und Interessantes über ihre Verwendung erfahren. Vorbei an der Wilhamser Kapelle wandert man nun hinauf zum Schrofen und zur Hirnbeinbuche, von wo man einen Blick über das Missener Tal und seine Alpwiesen hat. Auf dem Weg hinunter über den Klammtobel begeistert eine Wasserspielanlage die jungen Wanderer noch einmal, bevor die Wanderung in Missen an der Freizeitanlage endet.

Tel: 08375 9202 41 & Tel: 08320 456
Der Carl-Hirnbeinweg ist nicht durchgehend für Kinderwagen geeignet.

Kinder Sommer

Sulzberg

Sulzberger See (Öschlesee)

Der Rundweg um den Sulzberger See (3,7 km) bietet herrliche Ausblicke und naturbelassene Ufer. Für Ratespaß bei einem Spaziergang sorgt eine Tierstimmentafel. Im Strandbad am Nordufer finden sich Umkleidemöglichkeiten, gesicherte Kinder-Wasserzonen, Sprungbrett, Kiosk sowie ein Tretboot. Weitere kostenfreie Bademöglichkeiten am Öschlesee gibt es an der „Huberwiese" beim großen Parkplatz und an der Sandbank (am Ostufer).

Rottachsee

Der größte un Badesee im Oberallgäu. An seinen Ufern wurden beidseitig weitläufige Freizeitanlagen mit Sanitäreinrichtungen, Umkleidekabinen, Kiosk, Beachvolleyballplatz, Spielflächen und Bootsliegeplätzen eingerichtet. Für pures Badevergnügen sorgen zwei Badeplattformen. Der knapp 15 km lange Wander- und Radweg lädt zu einem ausgiebigen Spaziergang bzw. einer kleinen Fahrradtour rund um den See ein. Während des Sommers werden immer Montags um 17 Uhr Führungen zum Staudamm angeboten.

Tel: 08376 920119
www.allgaeuerseenland.de

ALLGÄU

Erlebniswanderweg

Der 2x11 km lange Erlebnispfad führt unter anderem zu drei geschichtlichen Hauptattraktionen, wie die älteste Heilquelle des Allgäus, die bedeutendste Grenze des Allgäus und die größte Burgruine im Oberallgäu. An insgesamt 42 Stationen erfährt man Interessantes und Spannendes aus früheren Zeiten. Die Spielstationen runden das Programm ab und sorgen für eine gelungene Abwechslung.

Tel: 08376 920119
Führungen möglich

Feuerwehrmuseum

Das Feuerwehrmuseum mit 200-jähriger Feuerwehrgeschichte und Militärhelmsammlung befindet sich im alten Feuerwehrhaus.

⏲ Anfang Mai bis Ende September:
Mi: 18 und 21 Uhr
€ Eintritt frei

Kreislehrgarten Oberallgäu in Sulzberg-Ried

Im Kreislehrgarten Oberallgäu können über 8.000 Pflanzen, Kräuter und Gemüsesorten besichtigt werden. Neben dem Bienenhaus und einem alten Eisenbahnwaggon gibt es auch einen Spielplatz für Kinder.

⏲ Ende Mai bis Angang September immer Sa & So: 13 bis 17 Uhr geöffnet.
€ Eintritt frei

Kinder Sommer | 121

ID
ALLGÄU

Sulzberg

Burgruine Sulzberg

In der gut erhaltenen Burgruine Sulzberg, die als die größte Burgruine des Oberallgäus gilt, können im Sommer noch Palas, Kemenate und Burgfried mit Museum besichtigt werden. Im Burgmuseum befinden sich Funde aus sechs Jahrhunderten. Im Sommer findet auf der Burgruine das Ritterabenteuer statt.

Sonn- und Feiertags von 13:30 bis 16:30 Uhr (Anfang Mai bis Ende Oktober) ausgenommen bei sehr schlechtem Wetter. Erwachsene: 2 € , Schüler ab 14 Jahren: 1 €, Kinder frei

Familienrallye

Für alle kleinen Urlaubsgäste wartet die Sulzberger Familienrallye zum Entdecken und Mitmachen. Zur Rallye gehören 4 Stationen.

Wenn alle Aufgaben richtig erfüllt sind, wartet ein kleines Geschenk in der Gästeinformation auf die kleinen Gäste.

ALLGÄU

Illerbeuren

Schwäbisches Bauernhofmuseum

Sich auf eine Zeitreise begeben: Im Schwäbischen Bauernhofmuseum Illerbeuren wird in den historischen Häusern die Vergangenheit lebendig.

Wie lebten die Bewohner der historischen Häuser, welche Speisen kamen auf den Tisch, welche Arbeiten mussten geleistet werden, wann hielt die Modernisierung auf dem Land Einzug? Solche und andere Fragen werden bei einem Spaziergang durch das Museum beantwortet.

Das weite Gelände lädt zu einem Streifzug ein: In den Gärten entdeckt man alte Gemüsesorten und Küchenkräuter, auf den Feldern wachsen historische Getreidesorten. Auf den von Obstbäumen umrandeten Wiesen weiden Zaupelschafe, Noriker-Pferde und das Allgäuer Original Braunvieh, im Eichenwäldchen wühlen die Schwäbisch-Hällischen Schweine. Ein Familienerlebnis sind auch die jährlichen Großveranstaltungen, z. B. der Tag der Volksmusik, das Kinderfest, das Sommerkino, die Handwerkertage, der Obsttag oder der Familienadventstag am Saisonende. Museumspädagogische Programme für Kindergartengruppen, Schulklassen, Kindergeburtstage, Vereins- und Erwachsenengruppen sowie ein buntes Ferienprogramm ergänzen das Angebot.

> 🕐 März bis November
> Der Museumsparkplatz und weitere museumsnahe Parkplätze sind durch einen Parkring ausgeschildert.
> Das Gelände des Bauernhofmuseums ist barrierefrei zugänglich.
> Museumstraße 8
> 87758 Kronburg-Illerbeuren
> www.bauernhofmuseum.de

ALLGÄU

Waltenhofen

Skyhouse

3…2…1… SKYHOUSE, spring hinein ins Flugvergnügen aus Adrenalin und Spaß in 11 verschieden Indoor Action Bereichen. Egal ob Newcomer oder Pro, wage Dich auf unsere exklusiven Olympia Trampoline. Und natürlich werden Begleitpersonen bei uns im Gastronomiebereich mit allem versorgt!

Plabennecstr. 30
87448 Waltenhofen
🕐 Mo bis Fr 14 bis 20 Uhr
Sa & So 10 bis 20 Uhr
Ferien tägl 10 bis 20 Uhr
Tel: 08303 9294400
www.skyhouse-allgaeu.de

Niedersonthofener See

Hier kann man sich richtig austoben! Der Niedersonthofener See mit 164 ha und 4 offiziellen Badeplätzen mit mehreren Kiosken lädt im Sommer zum Badevergnügen, Rudern, Segeln, Surfen und Angeln ein.

Parkmöglichkeiten finden sich direkt am See. Zwei Beachvolleyballplätze, Spielplätze sowie ein Bootsverleih lassen keine Langeweile aufkommen. Der knapp 10 km lange Seerundweg führt euch sicher vorbei an vielfältigsten Pflanzen- und Tierarten. Er verläuft überwiegend ebenmäßig und kann so zum Beispiel auch ohne große Kraftanstrengung von Kindern geradelt werden. Der nahegelegene Kinderwagenpfad nimmt auch die Kleinsten mit auf einen spannenden Entdeckungsspaziergang.

Rund um den Stoffelberg

Besten Panoramablick auf den Niedersonthofener See und die Allgäuer Bergwelt haben Sie auf dem Rundweg um den Stoffelberg (1.063 m) mit einer Länge rund 4,5 km. Spezielle Hinweistafeln weisen auf die standorttypischen Eigenheiten dieser schönen Gegend hin. Zwei Quellen im südlichen Hangbereich sind mit Wasserbausteinen naturnah eingefasst. Auch zwei Gumpen am Wegesrand sowie Thementafeln bringen den Kindern das Element Wasser und dessen besondere Bedeutung näher.

ALLGÄU

Lina Laune Land

In unserem 4000 qm großen Indoorspielplatz erwarten Euch viele Attraktionen.

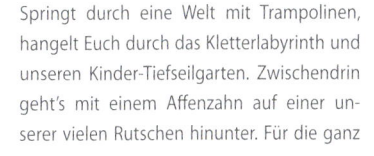

Springt durch eine Welt mit Trampolinen, hangelt Euch durch das Kletterlabyrinth und unseren Kinder-Tiefseilgarten. Zwischendrin geht's mit einem Affenzahn auf einer unserer vielen Rutschen hinunter. Für die ganz Kleinen gibt es einen Kleinkinderbereich mit Bällebad inklusive Rutsche und Hüpfburg.

Mo bis Fr 14 bis 20 Uhr, Sa & So 10 bis 20 Uhr, Ferien tägl 10 bis 20 Uhr
Plabennecstr. 30 · 87448 Waltenhofen
Tel: 08303 9294400
www.linalauneland.de

Niedersonthofener Wasserfall

Der Tobelweg zum Niedersonthofener Wasserfall ist ein wildromantischer Fußweg. Hier geht es auf und ab durch den Hangschluchtwald, in dem mehrere Brücken über den Falltobelbach führen.

Das Highlight ist der ergiebige Wasserfall, dem das Wasser mehrere Meter tief stürzt. Der Wasserfallweg ist bestens ausgeschildert und von Hinweisschildern zur heimischen Flora und Fauna gesäumt. So findet man seltene und geschützte Pflanzenarten und lernt auch die hier typischen Gewächse am Wegesrand kennen.

Auf diesem Weg ist festes Schuhwerk und Trittsicherheit erforderlich, da er teilweise über Baumwurzeln und neben dem Wasserfall steil nach oben führt.

Widdumer Weiher

Der 7 ha große Widdumer Weiher liegt eingebettet im Naturschutzgebiet liegt. Eine Aussichtsplattform lädt zum Rasten und Verweilen ein. Von hier oben hat man einen tollen Blick über den Weiher und die angrenzenden Wälder. Ideal zum Beobachten der Wasservögel. Die jährliche Seerosenblüte oder die nächtlich umherschwirrenden Fledermäuse sind ebenfalls von dort aus bestens zu erleben.

ALLGÄU

Wiggensbach

Canyoning Team

Canyoning Touren sind ein faszinierendes Erlebnis. Als Abenteurer, ob Du Einsteiger oder schon erfahrener Canyonist bist, gehst Du im Team durch eine Schlucht.

Du spürst die Kraft des Wassers und erforscht seinen Lauf, den es in Jahrtausenden genommen hat. Wenn man möchte erlebt man Rutschen und Sprünge in glasklare Becken und seilt in erfrischenden Wasserfällen ab.
Dein Erlebnis beginnt in einer faszinierenden Landschaft, die auf "normalen Wegen in der Natur" für immer unerreichbar bleibt. Canyoning ist kein extremer Sport sondern einfach nur ein extrem schönes Erlebnis in der Natur!

River Rafting: Die Flüsse im Allgäu, Tirol und Vorarlberg bieten Wildwasser Erlebnisse mit landschaftlich schönen Eindrücken. Umrahmt vom Bergpanorama im Allgäu, den Bergen und Wäldern im Bregenzerwald oder mitten in der Imster Schlucht. Auch der Lech bietet einmalige Voraussetzungen für eine Wildwasser-Rafting-Tour. Neben dem Sport in der Natur ist jede Rafting-Tour bei uns ein echter Genuss.

Canyoning & Rafting Team Allgäu
Bergstr. 12 · 87487 Wiggensbach
Tel: 08370 9217692
canyoning-team.de

Bio-Schaukäserei

Die Bio-Schaukäserei Wiggensbach ist ein Zusammenschluss von 19 Landwirten aus dem bayerischen und baden-württembergischen Allgäu, die alle nach Bio-Kriterien wirtschaften.

Seit 2003 stellt sie aus Bio-Heumilch über 25 verschiedene Sorten Käse her - 2019 hat sie rund 4 Millionen Liter zu Bio-Käse verarbeitet. In der Bio-Schaukäserei wird der Name zum Programm. Bei den circa 45- bis 60-minütigen Führungen für Gruppen von 15 bis 50 Personen können die Gäste den Käsern über die Schultern blicken. Zu den Highlights zählen der Naturziegelgewölbekeller samt Salzbad und der Käsepflegeroboter „Robby", der die Käser beim Schmieren und Wenden der Käselaibe unterstützt. Bei der abschließenden Verkostung, bei der z. B. Sorten wie die „beschwipste Anna", „fruchtiges Fränzle", „Al Capone" oder „Gute Laune" probiert werden, können sich die Gäste selbst ein Bild von der Qualität des Käses machen. Im eigenen Laden in Wiggensbach können neben den eigenen Käse- und Frischeerzeugnissen auch weitere Bio- und Naturkostprodukte erworben werden.

Mo bis Do: 9 bis 13 und 15 bis 18 Uhr,
Fr: 9 bis 18 Uhr, Sa: 8 bis 12:30 Uhr
Führungen mit kleiner Verköstigung: 5 €
Führungen mit Käsebrotzeit: 12 €
Anmeldung:
Kempter Straße 9 · 87487 Wiggensbach
Tel: 08370 921010
www.schaukaeserei-wiggensbach.de

ALLGÄU

Wasserweg und Freibad

Wasserweg

Hier kann man mit Kindern sehr schön laufen und anschließend noch den Spielplatz „Bibertal" besuchen.

Freibad

Im dem Freibad findet man ein Nichtschwimmer- und Kinderplanschbecken beheizt, sowie ein Schwimmerbecken unbeheizt. Tischtennis, Spielplatz und Kiosk stehen für jeden bereit (Eintritt frei).

Tel. 08370 8435 · www.wiggensbach.de

Heimatmuseum

Aus den Beständen der 1931 vom damaligen Bürgermeister gegründeten Heimatkundlichen Sammlung entstand das Wiggensbacher Heimatmuseum.

Im Dachgeschoss der ehemaligen Schule, heute Informationszentrum. Seit 1987 wurde die alte Sammlung geordnet und inventarisiert. Nachdem die Kirchenstiftung der Pfarrgemeinde Wiggensbach sich bereit zeigte, wertvolle Skulpturen zur Ausstellung zur Verfügung zu stellen, wurde 1990 mit der Planung begonnen.

Blickfang beim Eintritt ist die originale Südostecke eines Bauernhauses mit eingerichteter Stube. Zahlreiche originale Fotos in Postergröße zeigen das alte Wiggensbach. Wachsarbeiten, Hinterglasbilder und Skulpturen aus Gotik und Barockzeit erfreuen das Auge des Besuchers. Am 14. April 1994 konnte das neue Heimatmuseum eröffnet werden. Der entkernte geräumige Dachstuhl des ansehnlichen Gebäudes bietet für die schönen Objekte, die alle aus dem Raum Wiggensbach im nördlichen Oberallgäu stammen, den Rahmen. Teile des reichen Bestandes konnten schon vor der Fertigstellung des Raumes im Rathaus und danach in den Ausstellungsräumen im 2. Obergeschoss in thematischer Zusammenstellung gezeigt werden.

Mo bis Fr: 10 bis 12 Uhr, Mo 16 bis 18 Uhr, Mi 14 bis 16 Uhr und nach Vereinbarung.

Kinder Sommer | 127

Seeg

Honigdorf Seeg

Seit 2013 ist Seeg Honigdorf. Der kleine 3000 Einwohner zählende Allgäuer Ferienort ist nicht nur die Heimat von vielen Allgäuer Kühen, sondern auch von über 24 Millionen Bienen.

Erlebnisimkerei: Wer mehr über die Bienen, ihre Aufgaben, ihre Gefahren, ihre Wichtigkeit für den Menschen, aber auch mehr über die Arbeit des Imkers erfahren möchte, kommt in die Erlebnisimkerei Seeg. Dort können Bienen im Bienenhaus bei ihrer wichtigen Arbeit beobachtet werden. Im Inforaum und Schleuderraum werden die verschiedenen Gerätschaften des Imkers und die vielfältigen Produkte der Biene erklärt, denn nicht nur der Honig ist für uns Menschen gut. Im Bienengarten können die Freilandaufstellung und die Klotzbeute erklärt werden.

🕐 Mitte April bis Mitte Oktober immer Di, Do und So von 14 bis 17 Uhr. Anmeldung: Tourist-Information, Tel: 08364 983033

Bienen-Erlebnispfad: Der 12 Stationen umfassende Erlebnispfad verläuft durch den Ortskern von Seeg. Die Seeger Bienchen Seebiene und Seebastian erklären das Leben der Biene. Im Pfad befindet sich der Spielplatz. Der Pfad ist jederzeit begehbar.

Führungen: Mitte April bis Mitte Oktober immer Mittwochs um 10:30 Uhr
Anmeldung:
Tourist-Information, Tel: 08364 983033

Heimatmuseum

Auf 800 qm erzählt das Heimatmuseum Seeg die Geschichte des Ortes mit einer originalen Schulstube, einer Schusterwerkstatt, denn Rennskiern der Epple-Schwestern, einem Uhrwerk der bekannten Barnsteiner-Uhren und vielem mehr! Im Museumsstadel nebenan können auch größere Ausstellungsstücke wie Wagen und Traktoren besichtigt werden.

Minigolf

Die Minigolfanlage ist eine der wenigen Tournieranlagen im Allgäu mit 18 Bahnen. Hier finden alle ihren Spaß und die Herausforderung auf gepflegten Bahnen zu spielen. Mit speziellen Kinderschlägern können auch die Kleinsten ihr Können beweisen. Danach lockt ein Eis am Minigolfkiosk, oder ein Abstecher auf den Bienchen-Spielplatz gleich nebenan.

ALLGÄU

Bootsvermietung

Auf dem Schwaltenweiher, dem beliebten Badesee zwischen Seeg und Rückholz, können im Sommer Ruderboote ausgeliehen werden, um den See zu erkunden. Mit zwei öffentlichen Freibadeplätzen, einer mit Kiosk, der andere mit Restaurant, Beachvolleyballplatz und Spielplatz ist der See vor allem auch zum Baden wunderbar geeignet.

Seeger Motte

Nahe dem Seeger Ortsteil Burk erhebt sich ein 8,5 m hoher großer Erdhügel mit umlaufendem Wassergraben, der im 12. Jahrhundert die Holz- und Erdburg, eine sog. Motte der Suuiker de Seekka, der Herren von Seeg, beherbergte. Sie kann von außen jederzeit besichtigt werden.

Wald · Dorfmuseum

Das Dorfmuseum befindet sich in einem alten Stadel aus dem 19. Jahrhundert, dieser wurde im Pfarrgarten wieder neu aufgebaut.

Im Stadel sind alle Utensilien der alten Handwerke und Berufe im Wald untergebracht. Vom Amboss bis zum Spinnrad, alte Skier, Bschüttfass, Heinzen (Hoinze`), Küchengeräte „anno dazumal", Überbleibsel aus den Käsküchen Stechele, Bergers, Klosterhof, Hofen und Wald, alte Feuerlöschgeräte, antiquarische Maler- und Maurergeräte, Musikinstrumente und vieles mehr - eine Kutsche kann ebenfalls bestiegen werden. Der „Erbauer" und „Museumsdirektor" Edmund erklärt alle ausgestellten Utensilien.

Treffpunkt:
Museumsstadel im Pfarrgarten
Gruppenführung:
Tel: 08302 473 (Gemeinde Wald)
oder Tel: 08302 333 (Happ Edi)
Nesselwanger Str. 4 · 87616 Wald
www.wald-allgaeu.d

ALLGÄU

Buchenberg

Freizeitpark

Moorweiher
Zentrum des Freizeitparks ist der idyllisch gelegene Moorweiher, umgeben von gepflegten Liegewiesen. Hier können Sie entspannen, picknicken, schwimmen oder auf dem Moorrundweg spazieren gehen. Viele Badegäste schwören auf den Moorweiher als "Jungbrunnen".

Moorbad: Das Moorbad hinter den Liegewiesen ist ein Quell der Gesundheit, das Moor, mit der Heilkraft aus der Erde. Eine Dusche „danach" ist dabei - oder springen Sie einfach in den Badesee.

Kneipp-Becken: Pfarrer Kneipp empfahl das tägliche Wassertreten zur Förderung von Kreislauf, Stoffwechsel und Steigerung der Abwehrkräfte.

Spielplatz: Kletterturm, Rutsche, Schaukel, Trampolin, Tischtennis - hier können Kinder nach Herzenslust toben. Und für die ganz Kleinen gibt es den Sandkasten mit dem Sonnensegel. Zukünftige Fußballstars können sich auf dem Bolzplatz in Form bringen.

Tennis: Für Freunde des weißen Sports gibt es vier gut gepflegte Sandplätze und ein Vereinsheim - Gäste sind willkommen.
Tel: 08378 149037

Beach- Volleyball: Möchten Sie einmal wie die Profis durch den Sand hechten? Hier können Sie das tun.

MiniGolf: Die Anlage hat 18 gepflegte Bahnen und ist in der Saison bei guter Witterung täglich ab 11Uhr, am Wochenende ab 10Uhr geöffnet. Anmeldung am Kiosk.

ALLGÄU

Legau

Bildungszentrum Unterallgäu

Das Bildungszentrum Unterallgäu steht für außerschulische Bildung für nachhaltige Entwicklung im Bereich Umwelt- und Erlebnispädagogik.

Erlebe hier die Vielfalt spannender Themen wie die Artenvielfalt, Energie, Ernährung oder das Wasser mit unseren einzigartigen Gruppen- oder Einzelerlebnissen. Auf über 60.000 m² taucht Ihr hautnah in die herrliche Natur des Allgäus ein.

Wollt Ihr wissen wie man ohne Strom regionale und saisonale Produkte zubereitet? Oder interessiert Ihr Euch für die Artenvielfalt der heimischen Tier- und Pflanzenwelt, wie man auf einem Fahrrad Strom produziert oder welche Lebewesen in unseren Gewässern leben?

Ihr wollt auf der Iller Kanu fahren oder mit dem Fahrrad die wundervollen Ecken des Allgäus erkunden? Dann nichts wie los nach Legau! Hier wird für Euch, nach einem erlebnisreichen Tag, eine leckere und typische Brotzeit gemacht und am Lagerfeuer wird dann der Tag ausgeklungen.

In den Oster-, Pfingst- und Sommerferien finden hier die beliebten Ferienfreizeiten für Kinder und Jugendliche statt – es gibt viel zu erleben und geschlafen wird in den gemütlichen Hütten des Jugenddorfes. Mehr zum Programm auf der Webseite.

| Tel: 08330 2469970 · www.bzu.de

ALLGÄU

Memmingen

Stadtführungen für Kinder

Diese Kinder-Stadtführungen sind nach Terminvereinbarung bei der Stadtinformation Tourist Information buchbar:

Abenteuer Stadtgeschichte:
Auf diesem geschichtlichen Rundgang durch die Altstadt erfahren unsere jungen Gäste altersgerecht und spannend viel Wissenswertes über die Vergangenheit unserer Stadt. Diese Führung eignet sich besonders für Kinder, Schulklassen und Jugendgruppen.
Ganzjährig buchbar bis max. 20 Kinder,
für Kinder von der 4. Klasse bis 18 Jahre
Treffpunkt: nach Vereinbarung
Dauer 1 Stunde, ab 55 €

Mitmach-Führung für Kinder:
"Wer einmal lügt..." ... dem glaubt man nicht! Aber vielleicht ist's ja auch die Wahrheit! Bei den fast unglaublichen Geschichten, die es bei dieser Mitmach-Stadtführung zu hören gibt und den rätselhaften Dingen, die entdeckt werden, braucht's aufgeweckte Kinder, die entscheiden müssen. Ideal für Geburtstage.
Ganzjährig buchbar bis max. 20 Kinder,
für Kinder von 5 bis 7 Jahre
Treffpunkt: nach Vereinbarung
Dauer: 1 Stunde, ab 55 Euro

Der Altstadt-Zoo
Löwen, Schlangen, Störche, Pferde..., eine bunte Vielzahl von entweder aufgemalten, aus Bronze oder anderweitig gestalteten Tieren tummeln sich in der Memminger Altstadt. Bei dieser Spezialstadtführung erleben Kinder und Erwachsene die Häuser und Gassen mit dem „Augen-auf"-Effekt.
Ganzjährig buchbar, max. 20 Kinder,
für Kinder bis zur 4. Klasse
Treffpunkt: nach Vereinbarung
Dauer: 1 Stunde, ab 55 €

Hexen, Henker und Gespenster
- Gruselführung für Kinder:
Auf den Spuren der Schlüsseljungfrau, des Pfeiferleins und anderen Memminger Sagengestalten werden die Kinder spielerisch vom „Nachtwächter" durch die Stadt geführt.
Buchbar von Ende September bis April bis max. 20 Kinder plus mind. 1 Begleitperson,
für Kinder bis 12 Jahre
Treffpunkt: nach Vereinbarung
Dauer: 1 Stunde, ab 55 €

Tourist Information Memmingen
Marktplatz 3 · 87700 Memmingen
Tel: 08331 850 173

ALLGÄU

MEWO Kunsthalle

Als Ausstellungshaus für zeitgenössische Kunst ist die kulturelle Bildung ein zentrales Anliegen. Alle Angebote werden inhaltlich und praktisch auf die Bedürfnisse der jeweiligen Zielgruppe ausgerichtet und von qualifizierten Kunstvermittler*innen umgesetzt.

Jeweils am 1. Samstag im Monat findet das MiniAtelier für 4- bis 6-Jährige statt. Nach einer interaktiven Führung durch eine aktuelle Ausstellung, geht es mit den Inspirationen im Gepäck zum kreativen Teil in das Atelier der MEWO Kunsthalle. Für die etwas Älteren (7 bis 11 Jahre) gibt es das MidiAtelier, das jeden 3. Samstag im Monat stattfindet. Dazu bereichern Ferienprogramme und offene Ateliersonntage das diverse Angebot. Auch individuelle Gruppentermine etwa Kindergeburtstage im Atelier sind buchbar. Ausstellungen für Knider wie das ‚KinderKunstLabor' sind so konzipiert, dass sie zum eigenen Entdecken einladen.

🕐 Di-So und feiertags 11 bis 17 Uhr
€ Eintritt frei! 5 € pro Teilnehmer*in
Bahnhofstr.1 · 87700 Memmingen
www.mewo-kunsthalle.de

Stadtpark Neue Welt

Ehemaliges Landesgartenschaugelände von 2000; heute Stadtpark mit Kneippanlage, Biergarten, großem Wasserspielplatz, Beachvolleyball- und Streetballplätzen, Skaterplatz und Wakeboardanlage.

🕐 **Wakeboardanlage:** Saison Mai bis Oktober: außer bei Blitz & Donner
🕐 **Stadtpark:** nach Vereinbarung
🕐 **Öffentlicher Betrieb:** Sa 12 bis 20 Uhr, So 12 bis 20 Uhr, Feiertage 12 bis 20 Uhr

www.wakecity-memmingen.de

Kinder Sommer

Memmingen

Kinderland Kiddiko

Erlebe die Welt von Magie und Zauberwesen, Wellen-Tiger-Rutschen, Klettertürme mit Ballschussanlage, Hüpfburgen, Kleinkind-Bereich, Spidertower. E-Kartbahn, Freeclimbing oder die Riesen-Cobra und vieles vieles mehr! Im gemütlichen Cafe und Restaurante-Bereich können die Eltern glücklich und zufrieden auf die Kinder warten.

- Di bis Fr: 14 bis 19 Uhr, Sa, So, Feiertage: 10 bis 19 Uhr
- 1 Jahr: 2,50 € ab 17 Uhr 1,50 €,
2 Jahre: 4 € ab 17 Uhr 2 €,
3 bis 15 Jahre: 6,50 € ab 17 Uhr 3,50 €,
Erwachsene: 2 € ab 17 Uhr 1 €
Wasserwerkweg 59 · 87700 Memmingen
Tel: 08331 48787

Städtische Freibad

- Schwimmerbecken: 50 x 20 m, 8 Bahnen (aufgeteilt in 4 Doppelbahnen), Wassertiefe 1,80 bis 2,10 m
- Nichtschwimmerbecken: 50 x 18 m, Wassertiefe 0,60 bis 1,30 m mit Rutsche und Wasserpilz
- Liegewiese: ca. 20.000 m^2
- Kinderspielplatz
- Badminton
- Beachvolleyball und Tischtennis

Einzelkarte:
Erwachsene 2,30 €,
Jugendliche ab 6 Jahren 1 €
Feierabendkarte ab 17 Uhr:
Erwachsene 1,20€, Jugendliche 0,50€
Kinder bis 5 Jahre frei
Stadtbadallee 3
87700 Memmingen
Tel: 08331 494029
www.memmingen.de

ALLGÄU

Görisried

Naturerlebnispfad

„Im Krautgarten hinter dem Freibad, versteckt im Wald liegt der wunderschöne, von Holzfachleuten angelegte Naturerlebnispfad.

An den einzelnen Stationen gibt es viel Spannendes zu entdecken, nicht nur Kinder können viel über den Wald und die Natur lernen.

In einer Hängematte kann man die Seele baumeln lassen, die Gerüche und Geräusche des Waldes spüren und anschließend die Füße im klaren Bachwasser erfrischen. Wieder auf dem Hauptweg angekommen, führt der Pfad an einem Wasserhaus vorbei, wo sich wie in alten Zeiten ein Wasserrad stetig dreht.

Altusried

Naturlehrpfad Riedbachtal: Leichte Talwanderung auf dem Naturlehrpfad, am reizvollen Waldbach (Spielmöglichkeiten) entlang. Wanderlehrpfad mit kurze weglose Wiesenabschnitte ohne Orientierungsprobleme. Am kleinen Parkplatz oberhalb der Freilichtbühne befindet sich der „Eingang".
Beheiztes Freibad: Baden mit großem Spielplatz, Kinderplanschbecken, Nichtschwimmerbereich, Rutsche und Sprungtürme
Weiteres: Die Knochenstampfmühle mit ihrem großen Wasserrad. Ebenso interessant ist eine Wanderung im Bereich der Burgruine Kalden mit seinem canyonartigem Steilufer, sowie der Hängebrücke über die Iller.

▎Tel: 08373 299-51 · www.altusried.de

ALLGÄU

Kempten

Archäologischer Park Cambodunum (APC)

Von Anfang März bis Ende November lädt der APC die ganze Familie auf eine Entdeckungsreise in die Römersiedlung Cambodunum ein, um auf den Pfaden der Römer zu wandeln. Besonders Schaulustige können bei der öffentlichen »Schau! Grabung« den Archäologen über die Schulter blicken (Von Ende Juli bis Anfang September).

Auf dem Rundweg „Reise in die Römerzeit im APC" animieren 15 interaktive Infostationen barrierefrei und inklusiv zum Erleben mit allen Sinnen. Mit der Cambodunum App werden Tablets und Smartphones zum digitalen Fenster in die Vergangenheit und zum "Luftfahrzeug" für einen virtuellen Rundflug über die ideal rekonstruierte Römerstadt Cambodunum.

Cambodunumweg 3 · 87437 Kempten
Tel: 0831 2525 1716
www.apc-kempten.de

JUFA – Familien-Resort

Familien- & Wellnessurlaub in der ältesten Stadt Deutschlands

Ausspannen, baden und genießen! Das Resort ist direkt an das Erlebnisbad CamboMare, eines der modernsten Freizeitbäder Deutschlands, angeschlossen. Die Boulderhalle des Alpenvereins, ebenfalls direkt vor Ort, lockt zum vertikalen Abenteuer. Sowohl der Badespaß als auch das Klettervergnügen sind für Gäste im Preis inbegriffen! Kleine Abenteurer erobern den Indoor-Erlebnisbereich, während die Großen sich im Atrium-Café eine gemütliche Auszeit gönnen. Das Resort ist ein idealer Ausgangspunkt für Radtouren – nützen Sie den Radverleih und starten Sie los!

Stadtbadstraße 5, 87439 Kempten
Tel: 0831 52384080
www.jufahotels.com/kempten

CamboMare

Lassen Sie sich in der Schwimmlagune treiben und entspannen Sie auf den Sprudelliegen und Massagedüsen.

Schwimmen Sie sportlich im 25-m Sportbecken und besuchen Sie das Freiluftbecken, bei jedem Wetter. Zu den besonderen Attraktionen gehören die 93 Meter lange, mit Lichteffekten ausgestattete Black-Hole-Rutsche und die 122 Meter lange Reifenrutsche Crazy River. Im Sommer ist der Übertritt in das weitläufige Freibadareal für CamboMare-Gäste gratis und bietet zusätzlich jede Menge Abwechslung! Der Wasserspielplatz, das Wellenbad oder die Sportmöglichkeiten bieten jeder Familie Spaß und Abenteurer. Die stilvolle und weitläufige Saunawelt mit 12 verschiedenen Saunen, Innen- und Außenruhebereichen, Schwimmteich und beheizten Außenbecken ist auch im Sommer ein besonderes Erlebnis.

Badewelt:
ganzjährig von Mo bis Fr: 10 bis 22 Uhr
Sa, So und Feiertage: 9 bis 21 Uhr,
Freibad: Mo bis So von 9 Uhr bis 20:30 Uhr
Aybühlweg 58 · 87439 Kempten
Tel: 0831 5812110
www.cambomare.de

ALLGÄU

Kempten

Das Kletterzentrum swoboda alpin

Zum Klettern in die Berge fahren? Das muss man in Kempten nicht unbedingt, denn das Alpinzentrum swoboda alpin der DAV-Sektion Allgäu-Kempten bietet Höhenluft direkt in der Stadt. Die Anlage ist eine der größten und modernsten Deutschlands und wartet mit insgesamt 3.400 m² Kletter- und Boulderfläche auf.

Sowohl Anfänger als auch Profis finden hier ein ideales Betätigungsfeld in der Vertikalen. Für Freunde des seilfreien Kletterns gibt es gut 400 verschiedene Boulder in allen Schwierigkeitsstufen, darunter auch spezielle Boulder für Kids. Diese Disziplin des Kletterns ist zudem ideal für Einsteiger oder kletternde Familien – denn man kann auch ohne Vorkenntnisse sofort loslegen oder zusammen mit Mama und Papa an den Bewegungsaufgaben tüfteln.

Für alle, die mit Seil hoch hinauswollen, punktet der Seilkletterbereich mit über 200 Routen und bietet bis zu 15m hohe Wände von leicht geneigt bis ultrasteil. Für Einsteiger und Kinder gibt es einen eigenen Schulungsbereich mit leichten und kindgerechten Routen. Im Gegensatz zum Bouldern sind für das Seilklettern jedoch Vorkenntnisse oder ein Kurs Grundvoraussetzung – Sicherheit geht vor! Neben den Klettermöglichkeiten für Klein und Groß gibt es im swoboda alpin auch noch zahlreiche weitere Kletter- und Spielmöglichkeiten indoor und outdoor. Besonders beliebt sind das Tunnelsystem mit Bällebad hinter der Boulderwand oder die Spielmöglichkeiten im Außenbereich. Und für große und kleine Biker wartet gleich neben der Halle der Bikepark mit Sprüngen und Steilkurven für alle Könnensstufen.

Für alle ambitionierten Nachwuchskraxler, die das Klettern von Grund auf lernen wollen, gibt es im umfangreichen Kursangebot der DAV Kletterschule zahlreiche Kurse für Kinder und Familien. Darüber hinaus bietet das swoboda alpin in den Ferien ein Ferienprogramm mit Ganz- oder Halbtagsbetreuung und Mittagessen im Hallenbistro an. Und natürlich gibt es auch die Möglichkeit, den Kindergeburtstag in der Kletterhalle zu feiern.

🕐 Montag bis Freitag 11 bis 22:30 Uhr
Samstag 9 bis 22:30 Uhr
Sonn- und Feiertage 9 bis 21 Uhr
Ferien (Bayern) ab 9 Uhr geöffnet
swoboda alpin
Sektion Allgäu-Kempten des
Deutschen Alpenvereins e.V.
Aybühlweg 69 · 87439 Kempten
Tel: 0831 5700970
www.dav-kempten.de/swoboda-alpin

ALLGÄU

Bachtelweiher Garten

Die Kombination aus großem Abenteuerspielplatz mit Sandgrube und Brunnen, Minigolf-Anlage, Tiergehegen und großem Biergarten mit angrenzendem Restaurant lässt Kinder- und Elternherzen höher schlagen.

Die Kinder lieben es, den Ponys, Kaninchen, Schafen, Laufenten und Hühnern Hallo zu sagen und sie aus sicherer Entfernung zu bestaunen. Zu besonderen Anlässen werden für Kinder auch Kutschfahrten angeboten. Familie Seitz heißt Groß und Klein herzlich willkommen. Genießen, erleben und erholen mit der Familie lautet ihre Philosophie. Während die Kinder über den Spielplatz toben oder die Tiere beobachten, lassen sich die Eltern in Sichtweite die frischen regionalen Gerichte von Küchenchef Marcus Seitz schmecken oder genießen die Zeit im Grünen mit Blick auf den Bachtelweiher. Im Moorweiher kann auch gebadet werden. Die große Liegewiese ist wie gemacht fürs gemeinsame Chillen und Sonnenbaden. Die Nähe zum Kiosk am Eingang des Bachtelweiher Gartens sorgt für reibungslosen Erfrischungsnachschub.

Schon seit 1967 ist der Bachtelweiher Garten – in Kempten von den Einheimischen liebevoll „Bachtel" genannt – ein beliebter Treffpunkt für Familien und Freunde. Minigolfplatz, Naturspielplatz und der Große Garten mit den Tieren bieten allen garantiert viel Abwechslung und Freizeitspaß! Hier trifft man sich nach dem Spaziergang oder der Walking-Runde um den Weiher, zur Pause beim Radeln, nach der Wanderung durch den Kemptener Wald oder einfach, um eine gute Zeit zu haben.

Landschaftspark Engelhalde

Der Engelhaldepark oder Landschaftspark Engelhalde ist eine Parkanlage mit einer Fläche von 12 ha östlich der Iller. Im Park gibt es neben Spazierwegen und Liegewiesen einen etwa 6000 m² großen Weiher, ein Feuchtbiotop, zwei Kinderspielplätzen, eine Kneippanlage und eine Außenkletteranlage. Außerdem führt der Jakobus-Pilgerweg durch den Engelhaldepark. Der Park wird vom Bachtelbach durchflossen.

▎Lohmühltobel 1 · 87437 Kempten

ALLGÄU

Marktoberdorf

Action, Sport, Kultur in Marktoberdorf ist immer was los!

Marktoberdorf bietet eine Vielzahl an Erlebniswelten, die nur selten Wünsche offen lassen. Egal ob für Kulturbegeisterte, Sportler, Aktive, Abenteurer und Entdecker, Gourmets oder Musiker.

Im Waldseilgarten „Klette am Ette" geht's durch Kletterparcours in verschiedenen Schwierigkeitsstufen. Gleich daneben liegt der Ettwieser Weiher, ein Badeparadies mit Spielplatz, großzügigen Liegewiesen, Kiosk und Insel mitten im See und im Hintergrund die Allgäuer Alpen!

Wer wärmere Wassertemperaturen bevorzugt, ist im städtischen Hallen- und Freibad bestens aufgehoben. Hier warten ein riesiges beheiztes Außenbecken, Sport- und Kinderbecken und ein klasse Ferienprogramm für die ganze Familie.

Für Radfahrer und Wanderer bietet die Region rund um Marktoberdorf eine Vielzahl an gut ausgebauten Wegen. Entlang der Wertach, in den schattigen Wäldern und an den vielen kleinen und großen Seen entdeckt man mystische Orte, Erholungsinseln und Abenteuer.

Auch Kulturbegeisterte kommen bei uns auf ihre Kosten. Sie folgen den Spuren der Römer, entdecken die deutsche Eisenbahngeschichte und zahlreiche Museen oder besuchen unsere einzigartigen Barock-Kirchen und Schlösser in der Umgebung.

Wem das noch nicht genug ist, der kann Marktoberdorf auch auf einer der zahlreichen und äußerst beliebten Stadtführungen hautnah erleben: mit Ausflügen in die dunkle Zeit des Allgäus, über Sagen und Märchen bis hin zu den kulinarischen Entdeckungsreisen durch den ganzen Ort.

Touristikbüro der Stadt Marktoberdorf
Richard-Wengenmeier-Platz 1
87616 Marktoberdorf
Tel: 08342 4008-45
www.marktoberdorf.de www.modeon.de
www.hallenbad-marktoberdorf.de

Fotos: © Marktoberdorf

ALLGÄU

Anton-Schmid-Hallenbad & Freibad

Wasserattraktionen im Innenbereich:
Im hellen und freundlich gestalteten Innenbereich beginnt der Badespaß für die Kleinen im Kinderbecken mit fröhlicher Elefantenrutsche oder ist gar geeignet für die ersten Schwimmversuche. Das Highlight für unsere jüngsten Besucher ist sicherlich der Wasserpilz im abgetrennten Planschbecken mit nur 30 cm Wassertiefe für den ersten Wasserkontakt.

Wasserattraktionen im Außenbereich:
Das großzügige Außenbecken ist ganzjährig einen Abstecher wert. Umgeben von der großen baumbestandenen Liegewiese mit zahlreichen Strandliegen und Sonnenschirmen sorgt das glasklare Wasser für uneingeschränkte Badefreuden im Sommer. Während die jüngeren Besucher sich im Strömungskanal austoben, versprechen die Sprudelliegen, Nackenduschen, Fontainen und natürlich der Whirlpool pure Entspannung. Im Winter werden Sie die bis zu 34 Grad Wassertemperatur genießen.

Erlebnis-Wasserspielplatz:
Der liebevoll angelegte Wasserspielplatz im Außenbereich bietet Kindern die Möglichkeit mit Wasser und Sand zu experimentieren um dabei vielfältige Sinneserfahrungen zu sammeln.

Wechselnde Attraktionen:
Nach Bekanntmachung finden freitags Spielenachmittage sowie in der schulfreien Zeit abwechslungsreiche Ferienprogramme statt. Mit einer Geburtstagsfeier im Hallenbad ermöglichen Sie Ihrem Kind ein unvergessliches Erlebnis zusammen mit seinen Freunden.

Barrierefreiheit:
Das Anton-Schmid-Hallenbad ist in weiten Teilen barrierefrei gestaltet. Rampe, Automatiktüre, Pflegeliege und Beckenlifte ermöglichen einen vereinfachten Zugang zum Badevergnügen für alle Personengruppen.

ALLGÄU

Ruderatshofen

Elbsee

Der Elbsee ist ein Moorbadesee und mit seinem flachen Strand ideal für ein kinderfreundliches Planschvergnügen.

Rund um erschließen sich zahlreiche abwechslungsreiche Rad- und Wanderwege, die gut mit Kinderwagen und Fahrradanhänger zu befahren sind. Am nördlichen Seeufer gibt es einen Bootsverleih. Das am nördlichen Ufer gelegene Elbsee-Restaurant hat eine eigene Kinderkarte, ein Kinderspielzimmer und einen großen Kinderspielplatz. www.elbsee.eu

Campingplatz und Allgäu-Hotel Elbsee

Idyllisch liegt der 5-Sterne-Campingplatz im Allgäuer Voralpenland in einem Moor-Landschaftsschutzgebiet zwischen Wiesen und Wäldern direkt am Ufer des Elbsees. Der Platz ist teilweise in Terrassen angelegt und mit Büschen, Bäumen und Hecken naturnah gestaltet.

Die großzügigen Komfort-Stellplätze verfügen über Wasser- und Abwasseranschluss sowie Strom. Für längere Aufenthalte bietet der Platz auch Saison-Camping an.

Tipp: Im angrenzenden 3-Sterne-Superior-Hotel und den Ferienwohnungen können Sie zusammen mit Familie und Freunden Urlaub machen, auch wenn diese keine Camper sind. Wer aktiv sein möchte, der kann direkt vom Platz aus in das ausgedehnte Rad- und Wanderwegenetz starten. Kinder haben mit einem großen Spielplatz und den Sportbereichen viel Freude.

ALLGÄU

Dietmannsried

Freibad

Schwimmen, planschen, spielen, Spaß haben – das Dietmannsrieder Freibad ist ein ideales Ausflugsziel für die ganze Familie.

Zur besonderen Freude der Kleinen befinden sich im Kindererlebnisbereich ein Wasserpilz und eine Elefantenrutsche sowie diverse Spielgeräte. Für größere Kids und Jugendliche ist im Nichtschwimmerbereich des Hauptbeckens eine große Rutsche vorhanden. Für Abwechslung und gute Laune sorgt ferner ein mobiles Wasserspielgerät. Die Liegewiese mit natürlichem Baumbestand sowie ein Kiosk mit Cafeteria laden zum Verweilen mit gemütlichem Plausch ein.

Mai bis Sept. (variiert nach Wetterlage):
Mo 9 bis 19 Uhr, Di bis So 9 bis 20 Uhr
Feste Öffnungszeiten bei zweifelhafter Witterung: 9 bis 11 Uhr und 17 bis 19 Uhr.
Die Kasse schließt eine halbe Stunde vorher.
Laubener Straße 15 · 87463 Dietmannsried
Tel: 08374 462
www.dietmannsried.de

Kinder Sommer

Ottobeuren

Die Allgäuer Volkssternwarte

Den interessierten Besuchern wird die Wunderwelt der Planeten und Sterne ein klein wenig näher gebracht. Bei klarem Wetter kann jeder Besucher am großen 60 cm Spiegelteleskop einen Blick auf die schönen Objekte des Allgäuer Nachthimmels werfen.

🕐 Führungen finden jeden Freitag ab 19:30 Uhr bei jedem Wetter statt. (Beobachtung nur bei schönem Wetter)
€ Pro Person: 5 €, Kinder bis 10 Jahre: 3 €
Tel: 08332 9366058
www.avso.de

Walderlebnispfad Bannwald

Es ist ein erlebnisreicher Spaziergang durch einen der schönsten Wälder des Allgäus. Sie benötigen etwa 1,5 Stunden, um gemütlich unter schattigen Baumkronen einen mit zahlreichen Überraschungen gespickten, gut gepflegten Weg zu durchwandern. Im Bannwald stehen mehr größere Bäume als in normalen Wirtschaftswäldern. „Tiere des Waldes" ist ein kleines Ratespiel für Kinder und Erwachsene.

Erlebnispädagogische Landschaft in Klosterwald

In Teilen des Klosters bietet das Bildungszentrum Unterallgäu an diesem Standort erlebnispädagogische Indoor- und Outdoor-Angebote für Gruppen an. Freude, Spaß und das Gemeinschaftserlebnis stehen im Mittelpunkt bei den Programmen im Hochseilgarten, bei Team-Übungen und beim Bogenschießen.

Tel: 08330 2469970
www.bzu.de

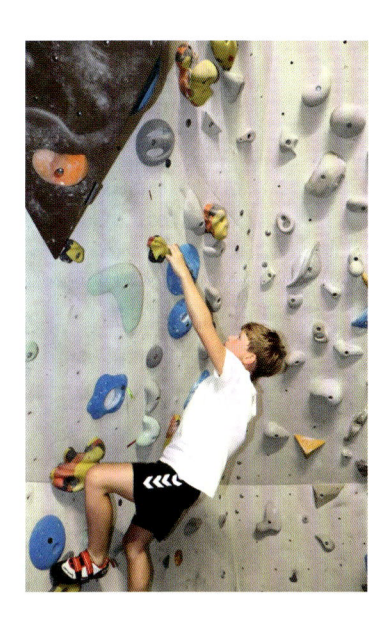

Sportwelt

Die Sportwelt Ottobeuren steht seit 1999 als multifunktionale Sportanlage im wunderschönen Ottobeuren.

Ihre Stärken liegen auf unserem familiären Umgang mit unseren Kunden, sowie unserem vielfältigem Angebot auf über 6000 m². Angefangen bei Squash, Badminton, Tennis über Beach-Volleyball, Fitness, Tae Bo bis hin zu Yoga. Für Erholung und Entspannung sorgen die Saunalandschaft und der Wellnessbereich.

Kur-Sport-Tennishallen GmbH & Co. KG
Am Galgenberg 4 · 87724 Ottobeuren
Tel: 0 8332 7399
www.sportwelt-ottobeuren.de

Du kennst noch weitere Ausflugsziele?

Lass es uns wissen!

redaktion@kindersommer-online.de

Kaufbeuren

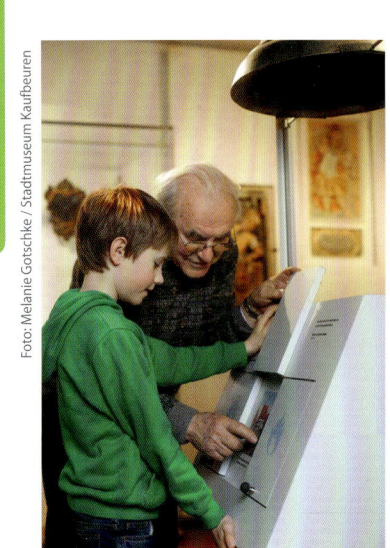

Stadtmuseum

Mitmachstationen für Klein und Groß, interaktive Medienstationen und Filmsequenzen machen den Museumsbesuch zu einem kurzweiligen Erlebnis. Mit einem Kinderpfad können Familien spielerisch die Stadtgeschichte entdecken. Angebote wie die monatliche Familienführung und kindgerechte Workshops bieten Einblicke in die Geschichte.

- 🕐 Di bis So 10 bis 17 Uhr
- € Erw. 5 €, Ermäßig: 4 €, Kinder/Jugendliche (4 bis 18 Jahre) 1 €, Großes Familienticket 10 €, Kleines Familienticket 5 €
- Tel: 08341 9668390
- www.stadtmuseum-kaufbeuren.de

Puppentheatermuseum

Im Museum werden in über 70 Vitrinen Figuren und Requisiten aus der Puppentheaterwelt gezeigt. Es sind sowohl die Fernsehstars aus „Robbi, Tobbi und das Fliewatüüt" und „das Mädchen von Mira" zu sehen, wie auch das historische Papiertheater; die Geschichte des Europäischen Kaspers und das asiatische Figurentheater.

- 🕐 Jeden Samstag von 14 bis 17 Uhr
- € Kinder 2€, Erwachsene 4€
- Tel: 015155572575

Pichincha Lamahof

Statt Kühen tummeln sich auf den Wiesen südlich von Großkemnat Lamas. Bei einer einstündigen geführten Wandertour können Kinder die wolligen Tiere hautnah erleben.

Bitte anmelden: Tel: 08341 73318
www.pichincha-llamas.de

ALLGÄU

Abenteuer Kletterturm

„Aufstiegschancen gesucht" das ist das Motto nach dem Kletterfans ihr Können am Kletterturm unter Beweis stellen. Bei über 160 Kletterrouten ist für jeden etwas dabei. Zum Entspannen laden Grillmöglichkeiten, ein Sandkasten für die Jüngsten sowie ausreichend Sitz-, und Liegebereiche ein.

> ⏲ Mo-So 7 bis 23 (Abends Flutlicht)
> www.alpenverein-kaufbeuren-gablonz.de

Via Aqua

Wege, Wiesen und durch Wälder – Entlang des Naturlehrpfads befinden sich Stationen mit Schautafeln, die spannendes Wissen zur Trinkwassergewinnung, zur Geschichte und Geologie der Region vermitteln. Das Kaufbeurer Wasserwerk bietet auch geführte Wanderungen für die ganze Familie an.

> Tel: 08341 437500
> www.wasserwerk-kaufbeuren.de

Hallenkartbahn

In Kaufbeuren brennt der Asphalt, wenn fast 15 Karts durch die All-Kart-Halle heizen. Hier kommen alle motorbegeisterten Familienmitglieder auf ihre Kosten. Ab einer Körpergröße von 140 cm darf man sein eigenes Mobil lenken, die Kleinen düsen im Doppelsitzer mit.

> ⏲ Mo bis Do von 15:30 bis 23 Uhr, Fr bis Sa von 15 bis 24 Uhr
> € 1 Fahrt (8 min) 11€, 10 Fahrten 98€, reduziert für Kinder bis 16 Jahre
> Tel: 08341 94959
> www.all-kart.de

Kinder Sommer

ALLGÄU

Friesenried · LBV Vogellehrpfad

In den heimischen Wäldern sind zahlreiche Vogelarten beheimatet. Viele von ihnen sind uns dem Namen nach bekannt, doch fällt das Wiedererkennen im Gelände oft schwer. Beim Vogellehrpfad des Landesbund für Vogelschutz in Bayern e. V. (LBV) ist dies anders.

Karin und Robert Mecklinger von der LBV Kreisgruppe Ostallgäu / Kaufbeuren fertigten lebensgetreue Vogelnachbildungen aus Ton an, die in Schaukästen entlang des LBV Vogellehrpfades ausgestellt sind. So können Sie die Merkmale unserer gefiederten Freunde nun aus nächster Nähe studieren. Oft ist es so möglich die Vogelart in der Natur leichter zu benennen. Ansprechende Texttafeln erläutern interessantes, lustiges und nachdenkliches zu den einzelnen Arten. Weitere Stationen des LBV Vogellehrpfades sind eine Insektenlehmwand, die Brutmöglichkeiten für heimische Wildbienen und Co. liefert, ein Hörtrichter, mit dem man die „Stille des Waldes" hören kann und ein Bandolinorätsel für Kinder. Das Herzstück des LBV Vogellehrpfades ist ein Holzpavillion mit Picknickmöglichkeit. Vom Pavillon aus blickt man in das Innere von Vogelnistkästen und kann so das Brutgeschehen beobachten ohne die Vögel zu stören. Auch nach der Brutzeit bleibt der Pavillon interessant. Eine Eier- und Nesterausstellung sowie zwei Lebensraummodelle zeigen die Formen- und Strukturenvielfalt unserer Natur. Große und Kleine Naturentdecker sind außerdem herzlich eingeladen beim LBV Vogelquiz mitzumachen. Die Quizbögen erhalten sie am Beginn des Lehrpfades oder als pdf-Datei zum downloaden. (Bitte bringen sie zum Ausfüllen des Quizbogens einen Stift mit.)

Wegstrecke: Länge: 4,5 km. Gehzeit: die reine Gehzeit beträgt 1 Stunde. Empfohlen werden 2 bis 3 Stunden, um Halt an allen Stationen machen zu können. Start / Ende: Parkplatz Aschthal im Königsberger Forst bei Friesenried. (Ab Friesenried beschildert)

Führungen: Für Gruppen (Schulklassen, Kinder, Jugendliche, Erwachsene) bieten wir altersgerechte Führungen an. Bitte wenden Sie sich an Herrn Robert Mecklinger von der LBV Kreisgruppe Ostallgäu / Kaufbeuren oder die LBV Bezirksgeschäftsstelle Schwaben, um einen Termin zu vereinbaren: LBV Kreisgruppe Ostallgäu / Kaufbeuren, Robert Mecklinger Tel: 08347 789

ab 5 Jahre
Tel: 08331 901182 · www.lbv.de

ALLGÄU

Bad Wörishofen

THERME Bad Wörishofen

Exotisches Ambiente mit echten Palmen und türkisfarbenem Heilwasser – in der THERME Bad Wörishofen erleben Besucher den Zauber der Südsee.

Nur 45 Minuten südwestlich von München erwartet Besucher der ‚Südsee'-THERME ein wahres Wohlfühlparadies.
Von Sonntag bis Freitag ist der Besuch der THERME erst ab 16 Jahren möglich. Jeden Samstag erobern Familien von 9 bis 18 Uhr das Thermenparadies. Ein spezieller, günstiger Familientarif und die Möglichkeit, mit Kindern auch das Saunaparadies zu besuchen, sorgen für den perfekten Familientag.

Mo. - Do: 10 bis 22 Uhr, Fr: 10 bis 23 Uhr
Sa (**Familientag**): 9 bis 18 Uhr
Sa (textilfrei): 19 bis 22 Uhr
So/Feiertag: 9 bis 22 Uhr
Thermenallee 1
86825 Bad Wörishofen
Tel: 08247 399 300
www.therme-badwoerishofen.de

Bad Wörishofen

Skyline Park - größter Freizeitpark Bayerns

Im Allgäu Skyline Park können Besucher einen aufregenden und erlebnisreichen Ausflugstag genießen. Gleichzeitig bereichern sie ihren Urlaub in Süddeutschland mit ganz außergewöhnlichen und bleibenden Erinnerungen.

Über 60 Attraktionen

Der Skyline Park zählt zu den beliebtesten Ausflugszielen in ganz Bayern. Was im Jahr 1999 als kleiner Spielpark begann, lockt mittlerweile mehrere hunderttausend Besucher pro Jahr an. Kein Wunder, denn auf dem rund 350.000 Quadratmeter großen Gelände befinden sich über 60 Attraktionen für alle Altersgruppen – Tendenz steigend.

In diesem Park der Superlative vergeht die Zeit wie im Flug. Manchmal aber auch im Wasserkanal, in einer runden Kugel, in unterirdischen Gängen, und … und … und ... Hier ist für jeden Besucher genau der richtige Spaß geboten.

Allein 15 Fahrgeschäfte warten auf die kleinen Gäste ab vier Jahren, unter anderem die preisgekrönte Kids Farm, eine Bauernhof-Spielinsel. Hinzu kommen mehrere Spielplätze. Die größeren Gäste können sich so mancher Herausforderung stellen, die ordentlich Mut erfordert und Adrenalin pur bedeutet. Etwa das Sky Wheel – die höchste Überkopfachterbahn €pas – oder der Sky Shot, bei der man in einer Kugel über 90 Meter in die Höhe katapultiert wird. Auch für herrliche Erfrischung an heißen Sommertagen ist gesorgt, etwa bei einer Fahrt in der größten mobilen Wildwasserbahn der Welt. Insgesamt hat der Skyline Park 12 Wasserattraktionen.

Doch im Skyline Park kann man neben all den aufregenden Fahrgeschäften auch in Ruhe genießen. Dazu lädt das im doppelten Sinne ausgezeichnete Gastronomieangebot sowie das aufwendig angelegte, weitläufige Parkgelände mit Teichen, Seen und grünen Liegewiesen ein.

ALLGÄU

© Allgäu Skyline Park

Ein echtes Highlight
Der Skyline Park ist nicht nur der größte, sondern auch der höchste Freizeitpark in Bayern. Der Allgäuflieger ist eine Attraktion mit Rekordgarantie! Denn mit einer Gesamthöhe von 150 Metern überragt das spektakuläre Flugkarussell der Firma Funtime aus Österreich sogar die Münchner Frauenkirche und reicht fast an das Ulmer Münster heran. Damit wird der neue Überflieger das höchste Flugkarussell der Welt sein! Einen besseren Blick auf die Bergwelt haben Sie im ganzen Unterallgäu nicht.

🕐 Öffnungszeiten wechseln monatlich
€ Besucher ab 1,50 Meter Körpergröße: 35 €, Besucher von 1,10-1,49 Meter Körpergröße: 28 €, Kinder unter 1,10 Meter Körpergröße: freien Eintritt.
Allgäu Skyline Park
Skyline-Park-Str. 1 · 86871 Rammingen
Tel: 08245 96690
www.skylinepark.de

ALLGÄU

Salgen · Fischereihof

In den schwäbischen Gewässern kamen einst über 40 Fischarten vor – die meisten davon gelten heute als gefährdet, einige Arten sind bereits ganz verschwunden.

Viele dieser Fischarten sind gänzlich unbekannt. Die bedrohten Arten zu erhalten und wieder anzusiedeln ist eine der Hauptaufgaben des Schwäbischen Fischereihofs. Interessierte haben die Möglichkeit, spektakuläre Einblicke in die Unterwasserwelt zu erleben. Im Beobachtungsteich können durch große Glasscheiben heimische Fische bestaunt werden. In der ca. 1 ha großen Teichlandschaft können weitere Fische und viele andere Tierarten beobachtet werden. Durch den Lehr- und Beispielbetrieb, in dem bedrohte Fisch-, Krebs- und Muschelarten vermehrt werden, werden nach vorheriger Anmeldung Gruppenführungen angeboten. Für die jüngeren Besuchergruppen und insbesondere Schulklassen bieten wir Bachsafaris an. Eine Anmeldung als Besuchergruppe ist erforderlich!

Mo bis Do 9 bis 17 Uhr; Fr 9 bis 13 Uhr
Mörgener Straße 50 · 87775 Salgen
Tel: 08266 86265-11

Fischach · Naturfreibad

Auf einem Areal von 28.000 qm laden 2.400 qm Wasserfläche im zum Baden ein.

Besonderheit ist die biologische Selbstreinigung in einem separat angelegten Regenerationsteich, sodass auf Chemikalien verzichtet werden kann. Die wunderschöne landschaftliche Lage, natürliche Sprungfelsen, eine Wassergrotte, ein Spielbach für Kleinkinder – dies lädt zu ungetrübtem Badevergnügen für Jung und Alt ein. Neue Attraktionen sind die Breitwellenwasserrutsche sowie unser Wasserdrache. Ein Beachvolleyballfeld sowie Tischtennisplatten runden das Angebot im Naturfreibad ab. Der im Sommer 2015 fertiggestellte Mehrgenerationenplatz mit Boccia, Kneippbecken, Fußerfahrungsweg, Spiel- und Bewegungsgeräten ergänzt harmonisch das Freizeitangebot am Naturfreibad. Besondere Veranstaltungen sind das Abendschwimmen, das Sommerfest, sowie mehrere Musikveranstaltungen.

Markt Fischach · Hauptstr. 16
86850 Fischach · Tel: 08236 581-12
www.naturfreribad-fischach.de

ALLGÄU

Ziemetshausen

Museen für Jung und Alt

Der Heimatverein Ziemetshausen bietet mit seinen Museen, mechanisches Webereimuseum Gebrüder Stegmann und dem Handwerkermuseum „bei den Hölzerne" ein interessantes Programm an.

Kinder können unter Anleitung und Aufsicht auf kleinen Tischwebrahmen weben, Bändchen aus Wolle und Garn weben oder flechten, Garn spinnen, Schafe basteln aus Schaffellresten und vieles andere mehr. „Bei den Hölzernen" dürfen Kinder nageln, sägen und hobeln. Das Personal bastelt bei Anfrage mit Kindern Schindelhexen, Stelzen und manchmal auch Vogelhäuschen.

Dinkelscherben · Waldfreibad (Panoramabad)

Idyllisch am Berg gelegen, umgeben von vielen Bäumen und herrlicher Natur befindet sich das Panoramabad Dinkelscherben. 2018 und 2019 wurde die Anlage komplett renoviert.

Sportliche Schwimmer können sich auf 3 Bahnen im 50m Sportbecken freuen. Ein 3m-Sprungturm ist ebenfalls vorhanden. Im Freibad gibt es einen Nichtschwimmerbereich, eine WellenWasserRutsche, einen Kinderspielplatz, Nackenstrahler, eine Sonnenterrasse mit einem Kiosk, einen kostenlosen Sonnenschirmverleih, freies W-LAN, Strandkörbe, Technikkurse für Kraul- und Brustschwimmen, ein Ein-Meter-Sprungbrett sowie ein separates Baby-Planschbecken. Das solarbeheizte Planschbecken im Freibad Dinkelscherben ist mit einem Wasserpilz und einer Kinderrutsche ausgestattet.

Burggasse 17 · 86424 Dinkelscherben
Tel: 08292 3455
www.dinkelscherben.info

Mindelheim

miniMax Sport- und Kinderpark

Abenteurer aufgepasst! Im miniMax Sport- und Kinderpark mit über 3500m² Spielfläche erwarten euch viele Attraktionen und unvergessliche Erlebnisse bei jedem Wetter.

Langeweile gibt es nicht, dafür Hüpfburgen, Trampoline, Rutschen und Klettergerüste. Für die Rennfahrer unter euch haben wir eine Kartbahn und alle angehenden Fußballstars können sich auf dem Soccerfeld ausprobieren. Besonders viel Fun gibt es bei einer Fahrt mit den Bumper Cars.

🕐 Mo und Di Ruhetag, Mi, Do, und Fr 14 bis 18:30 Uhr, Sa, So und Feiertag 10 bis 18:30 Uhr. In den bayrischen Ferien tägl.: Mo bis So 10 bis 18:30 Uhr
€ Kinder (1 bis 2 Jahre): 9,50 €
Kinder (3 bis 17 Jahre): 6 €
Erwachsene: 5,50 €
Werner-von-Siemens-Str. 4
87719 Mindelheim
Tel: 08261 3081
www.minimax-mindelheim.de

Naturlehrgarten

Für alle Menschen ist der Naturlehrgarten im Südwesten der Stadt ein Ort der Entspannung. Auf Sie warten das „Haus für kleine Tiere", der Kneipp Kräutergarten, Himmelsteich, Streuobstwiese, Abenteuerspielplatz und vieles mehr.

🕐 ganzjährig € Eintritt ist frei
Führungen nach Vereinbarung
(kosten 2 € p. P.)

ALLGÄU

Kinderführung

Auf der Mindelburg gibt es für junge Ritter und Burgfräulein spannende Orte zu entdecken.

Wer noch mehr über das Leben auf einer Burg erfahren will, geht zusammen mit der Stadtführerin auf Entdeckungstour. Aufregend ist auch der Besuch des Turmuhrenmuseums im Turm der Silvesterkapelle. Bei einer Kinderführung werden einige der rund 50 Turmuhren ratternd und tickend in Gang gesetzt.

€ Eintritt frei
Tel: 08261 9915160
www.mindelheim.de

Obergünzburg

Südsee-Sammlung und Historisches Museum

Die Südsee-Sammlung lädt große und kleine Besucher dazu ein, sich auf eine spannende Entdeckungsreise zu begeben.

Der „Allgäuer Seefahrer" Karl Nauer befuhr Anfang des letzten Jahrhunderts als Kapitän den Bismarck-Archipel. Dessen Inseln gehören heute zum unabhängigen Staat Papua Neuguinea, zu Nauers Zeiten waren sie Teil der deutschen Kolonialgebiete im Pazifik. Der versierte Sammler trug unzählige Gebrauchs- und Kultgegenstände zusammen und schenkte seine Sammlung bereits 1913 seiner Heimatgemeinde Obergünzburg. In einem Museumsneubau sind diese Original-Exponate aus der Inselwelt Melanesiens zu bestaunen. Ganz praktische Einblicke in die Kultur Ozeaniens bietet aber auch die Hütte aus Vanuatu, die anlässlich der Eröffnung 2009 auf ihrer Heimatinsel ab- und im Museum wiederaufgebaut wurde – sie darf betreten und erkundet werden.

⏰ Do bis So 14 bis 17 Uhr
und nach Vereinbarung
€ Erwachsene 4 €, ermäßigt 2 €,
Familien 10 €, bis 12 Jahre frei
Tel: 08272 8239
www.suedseesammlung.de

ALLGÄU

Erkheim

Dorfschulmuseum

Schon von Weitem sieht man auf der Fahrt von Erkheim nach Daxberg das ehemalige Schulhaus auf dem Berg stehen.

Ein Besuch im Dorfschulmuseum Daxberg, ein Museum zum Anfassen, ist ein Erlebnis für Jung und Alt. Kinder erfahren von Omas Schulzeit, ältere Personen erinnern sich an ihre Kindheit. Kommt man in das Klassenzimmer aus dem Jahr 1948 glaubt man fast, die Schüler hätten das Zimmer nur für einen Augenblick verlassen und kämen dann wieder. Die Bänke mit den Klappsitzen, den Schiefertafeln mit Tafellappen und Schwamm und den Lederschulranzen, dies alles lässt ältere Besucher mit ein wenig Wehmut, Kinder mit Interesse und Begeisterung an die gute alte Zeit erinnern. Kinder dürfen sich in die Bänke sitzen, mit dem Schiefergriffel auf die Tafel schreiben, die alte Deutsche Schrift üben. Faszination für die jüngeren Besucher ist es auch, mit der Gänsefeder und Tinte zu schreiben.

Ernster wird es allerdings, wenn von den damaligen Schulstrafen erzählt wird. Es bereitet den Kindern trotzdem Spaß zu sehen, wie es mit den Tatzen, Hosenspannern und dem Holzscheitle knien war. Kinder dürfen alte Schule spielen, bei einem Suchspiel wird das Museum im Detail erkundet. Im Ausstellungsraum können Schulbücher, schöne Handarbeiten, Zeugnisse und vieles mehr besichtigt werden.

🕐 Mitte März bis Ende Oktober: an Sonn- und Feiertagen von 14 bis 17 Uhr
Schulklassen und Gruppen Vereinbarung
€ Kinder ab 6 Jahre: 1 € , Erwachsene: 2 €
Ortsstr. 17 · 87746 Erkheim
Tel: 08336 7760
www.dorfschulmuseum-erkheim-daxberg.de

Jettingen - Scheppach

Arboretum Freihalden

Das „Arboretum Freihalden" ist ein ca. 1,4 ha großer Waldlehrpfad und liegt am südöstlichen Waldrand von Freihalden, einem Ortsteil von Jettingen-Scheppach.

Hier werden auf einem ca. 500 m langen Rundweg ca. 30 versch. Laub- und Nadelholzarten sowie verschiedene Sträucher interessant beschrieben. Man erfährt hier viel über den Nutzen und die Verwendung der verschiedenen Holzarten, z. B. dass Robin Hood seine Bögen aus dem giftigen, aber elastischen Eibenholz fertigte. Für Kinder ist ein naturnaher Spielplatz mit Nagelstotzen, Holzwippe, versch. Balancebalken usw. angelegt.

Torferlebnispfad Bremental

Der Torferlebnispfad Bremental bietet sich als erlebnisreiches und informatives Ausflugsziel für Familien an.

Er ist ca. 2 km lang, kann bei normalem Wetter mit Kinderwagen oder Rollstuhl befahren werden. Bei Bedarf ist auch eine Abkürzung möglich. Mehrere Haltepunkte bieten Abwechslung. Die Besucher erfahren auf Infotafeln Interessantes zu Themen wie Moor, Torf und Natur. Das Torfstecherhandwerk wird bei Gruppenführungen und an Familiennachmittagen von ehemaligen Torfstechern vorgeführt. Im Jahresprogramm finden sich Themen wie „altes Handwerk", „Landwirtschaft früher", „Spiele und Basteln früher", „Leben im Wasser". Das Angebot wird kontinuierlich ausgebaut.

Der Pfad kann ganzjährig selbständig erkundet werden (kostenlos), Gruppenführungen sind von April bis September möglich (Preis bitte anfragen).

BODENSEE

Übersicht
Region Bodensee

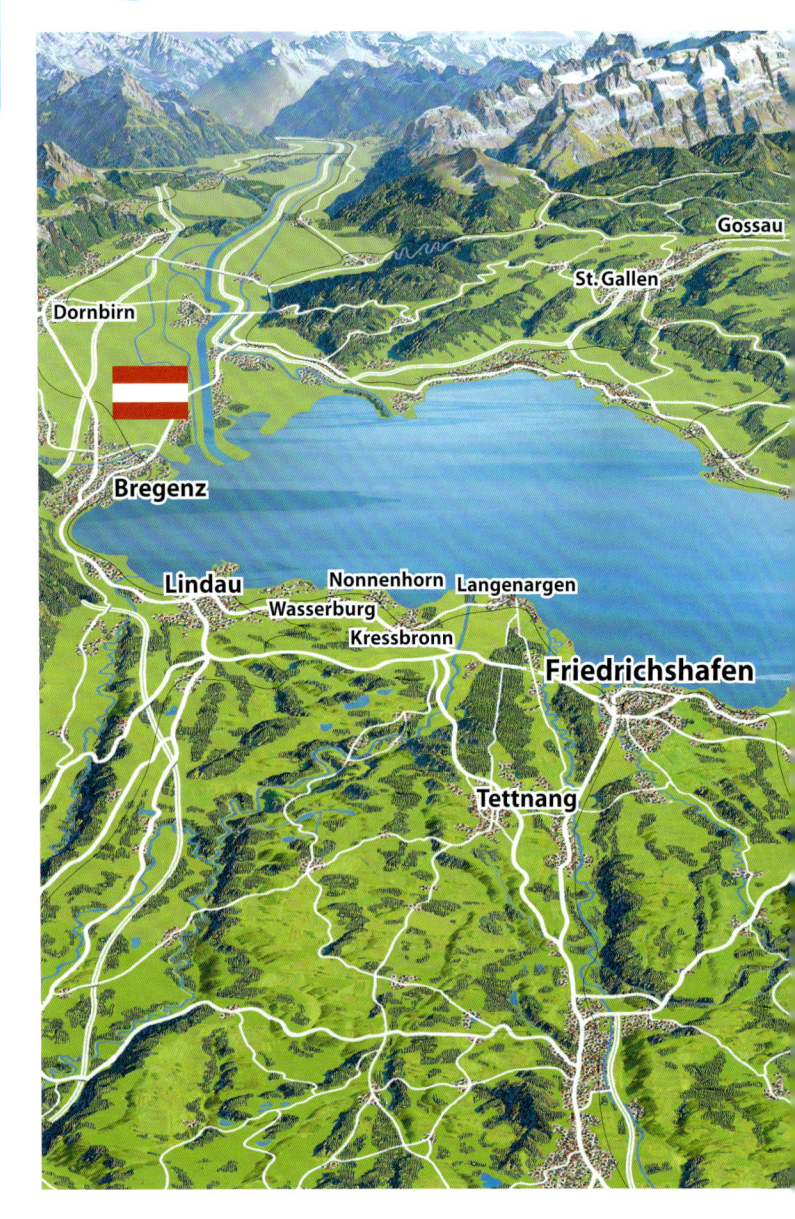

BODENSEE

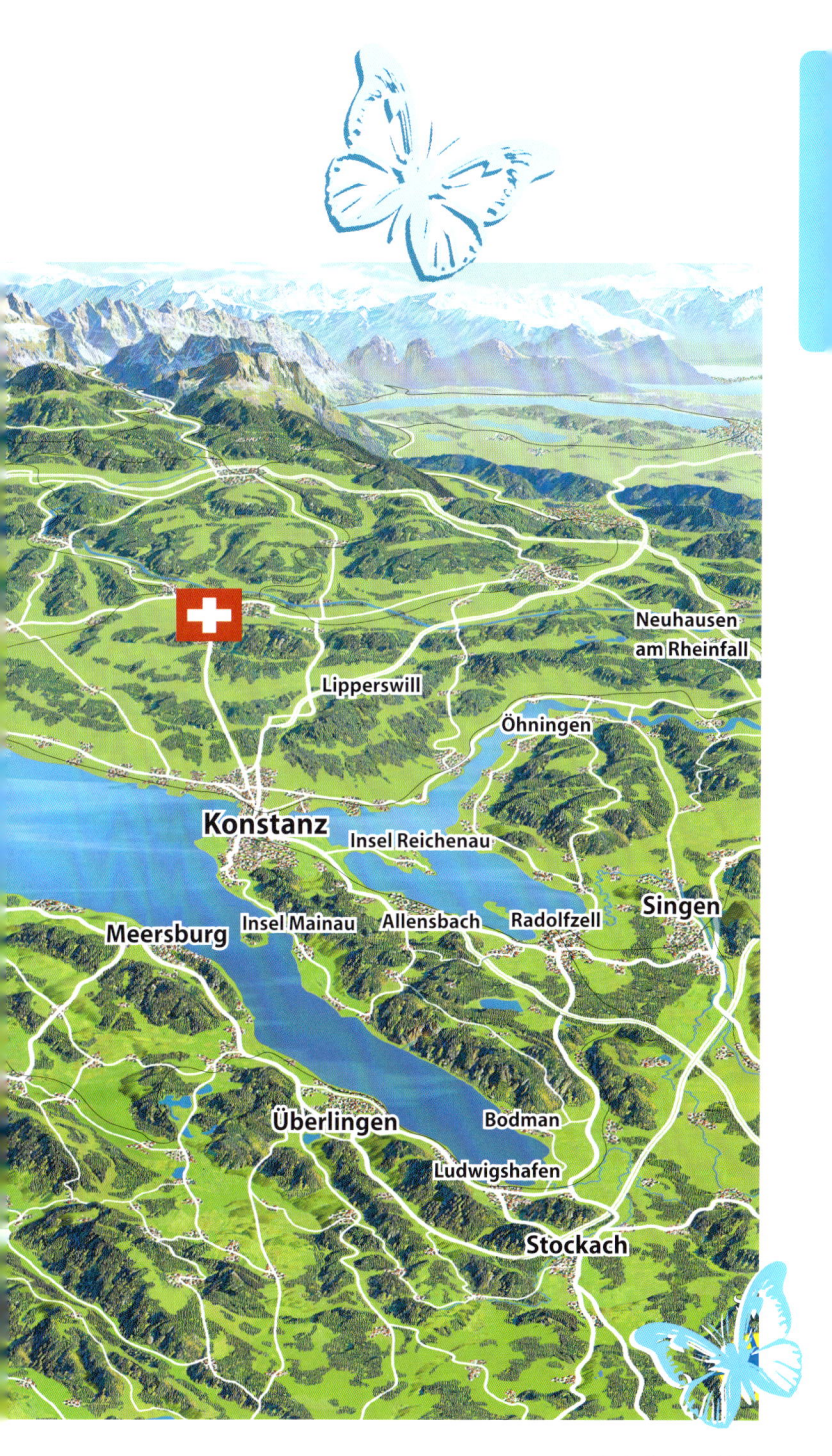

Neuhausen am Rheinfall
Lipperswill
Öhningen
Konstanz
Insel Reichenau
Singen
Meersburg Insel Mainau Allensbach Radolfzell
Überlingen Bodman
Ludwigshafen
Stockach

Kinder Sommer | 159

Allensbach

Wild- und Freizeitpark

Eine bezaubernde Parkanlage, über 300 Wildtiere, Falknerei, großer Spielplatz mit zahlreichen Attraktionen sowie Süddeutschlands höchster Rutschenturm – ein atemberaubendes Erlebnis, das Groß und Klein begeistert!

Der große Abenteuerspielplatz ist für viele Familien Grund für einen Besuch. Hier steht Süddeutschlands höchster Rutschenturm mit 27 Metern Höhe und acht verschiedenen Rutschen. Die kleineren Kinder starten angenehm auf der unteren Rutsche. Etage für Etage geht es dann spannend höher, wo die wagemutigen Abenteurer mit Bauchkribbeln einsteigen. Auf Highspeed-Rutschenbahn, Wellenrutsche, Tunnel oder Korkenzieher geht es rasant nach unten. Für viel Abwechslung sorgen Megahüpfkissen, große Lauftrommel und die Wasserspringboote Nautic-Jet, die aus beträchtlicher Höhe ins Wasser schanzen. Mit dem Kettcar über die Kart-Piste heizen, eine muntere Fahrt auf der Reitbahn drehen oder eine Mulde baggern - dieser Spielplatz lässt Kinderherzen höherschlagen!

In den weitläufigen Freigehegen können Bären, Luchse, Wisente, Rotwild und Murmeltiere aus nächster Nähe bestaunt und teilweise sogar gefüttert werden. Beim Besuch der Falknerei wird Wissenswertes über majestätische Greifvögel und die Beizjagd vermittelt.

Naturliebhaber kommen in der gepflegten Anlage ebenfalls voll auf ihre Kosten. Idyllische Pfade laden zu einem Spaziergang ein, zahlreiche Pflanzen wollen bestaunt und entdeckt werden. Bei der Fahrt mit der Wildpark-Eisenbahn kann man herrlich entspannen. Wer seinen Aufenthalt verlängern möchte, findet im Landgasthaus Mindelsee ein gemütliches und familienfreundliches Hotel, dessen Übernachtungsgäste täglich freien Eintritt in den Park haben.

🕐 Ganzjährig bis 19 Uhr
Gemeinmärk 7 · 78476 Allensbach
Tel: 07533 931619
www.wildundfreizeitpark.de

Der Walderlebnispfad

Der Walderlebnispfad bei Allensbach ist ein ideales Ziel für einen lehrreichen, unterhaltsamen aber auch sportiven Familienausflug. Mit Kindern lässt sich mühelos ein halber Tag inmitten der Natur verbringen. Die Waldameise Amalie führt die kleinen und großen Waldbesucher an ganz verschiedene Orte. Da gibt es die Stationen, an denen nicht nur Kinder viel entdecken können.

| Parkplatz bei den Kliniken Schmieder oberhalb von Allensbach (gebührenfrei).
| Wer öffentlich anreist, muss vom Bahnhof Allensbach rund 20 Minuten laufen.

| Viel schöner ist es vom Haltepunkt Hegne. Man kann auch in Konstanz-Dettingen beginnen und von dort in rund 40 Minuten zum Einstieg wandern.

Steißlingen

Berolino

Auf ca. 2.500 qm finden Sie alles, was ein Kinderherz begehrt. Spielen, toben, lachen - im wetterunabhängigen Indoor Spieleparadies ist immer was los.

Es gibt eine riesige Freifallrutsche mit 7m Höhe und eine Snappy-Rakete, die von den Kinder geliebt wird. Die BEROLINO-Kinderwelt hat aber auch die Erwachsenen nicht vergessen! In unserem Bistro werden Jung und Alt verwöhnt!

€ Kinder bis 3 Jahre 2,50 €, an schulfreien Tagen 9 €, Erwachsene 4 €
Tel: 07738 938040
www.berolino-kinderwelt.de

Radolfzell

NaturFreundehaus

Hier bist du richtig, wenn... du abends keinen Fernseher brauchst, sondern den Sonnenuntergang direkt am See genießen möchtest und wenn du auf der Suche nach einem vielseitigen Freizeitangebot bist:

Sei es eine Fahrradtour nach Konstanz oder eine Kanutour zur Liebesinsel, ein Spiel am Volleyballfeld, ein Tischtennismatch, Toben auf der großen Liegewiese, Stand-up-paddling auf dem See. Das Naturfreundehaus bietet im Sommer ein tolles, abwechslungsreiches Ferienprogramm.

Radolfzeller Straße 1
78315 Radolfzell
Tel: 07732 823770
www.naturfreundehaus-bodensee.de

Das Hofgut Bodenwald

Das Hofgut Bodenwald liegt auf einem Hochplateau in einer Höhe von ca. 700 m ü.d.M. auf dem sogenannten Bodanrück zwischen Überlinger- und Untersee.

Das von Wald umgebene Plateau umfasst ca. 43 ha Land mit einigen Pferdekoppeln. Kostenlos können Sie die ca. 20 Tiere zählende Bisonherde besuchen. Außerdem gibt es gut bezeichnete Wanderwege mit herrlicher Aussicht auf den Bodensee, einen schönen Kinderspielplatz, einen kleinen Streichelzoo und einen Biergarten mit Feuerstelle.

Tel: 07773 5090
www.bisonstube-bodenwald.de

Illmensee

Seefreibad

Das Seefreibad Illmensee ist ein herrlicher Naturbadesee im südlichen Linzgau im Landkreis Sigmaringen.

Während der Badesaison warten auf euch allerlei Freizeiteinrichtungen, die viel Spaß und Action bieten. Im großen Aqua Park auf dem Illmensee könnt ihr euch austoben, springen, hüpfen, klettern und rutschen. Oder wolltet ihr auch schon mal über das Wasser laufen? Dann sind die XXL Walking Bälle genau das Richtige. Ein Erlebnisspielplatz sorgt für weitere Entdeckungstouren, beim Minigolf könnt ihr euer Geschick testen oder ihr tretet eine kleine Tretboot-Tour an. Abgerundet wird das Angebot durch die weitläufigen Liegewiesen, Strandkörbe, die zum Entspannen einladen und ein Kioskbetrieb, welcher für das leibliche Wohl mit tollen Essens- und Getränkeangeboten sorgt. Zudem bietet das Seefreibad auch außerhalb der Badesaison Veranstaltungen, wie die Halloween-Party, die Seeweihnacht und vieles mehr an.

| www.seefreibad-illmensee.de

FIT FÜR DEN FRÜHLING?

Teste jetzt dein Wissen mit dem NABU-Vogeltrainer!

WWW.VOGELTRAINER.DE

Moos

Kanutouren auf dem Bodensee

Die Kanutouren am Untersee starten in Iznang. An der Aachmündung vorbei geht es weiter nach Radolfzell, mit Gelegenheit zu einem kleinen Picknick oder einem Kaffee am Strand. Auf Wunsch besteht die Möglichkeit, eine kurze Stadtbesichtigung zu machen. Von Radolfzell aus geht weiter zur Liebesinsel, über das Naturschutzgebiet Mettnau bis zur Spitze der Halbinsel. Hinter dem pittoresken Ort Horn, von Schilfgürteln umgeben, führ der Ausflug zurück nach Iznang. Die Tour dauert 3 bis 4 Stunden, ein erfahrener Guide weist die Teilnehmer ins Kanufahren ein und begleitet die Gruppe. Mindestalter: 14 Jahre.

Der See per Segelboot

Segeln ist Leidenschaft. Wer selbst schon aktiv gesegelt ist, als Steuermann oder im Team beim Segel setzen, ist begeistert und geht immer wieder hinaus aufs Wasser. Professionelle Skipper begleiten die Tour sicher durch Wind und Wellen. Gäste dürfen auch mal ans Ruder, helfen beim Segel setzen und sammeln so erste Erfahrungen in dieser schönen Freizeitbeschäftigung. Treffpunkt ist nach Absprache im Hafen Moos / Iznang. Je nach Windrichtung und Wunsch der Gäste geht es hinaus auf den Bodensee. Vom Start in Moos bis Richtung Insel Reichenau lässt sich vom Wasser aus vieles bestaunen: Das Städtchen Radolfzell, das Naturschutzgebiet Mettnau, die Halbinsel Höri sowie die Ausflugsschiffe der Weißen Flotte oder andere Segler. Wenn der Anker gelegt ist kann man direkt vom Boot ins kühle Nass springen oder einfach relaxen und sonnenbaden.

Der Bergroller am Bodensee

Los geht der Spaß in Moos bei Radolfzell. Mit Ausrüstung geht es per Shuttle nach oben. Auf dem Schienerberg angekommen gibt es eine tolle Aussicht auf den Bodensee. Anschließend entdecken die Teilnehmer mit dem Berg-Roller die wunderschöne Region der Halbinsel Höri und erleben über 6 km rasantes Fahrvergnügen. Gesamtdauer ca 1 Stunde, Mindestalter 10 Jahre, Mindestgröße 1,40.

Buchbar bei MB Events
Gewerbestr 13 · 78345 Moos
Tel: 07732 9500851 · www.mb-events.de

Tengen – Stadt im Hegau

Wandern Sie auf den Premiumwanderwegen, ein Ausflug in die Mühlbachschlucht oder eine Mountainbiketour durch den Wald - ob Entspannung und Ruhe oder lieber Bewegung und Abwechslung, in Tengen wird man fündig. Und das in einer einzigartigen Vulkanlandschaft mit ausgezeichneter Luft. Oder lernen Sie die vielen verschiedenen Facetten von Tengen bei einer Stadtführung kennen. Egal ob historisch oder mystisch, für jeden ist etwas dabei.

Mit über 120.000 Übernachtungen pro Jahr zählt Tengen zu den beliebtesten Zielen im Hegau. Empfehlenswert ist der 5-Sterne-Camping-Platz, der zu einem der besten Deutschlands ausgezeichnet wurde – mit Hallenbad, Badesee, Minigolf, Spielezelt und vielem mehr.

Zeugen alter Kunst und Kultur
Der in seinen Grundmauern nahezu komplett restaurierte Römische Gutshof, Gründungsdatum ist 75/80 nach Chr., gehört zu den größten Anlagen seiner Art. Zehn ausgegrabene Steingebäude können besichtigt werden. Zur Stadt Tengen gehört auch mit der Ruine Hinterburg zudem die bis zum Ende ihrer Selbstständigkeit 1876 kleinste Stadtanlage Deutschlands. Und im Stadtteil Blumenfeld steht das nach der Zerstörung 1499 als Sitz für den Obervogt neu aufgebaute Deutschordensschloss.

Premiumwanderwege
Die beiden Premiumwege „Wannenbergtour" und „Alter Postweg" sowie weiter Wanderstrecken - geeignet auch für Familien – entlohnen Wanderer mit zahlreichen Sitz- und Ruhemöglichkeiten mit wunderbarer Aussicht über den Hegau bis hin zur Alpenkette für so manch vorangegangene Mühe.

Schätzele Markt
Das größte Volksfest der Region ist der jährliche Schätzele-Markt im Oktober . Neben Marktständen, Vergnügungspark und Festzeltprogramm präsentiert sich auch das Tengener Gewerbe.

| Auskunft Tourist-Info: 07736 92330
| www.tengen.de

Öhningen

…Mit den Ortsteilen Schienen und Wangen – das ist Ruhe, Idylle und viel Natur.

Die am westlichen Ende der Halbinsel Höri gelegenen, staatlich anerkannten Erholungsorte laden zum Verweilen ein. Öhningen wird geprägt von dem Gebäudekomplex des ehemaligen Augustiner-Chorherrenstifts. Im und um das Kloster finden im Sommer die Höri-Musiktage statt.

Ein Wanderwegenetz führt zum 708 m hohen Schienerberg und zum Wanderparadies Schienen mit der aus dem 10. Jhd. stammenden romanischen Wallfahrtskirche. Hier können Sie im Juli die Festliche Trompetengala mit Bernhard Kratzer besuchen. Der direkt am See gelegene Ortsteil Wangen bietet ein vielfältiges Angebot rund um den Wassersport. Das kleine Museum Fischerhaus und das Pfahlbauhaus locken ebenso interessierte Besucher an.

Familien sind herzlich willkommen.

Museum Fischerhaus und Pfahlbausiedlung

Seit 2011 gehören die Pfahlbausiedlungen in Wangen-Hinterhorn zum Weltkulturerbe der UNESCO.

Zahlreiche interessante Funde aus den Siedlungen der Jungsteinzeit sind hier im Museum Fischerhaus zu besichtigen, unter anderem auch Originalfunde des Wangener Bürgers Kaspar Löhle, der 1854 als erster die Pfahlbausiedlungen in Deutschland entdeckte.

Im Jahr 2016 konnte der Verein „Museum Fischerhaus" ein langerwünschtes Projekt fertigstellen und ließ neben dem Fischerhaus in der Flachwasserzone des Untersees ein Pfahlbauhaus errichten, welches den ursprünglichen Originalbauten sehr nahe kommt. Damit wurde eine realistischen Szene aus dem Leben der Menschen am Wangener Hinterhorn vor 5900 Jahren geschaffen.

Im Pfahlbauhaus ist eine kleine Ausstellung und das Institut für Feuchtboden- und Unterwasser-Archäologie des Landesdenkmalamtes in Hemmenhofen führt mit Schautafeln in die Historie der Steinzeitmenschen ein.

Strandbad Öhningen

Das Strandbad Öhningen verfügt über eine große Liegewiese mit Sandstrand, Beachvolleyballfeld, Wasserspielplatz, Tischtennisplatten und Kinderspielplatz mit riesigem Sandkasten. Die Gaststätte mit der großen Terrasse bietet Platz für jede Menge Gäste.

Strandbad Wangen

Das Strandbad Wangen mit renaturiertem Strand befindet sich direkt beim Campingplatz. Ein Sand/Wasserspielplatz lässt Kinderherzen höher schlagen und auch hier gibt es Tischtennisplatten für so manches Match. Der kleine Kiosk mit seiner Terrasse lädt zum Verweilen ein.

Ab Öhningen durch die Klingenbachschlucht

Eine der abwechslungsreichsten Rundwanderungen auf der Hinteren Höri führt durch die wildromantische Klingenbachschlucht und zu imposanten Ausblicken auf den Untersee, den Schweizer-Seerücken und bei schönem Wetter die Berge um den Säntis.

Der Weg durch die Schlucht verläuft über Brücken, Wege und Stege. Am Ende erreicht man wieder den „alten" Weg und kann diesem dann zurück nach Öhningen und dem Ausgangspunkt folgen. Auf diesem Rundweg um Öhningen erlebt die ganze Familie die Tiefen und Höhen der Höri-Landschaft. Im Frühjahr grünt der Bärlauch und verströmt seinen unverkennbaren Duft. Für Kinder ist die Schlucht ein Abenteuerspielplatz.

Der Schluchtweg ist bei nasser Witterung nicht ganz ungefährlich und sollte nur mit gutem Schuhwerk begangen werden.

Hilzingen

Syringa Duftpflanzen und Kräuter

Inmitten der Hegauberge finden Pflanzen- und Duftliebhaber ein Gartenkleinod der besonderen Art. Auf einer Fläche von über 6000m² hat der Biologe und Gärtner Bernd Dittrich mit seinem Team im Jahr 1997 den Anfang für einen inzwischen weit über die regionalen Grenzen hinaus bekannten Schaugarten für Duftpflanzen und Kräuter geschaffen.

Ziel war es von Anfang an neue und oft unbekannte Duftpflanzen und Kräuter anzubieten. Mit besonderer Faszination und Freude sammeln die Betreiber Duft- und Aromapflanzen. Hier begegnen sie mit Ehrfurcht der Fülle blüten- und blattduftender Kräuter, die noch unentdeckt sind. Die Bepflanzung des Schaugartens wurde hauptsächlich unter dem Aspekt der Pflanzendüfte geplant und vorgenommen.

Wie sollten Pflanzen mit typischem Verwesungsduft, wie der der Osterluzei, schwere Düfte, wie die der Lilien, aromatische Düfte, wie die der Nelken, Veilchendüfte, wie die der Resede, fruchtige Düfte, wie die der Grasiris oder Honigdüfte, wie die des Mädesüß zusammengepflanzt werden, ohne sich gegenseitig zu stören oder sich gar zu Duftdissonanzen zu durchdringen? Als Konzept der Bepflanzung wurden daher Pflanzen mit gleichem oder ähnlichem Aroma zu Pflanzengruppen zusammengefasst und auch möglichst unter Berücksichtigung der Lebensform und der Wuchseigenschaften zusammengepflanzt.

ⓘ März bis Oktober: Mo bis Fr: 9 bis 18 Uhr, Samstag: 9 bis 16 Uhr
€ Eintritt frei
Untere Gräben · 78247 Binningen
Tel: 07739 1452 · www.syringa-pflanzen.de

Museum Hilzingen

Schon das Gebäude selbst ist es wert, besucht zu werden. Das geräumige alte Haus, das heute Bürger- und Bauernmuseum ist, wurde 1652/53 erbaut.

Der Museumsverein Hilzingen lädt Sie ein, sich umzuschauen, gerne im Rahmen einer fachkundigen Führung. Das Haus hat allerhand zu bieten und ist ein Ort zum Erinnern, Schmunzeln, Nachdenken. Es erwarten Sie liebevoll zusammengestellte Gegenstände und Räumlichkeiten, die zum Verweilen einladen und in andere Zeiten versetzen: Wohn- und Arbeitsräume, ein originales Biedermeierzimmer sowie eine Ausstellung über das Leben und Werk des Barockbaumeisters Peter Thumb. In Hilzingen begann an der Kirchweih 1524 der Bauernkrieg im Hegau mit dem Läuten der Sturmglocke und das Dorf wurde regionaler Brennpunkt der Auseinandersetzungen zwischen Bauern und Herrschaft; hierzu dokumentiert die Abteilung „Bauernkrieg" umfassend die Hintergründe.

April bis Oktober:
jeden ersten Sonntag 14 bis 17 Uhr
Tel: 07731 38090
www.museum-hilzingen.de

Tropilua

Der größte Indoor-Familienpark am Bodensee. Im Tropilua finden Sie auf über 5.000 m2 unzählige Attraktionen, Spiel- und Freizeitaktivitäten.

In der Indoor-Parkanlage auf ca. 2.000 m² finden Sie attraktive Unterhaltungsmöglichkeiten wie Boule/Boccia oder Parkschach sowie unsere neue Rasen-Golfanlage. Speziell für die ganz kleinen Gäste gibt es einen abgetrennten Kleinkinderbereich. Dort gibt es eine tolle Mini-Hüpfburg, ein Bällebad mit Rutsche, Soft-Tiere und eine Lego-Soft-Baustelle. Für die Großen gibt es noch viel mehr! Einen riesigen Klettergarten mit Spiralrutsche, vierläufiger Wellenrutsche und Fun Shooter Arena. Außerdem gibt es eine E-Kart Bahn, einen Wabbelberg, Hüpfburgen, einen Snappy „Löwe", eine sechser Trampolinanlage, Tretfahrzeuge, Airhockey, Tischtennis und Tischkicker.

Wochenende & Ferienzeit (BW):
10 bis 19 Uhr, Mo bis Fr: 14 bis 19 Uhr
Kinder unter 1 Jahr frei,
Erwachsene (ab 16 Jahre): 3,50 €,
Kinder Mo bis Fr: 7 €,
Kinder Wochenende & Ferienzeit 8,50 €
Tel: 07731 69191
www.tropilua.de

Singen

Archäologisches Hegau-Museum

Geschichte zum Anfassen und verstehen!
Wusstet Ihr schon, dass Jäger der Steinzeit ihre Kleidung mit Knochennadeln und Tiersehnen zusammennähten? Könnt Ihr Euch vorstellen, wann der Mensch das Schwert erfunden hat? Und wie sahen die ersten Räder in der Eisenzeit aus? Knochen, Steine und Eisen erzählen im Hegau-Museum vom Leben der Menschen aus lange vergangenen Zeiten.

Bei uns könnt Ihr vieles von früher ausprobieren. Vielleicht schafft Ihr es, wie in der Steinzeit mit einem Feuersteinmesser Leder zu schneiden oder Ihr testet, wie lange Ihr braucht, um mit einer Steinmühle aus Getreidekörnern Mehl zu mahlen. Versucht Euch doch einfach mal als Archäologe und puzzelt aus vielen Scherben ein Tongefäß zusammen. Und nehmt euch Zeit für eine Runde Mühle, wie es schon die alten Römer taten. Schlüpft dann in die Kleidung eines Kelten, Römers oder Alamannen und taucht tief in die Geschichte ein. Zwischendurch lädt eine gemütliche Leseecke mit tollen Büchern über unsere Vergangenheit zum Schmökern ein. Interaktive Führungen für ein Publikum von 3 – 99 Jahren sind auf telefonische Anmeldung möglich.

Di bis Sa: 14 bis 18 Uhr, Sonn- und Feiertag: 14 bis 17 Uhr, Eintritt frei!
ab 3 Jahre, aber besonders zwischen 6 und 12 Jahre
Am Schlossgarten 2 · 78224 Singen
Tel: 07731 85268
www.hegau-museum.de

MAC Museum Art & Cars

„Einzigartig anders", lautet das Motto des Singener MAC Museum Art & Cars. Und „einzigartig anders" ist das, was Besucher im Museumsensemble unterm Hausberg Hohentwiel, eingebettet in den Grüngürtel der Aach, erwartet.

Das gilt für die außergewöhnliche Architektur der beiden Museumsgebäude genauso wie für die Kunst und die Fahrzeuge, die dort in wechselnden Ausstellungen zu sehen sind.

2013 als Heimat der Südwestdeutschen Kunststiftung eröffnet, zeigt das MAC 1 auf 1.000 Quadratmetern Ausstellungsfläche kostbare Oldtimer im Dialog mit Kunst. Seit Sommer 2019 komplettiert das MAC 2 mit seinen 3.000 Quadratmetern Ausstellungsfläche das Ensemble.

Auf vier Ebenen und in einer 18 Meter hohen Lichthalle werden hier Meilensteine aus der Welt des Automobils und der Designgeschichte gezeigt, außerdem Lichtkunst, Fotografie und Videomapping.

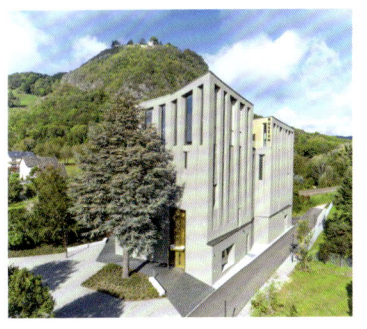

Parkstraße 1 und 5
78224 Singen
Tel: 07731 9693521
www.museum-art-cars.com

Singen

Festungsruine Hohentwiel

Hoch oben auf einem markanten Berggipfel thront über Singen die mächtige Festungsruine Hohentwiel. Ihre bewegte Geschichte, die geheimnisvollen Mauern, Schlupfwinkel und Treppen sowie das umgebende Naturschutzgebiet machen diesen Ort zu einem absoluten Entdecker-Paradies für Kinder und zu einem idealen Ort für einen Familienausflug!

Mit rund 9 ha zählt der Hohentwiel mit zu den größten Festungsruinen Deutschlands und galt lange als unbezwingbar. Ihre Verteidigungsmauern und Häuserruinen geben heute noch einen guten Eindruck davon, wie dieses Bollwerk noch im 18. Jahrhundert gewirkt haben muss. Sie lassen die große und bewegte Vergangenheit der Festung ahnen: Burganlage der schwäbischen Herzöge, der Zähringer und gewöhnlicher Rittergeschlechter, dann württembergische Landesfestung und später Staatsgefängnis bis sie letztendlich 1801 durch persönliche Anordnung Napoleons geschleift wurde.

Der Hohentwiel selbst, ein ehemaliger Vulkan, steht unter Naturschutz. Und wer an einem schönen Tag bei einem Ausflug den Berg erklommen hat, wird mit einem imposanten Ausblick über den Hegau bis hin zum Bodensee und den Alpen belohnt.

April bis Mitte September:
9 bis 19.30 Uhr, Mitte September bis
31. Oktober: 10 bis 18 Uhr
Auf dem Hohentwiel 2a · 78224 Singen
Tel: 07731 69178
www.festungsruine-hohentwiel.de

Kunstmuseum

Kunst zum Sehen, Staunen und Mitmachen für Kinder, Jugendliche und Familien im Kunstmuseum Singen.

Von gemeinsamen Erkundungstouren bis hin zu kreativen Mitmachprogrammen zu spannenden Ausstellungen mit Kunstwerken von zeitgenössischen Künstlerinnen und Künstlern aus der Bodenseeregion oder der „Höri-Künstler" mit ihren berühmten Vertretern wie Otto Dix oder Erich Heckel: Auf all das können sich die jungen Besucherinnen und Besucher des Singener Kunstmuseums freuen. So können Kinder- und Jugendgruppen nach einer gemeinsamen abwechslungsreichen und anschaulichen Tour durch das Museum und durch die gezeigten Ausstellungen das Museumsatelier aktiv nutzen und sich selbst künstlerisch betätigen. Öffentliche Veranstaltungen wie Kunstworkshops, mehrtägige Sommerferienprojekte oder Familiensonntage stehen ebenfalls auf dem Programm des Kunstmuseums wie Kindergeburtstage, die auf Anfrage gebucht werden können.

🕐 Di bis Fr 14 bis 18 Uhr, Sa und So 11 bis 17 Uhr
€ Kinder bis unter 8 Jahre freier Eintritt
Regulärer Eintritt: 5 €, Kindergeburtstage: 40 € zzgl. Materialkosten
Ekkehardstraße 10 · 78224 Singen
www.kunstmuseum-singen.de

Das Hegi Familien Camping in Tengen

Auf dem Hegi Familien Campingplatz kann die ganze Familie bei jedem Wetter baden, spielen und Spaß haben.

Baden im Hallenbad oder im Espelsee, spielen auf dem großzügigen Spielplatz oder im Spielezelt (600 qm), Spaß haben bei Minigolf, Boccia, Tischtennis und noch mehr. Besonders wohl fühlen sich hier Kinder zwischen 4 und 12 Jahren. Verpflegen kann man sich in der Gaststätte Campino mit schöner Terrasse, am Kiosk oder an der Grillstelle mit eigenem Picknick. Vom Parkplatz aus läuft man zur Rezeption, dort gibt es Eintrittskarten. Übernachten ist im eigenen Zelt, Wohnwagen oder Wohnmobil möglich. Es gibt auch rustikale Holzhäusle und komfortable Mobilheime zu mieten.

An der Sonnenhalde 1 · 78250 Tengen
www.hegi-camping.de

Engen

Der Planeten-Radweg

Der Planeten-Radweg durch den Hegau ist ebenso wie der Planeten-Lehrpfad Engen im Maßstab M 1:1 Milliarde aufgebaut. Er führt auf Wirtschaftswegen meist entlang der Bundesstraßen. Im Internet gibt es Karten für die Ortsdurchfahrten.

Was man auf dem Planeten-Lehrpfad, Schritt für Schritt, abgehen muss, kann man auf dem Planeten-Radweg zwischen Engen/Nenzingen und Engen/Rielasingen auf dem Sattel sitzend abradeln. Am Wegrand stehen in den entsprechenden Abständen vom Zentrum Tafeln, die anzeigen, welche Planetenbahn man gerade kreuzt. Damit man nicht schon nach 4,5 km bei Neptun ans Ende seiner Tour gekommen ist, geht die Strecke noch bis ins 15 km entfernte Nenzingen bzw. Rielasingen. Diesen Bereich außerhalb des Planeten Neptun nennt man in unserem Sonnensystem Kuiper-Gürtel. **Ein Tipp:** Wer als Auswärtiger in den Planeten-Radweg einsteigen will, stellt sein Auto am besten auf dem Wander-Parkplatz (P+M) unterhalb des Hohenkrähens ab und fährt zunächst Richtung Engen; ca. 80 Höhenmeter.

| Hexenwegle 9 · 78234 Engen
Tel: 07733 8627
www.planeten-radweg-hegau.de

Bodensee Card PLUS

Ob Bergbahn, Märchenschloss, Tierpark, Ritterburg oder Schokoladenfabrik: Mit der Bodensee Card PLUS kommen Groß und Klein auf ihre Kosten. Nach dem einmaligen Kauf der Karte sind Familienattraktionen in Deutschland, Österreich, der Schweiz und im Fürstentum Liechtenstein inklusive.

Mit an Bord: Freier Eintritt bei rund 160 Attraktionen (mit dabei: Bergbahnen, Burgen und Schlösser, Strandbäder und Thermen, familienfreundliche Museen, …). Freie Nutzung der Kursschifffahrt an 2 bzw. 4 Tagen. Express Check-In bei vielen Ausflugszielen
Seit 2021 ist die Bodensee Card PLUS als 3- oder 7-Tages-Ticket erhältlich. Der Clou: Die Gültigkeitstage können im gesamten Jahr einzeln und flexibel genutzt werden – ganz nach Wetter, Lust und Laune.

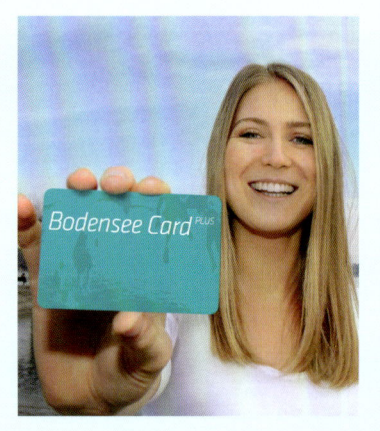

| www.bodensee-card.eu

Eiszeitpark im Brudertal

Am Ende der Eiszeit vor etwa 15000 Jahren zogen große Rentierherden im Herbst am Brudertal bei der heutigen Stadt Engen vorbei.

Das nutzten die Eiszeitjäger und drängten die Herden ins Tal ab. An den steilen Talhängen entlang trieben sie die Tiere auf den Petersfels zu. Dort wurden sie mit Speeren und Stoßlanzen erlegt. Bei archäologischen Grabungen wurden zahlreiche Funde wie die sehr kleine und sehr berühmte „Venus von Engen" gemacht. Neben Werkzeugen, Steinabschlägen und Knochenritzungen ist sie im Städtischen Museum in Engen zu sehen. Vor etwa 20 Jahren wurde an der Stelle der Eiszeitpark eingerichtet. Ein kleines Moor wurde angelegt. Im Frühling und Sommer wachsen Pflanzen, die schon vor 15000 Jahren hier heimisch waren.

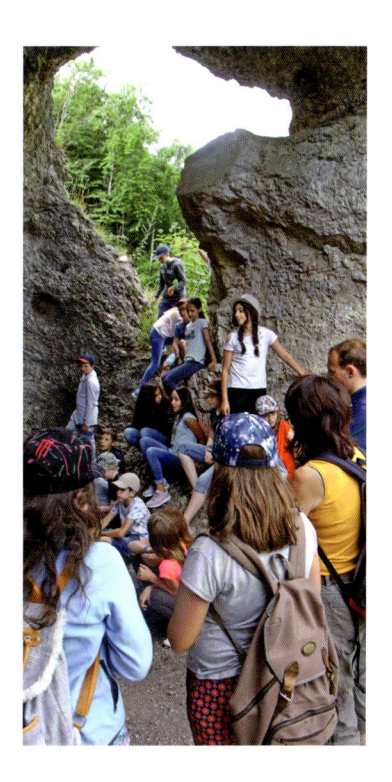

Städtisches Museum Engen und Galerie

In den charismatischen Räumen des ehemaligen Dominikanerinnen – Klosters St. Wolfgang werden in einer Dauerausstellung archäologische Fundstücke der Umgebung, das Leben der Jäger & Sammler von vor 15.000 Jahren und die berühmte „Venus von Engen", gezeigt.

Die Dokumentation der Stadtgeschichte rundet das Spektrum ab, das von den Ursprüngen bis zur Gegenwart reicht.

Nicht nur ein Geheimtipp für Fans der zeitgenössischen Kunst und ihrer aktuellen Positionen: Die regelmäßig veranstalteten Sonderausstellungen zur „Klassischen Moderne" um 1900 sind Besuchermagnete.

🕐 Dienstag bis Freitag 14 bis 17 Uhr
Samstag und Sonntag von 11 bis 18 Uhr
€ 3 €
Klostergasse 19 · 78234 Engen
Tel: 07733 501400
www.engen.de

BODENSEE

Konstanz

Wassersport

Spritziges Wasservergnügen auf dem Bodensee rund um Konstanz:

Ob surfen, segeln, schippern, tauchen oder paddeln - Wassersportfans kommen in der größten Stadt der Vierländerregion voll auf ihre Kosten!

Groß und Klein können in Konstanz ihr persönliches Wassersport-Erlebnis nach Belieben zusammenstellen. Ob Tret- oder Motorboot, Segelyacht oder Segelspaß hier ist für jeden etwas dabei.

| www.konstanz-tourismus.de

Familienurlaub auf dem Campingplatz

Direkt am Wasser gelegen bieten die Konstanzer Campingplätze, z.B. der Campingplatz Klausenhorn, spannende Freizeiterlebnisse am und auf dem Wasser.

Von außergewöhnlichen Schlaffässern zum Übernachten über Pizzaabende und Storchennester bis hin zu facettenreichen Ferienprogrammen mit Mitmach-Zirkus, Bastelstunden, Jonglieren, Einradfahren u.v.m. gibt es hier naturnahen Freizeitspaß für die Kleinen…

Tipp: Der neue, ökologische Natur-Campingplatz Litzelstetten-Mainau hat eröffnet. www.camping-klausenhorn.de

Badespaß für Groß und Klein

Kostenloser Badespaß im Strandbad „Hörnle" direkt am See, Bodensee-Therme mit Rutsche, Freibad, Thermalbereich und Sauna für Action und Entspannung oder erfrischende Abkühlungen im Rhein, z.B. vom Rheinstrandbad aus:

Die Konstanzer Bäder bieten ganzjährigen Badespaß für Groß und Klein. Gleich die Badesachen packen und ab ins Wasser!

Tipp: Die kostenlosen Strandbäder in den Konstanzer Vororten sind besonders idyllisch gelegen… www.konstanzer-baeder.de

Familien-Stadtführungen in der Konstanzer Altstadt

Mit spannenden Rätseln geht es bei den verschiedenen Familien-Stadtführungen auf Entdeckertour durch die Konstanzer Altstadt. Große und kleine TeilnehmerInnen erfahren hier mit interaktiv-witzigen Mitmachaktionen mehr über das Leben im Konstanzer Mittelalter und begeben sich auf Schatzsuche…

www.konstanz-tourismus.de

Konstanz

Grenzüberschreitendes Kinderfest Konstanz (D) / Kreuzlingen (CH)

Leuchtende Kinderaugen, spannende Mitmach-Aktionen und Urlaubsflair:

Beim grenzüberschreitenden Kinderfest Konstanz / Kreuzlingen gibt es für die gesamte Familie an rund 70 Ständen allerhand zu entdecken. Spiel und Spaß stehen im Vordergrund – der Stadtgarten verwandelt sich für einen Tag in ein riesiges Abenteuerland für mehrere tausend BesucherInnen.

www.konstanz-tourismus.de/kinderfest

Kinderbasare in Konstanz

Second-Hand in geselliger Runde: Die Konstanzer Kinderbasare laden im Frühjahr und Herbst in gemütlicher Atmosphäre zum Stöbern und Plaudern ein. Von Kinderkleidung über Spielzeuge bis hin zu sonstigen nützlichen Utensilien gibt es hier für Familien alles rund um's Kind für wenig Geld!

www.konstanz-tourismus.de/kinderbasare-in-konstanz.html

Sea Life

Eintauchen in die Faszination Unterwasserwelt, Meeresbewohner hautnah erleben, Haien begegnen und quirlige Eselspinguine beobachten: Das SEA LIFE Konstanz zeigt in naturnah gestalteten Becken die eindrucksvolle Wasserwelt in all ihren Facetten, schillernden Schuppen, eindrucksvollen Tentakeln und messerscharfen Zähnen!

www.visitsealife.com/konstanz

BODENSEE

Spielplätze & Parks

Der Stadtgarten mit Spielplatz, direkt am Wasser, der Seeburgpark in Kreuzlingen mit großem Spielplatz und Tierpark oder der Erlebniswald Mainau: In Konstanz gibt es über 67 Spielplätze inklusive der Spielstationen mit ihren einzelnen Spielgeräten, sind es sogar über 80 Orte in Konstanz, die zum Spielen einladen.

| www.konstanz.de

Museen & Kirchen

Archäologie, Natur und Kultur in den Museen sowie imposante Kirchen:

Groß und Klein tauchen hier in die spannende städtische Historie ein und erfahren auf spielerische Art und Weise viel Wissenswertes. Der Besuch eindrucksvoller Kirchen und die Aussicht von oben lohnt sich – hoch hinauf und an den Glocken vorbei auf den Münsterturm zur Aussichtsplattform mit Blick über ganz Konstanz!
| www.konstanz-tourismus.de/
| museen-und-kirchen

Mathe.Entdecker Pfade

Kurven der Imperia, Formen am Schnetztor, Grundriss des Pulverturms an der Rheinbrücke u.v.m.

Mathematik ist in Konstanz überall präsent. Die neuen Mathe.Entdecker Pfade verwandeln nun erstmals Bauten, Statuen, Brunnen und Plätze in lebendige Matheaufgaben, die ausschließlich vor Ort gelöst werden können. Einfach die MathCityMap-App downloaden, losziehen und die größte Stadt der Vierländerregion auf spielerisch-mathematische Weise neu entdecken.

| www.konstanz-tourismus.de/
| matheentdecker-pfade

Geocaching am Bodensee

Für kleine und große Schatzsucher gibt es eine spannende Möglichkeit in Konstanz und am westlichen Bodensee auf Entdeckungstour zu gehen. „Per GPS auf Schatzsuche" - Probieren Sie es aus! Für die Touren benötigen Sie ein GPS-Gerät oder ein GPS-taugliches Smartphone. Sollten Sie kein eigenes Gerät besitzen, können Sie dieses bei unseren Tourist-Informationen am Untersee ausleihen.
| www.geocaching-konstanz.de

Konstanz

Badespaß in den Bädern

Direkt am Bodensee können Kinder in eine echte Erlebniswelt eintauchen. Denn die größtenteils kostenlosen Strandbäder sowie das Freibad der Bodensee-Therme Konstanz bietet im Sommer Badespaß mit allem, was dazugehört.

Die Strandbäder in Konstanz sowie in den Vororten Dingelsdorf, Litzelstetten und Wallhausen sind ideal, um von Mitte Mai bis Mitte September direkt in den Bodensee zu hüpfen, dessen Wasserqualität ausgezeichnet ist. Jedes Strandbad verfügt über eine Liegewiese, die zum Entspannen und Sonnenbaden einlädt.

Sanitäre Anlagen, wie Duschen, Umkleiden und Toiletten stehen zur Verfügung. Für Kinder bieten Spielplätze und Planschbecken Spaß pur. Und bis auf das Konstanzer Rheinstrandbad sind alle Bäder kostenlos. Im Rheinstrandbad gibt es für die kleinsten Badegäste ein Kinderplanschbecken mit vielen Wassererlebnissen und einen Kinderspielplatz. Und ganz wichtig: Die Jüngsten sind durch ein bewegliches Sonnensegel bestens vor der Sonne geschützt. Von der Liegewiese aus kann man direkt in den ersten Rheinkilometer Deutschlands steigen und den Altstadtblick genießen.

Auch das Freibad der Bodensee-Therme Konstanz ist für Familien und Kinder bestens geeignet und bietet viele Attraktionen: Eine 87 Meter lange Großrutsche, auf der es rasant abwärts geht. Oder eine 23,5 Meter lange Breitwasserrutsche, bei der man auch zu zweit ins Wasser gleiten kann. Wer es etwas sportlicher liebt, für den ist das 50 Meter-Becken genau das Richtige um seine Bahnen zu ziehen. Kinder können sich auch im 760 Quadratmeter großen Nichtschwimmerbecken vergnügen.

BODENSEE

Und natürlich verfügt die Therme über einen direkten Seezugang mit hauseigenem Badesteg und Badefloß. Aber auch außerhalb des Wassers gibt es auf dem Beachvolleyball- und dem Badmintonplatz und einem Geschicklichkeitsparcous mit Trampolin Gelegenheit, sich auszutoben. Und wenn der Magen knurrt, dann ist der Kiosk nicht weit.

🕐 Mitte Mai bis Mitte September
€ Kostenlos
Strandbad Horn Konstanz: Eichhornstraße 100, 78464 Konstanz, Tel: 07531 63550
Strandbad Dingelsdorf: Zum Klausenhorn 121, 78465 Dingelsdorf, Tel: 07533 5311
Strandbad Litzelstetten: Am See 44 / 46, 78465 Litzelstetten, Tel: 07531 43166
Strandbad Wallhausen: Uferstraße 39, 78465 Wallhausen, Tel: 07533 9977164

🕐 Rheinstrandbad:
von Mitte Mai bis Mitte September, täglich 9 bis 21 Uhr
€ Erwachsene 3,20 €,
Kinder von 6 bis 18 Jahre: 2,40 €
Spanierstraße 7
78467 Konstanz
Tel: 07531 942399-0

🕐 Freibad Bodensee-Therme Konstanz:
Mai bis September, täglich 9-22 Uhr
€ Freibad: Einzeleintritt Erwachsener: 5,50 €, Einzeleintritt Kinder (von 6 - 17 J.): 4,20 €, Kinder von 0 bis 5 Jahren frei.
Zur Therme 2
78464 Konstanz
Tel.: 07531 36307-0
(Samstag & Sonntag nur telefonische Kontaktaufnahme möglich)

Alle Infos auch unter www.konstanzer-baeder.de und www.therme-konstanz.de

Insel Reichenau

NABU-Bodenseezentrum

Die wichtigste Aufgabe des Zentrums ist der Schutz und die lebendige Weiterentwicklung der natürlichen Umwelt als Heimat zahlreicher Tiere und Pflanzen, in der auch wir Menschen Ruhe, Kraft und Entspannung finden können.

Auf den Führungen erkunden Sie die schönsten und interessantesten Plätze im Naturschutzgebiet und erfahren viel über die seltenen Pflanzen und Tiere, die hier leben. Sie entdecken unter fachkundiger Leitung der NABU-Mitarbeiter viele Facetten der Natur, die oft im Verborgenen bleiben.

Große Führung im Wollmatinger Ried
Mit Rücksicht auf die empfindliche Pflanzen- und Tierwelt ist das Wollmatinger Ried für die Öffentlichkeit gesperrt, darf aber unter sachkundiger Führung durch den NABU betreten werden. Auf dem 5 km langen Rundweg erleben Sie je nach Jahreszeit unterschiedliche Aspekte des mit dem Europa-Diplom ausgezeichneten Wollmatinger Rieds. Dauer etwa 3 Stunden, Anmeldung erforderlich.

Von April bis September jeden Mi und Sa um 16 Uhr, Treffpunkt: „Vogelhäusle"
Infotresen und Ausstellung:
Mo bis Fr 9 bis 12 und 14 bis 17 Uhr, Sa/So/Feiertag 13 bis 15.30 Uhr (von Apr bis Sep)
8 €, Kinder 5 €, Familienkarte: 15 €
Am Wollmatinger Ried 20, 78479 Reichenau
Tel: 07531 9216640
www.NABU-Bodenseezentrum.de

Die Blumeninsel Mainau

Prächtige Blütenpracht, romantische Spaziergänge, facettenreiches Veranstaltungsprogramm, atemberaubende Natur und eine Blumeninsel:

Die Mainau bietet zu jeder Jahreszeit faszinierende Erlebnisse inklusive lebendiger SinnesFreuden für die gesamte Familie. 365 Tage im Jahr, von Sonnenauf- bis Sonnenuntergang geöffnet, kann das Erlebnis Mainau ganzjährig genossen werden. Highlights wie die Orchideenschau, das Gräfliche Inselfest, die „Winterausstellung" sowie verschiedene weitere Ausstellungen und vieles mehr runden das vielfältige Angebot der bunten Blumeninsel ab.

Tipp: Die spannende Kinderschatzsuche kann ganzjährig auf eigene Faust erlebt werden…

www.konstanz-tourismus.de/inselmainau.html

Eigeltingen

Lochmühle

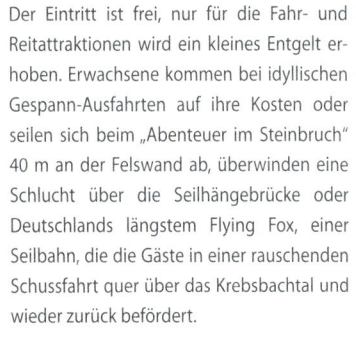

Der Eintritt ist frei, nur für die Fahr- und Reitattraktionen wird ein kleines Entgelt erhoben. Erwachsene kommen bei idyllischen Gespann-Ausfahrten auf ihre Kosten oder seilen sich beim „Abenteuer im Steinbruch" 40 m an der Felswand ab, überwinden eine Schlucht über die Seilhängebrücke oder Deutschlands längstem Flying Fox, einer Seilbahn, die die Gäste in einer rauschenden Schussfahrt quer über das Krebsbachtal und wieder zurück befördert.

Nach so viel Adrenalinschub kann man sich im Lochmühlen-Restaurant aufs beste verköstigen lassen. Eingebettet in den faszinierenden Tier- und Freizeitpark, dazu die Szenerie eines pittoresken Bauernhofs, kann man in der Lochmühle vorzüglich dinieren. Zum Einsatz kommen dabei frischeste Produkte vom eigenen Bauernhof und Fische aus eigenem Fischwasser.

Mit ihren verschiedenen Raumangeboten für Gesellschaften von 10 bis 300 Personen ist die Lochmühle das beliebte Ziel für Familien- und Firmenfeiern, Tagungen und Ausflüge.

Einen Ferientag, wie er herrlicher nicht sein kann, können Familien mit Kindern in der Lochmühle erleben, einem original alten Bauernhof aus dem 15. Jh. Es locken Attraktionen wie ein Tierpark mit Streichelzoo, Ponyreiten, Minitraktoren, Mini-Quads, oder ein Eisenbähnle und vieles mehr mit definitiver Kurzweilgarantie.

Hinterdorfstrasse 44
78253 Eigeltingen
Tel: 07774 93930
www.lochmuehle-eigeltingen.de

Die Bodensee Bonbon Manufaktur

In einer gläsernen Produktion ist es hier möglich mitzuerleben wie Bodensee Bonbons, Lutschstangen und Lutscher in reiner Handarbeit hergestellt werden, frisch produziert, mit ausgewählten Zutaten, dies garantiert den unvergleichlichen Geschmack.

Kinderaugen werden größer und Kindheitserinnerungen von Erwachsenen kommen zurück. Bei der Produktion duftet es stets lecker nach Himbeere, Apfel, Zitrone oder Karamell. Aber auch nach Erdbeere, Kirsche, Espresso, Pfefferminze oder Ingwer. Das probieren des warmen Bonbonteigs ist ein besonderer Genuss, den sich niemand entgehen lassen sollte. Die Bonbonsorten wechseln je nach Saison. Es sind meist um die 50 Geschmacksrichtungen die es in unserer Manufaktur natürlich auch zu kaufen gibt.

Gruppen, Vereine, Firmen, Schulklassen und Kindergruppen können auf Anfrage und Anmeldung eine Schauproduktion buchen. Dauer und Kosten je nach Aktion und Gruppengröße. Öffnungszeiten sowie Termine zur Schauproduktion auf der Homepage.

Hermann-Laur Str. 10 · 78253 Eigeltingen
Tel: 07774 202
www.bodensee-bonbon.de

Stockach

Stadtmuseum Stockach im „Alten Forstamt"

Klein aber fein – das ist das Stadtmuseum Stockach. In den beiden Dachgeschossen des „Alten Forstamts", einem historischen Bauwerk von 1706, können Sie zwischen den imposanten Dachbalken Geschichte erleben, die Zizenhausener Terrakotten bestaunen und Kunst entdecken!

Ab 14. Mai steht in der Sonderausstellung „Narro" die Stockacher Fasnacht und das Narrengericht im Mittelpunkt. Seit Jahrzehnten werden am „Schmotzigen Dunschdig" bekannte Politiker vor dem Stockacher Narrengericht zu einer Weinstrafe verurteilt. Ergattern Sie einen Blick hinter die Kulissen des Narrengerichts und seiner jahrhundertelangen Geschichte – vom österreichischen Hofnarren Hans Kuony bis zum heutigen Fernsehspektakel. Bilder, Filme und Kostüme geben einen Einblick in die Stockacher Straßenfasnacht: Erleben Sie, wie die Zimmerer den Narrenbaum setzen und schunkeln Sie zur Fasnachtsmusik mit.

🕐 Di bis Fr. 10 bis 12 Uhr & 13 bis 17 Uhr, Sa. 10 bis 13 Uhr, Feiertage geschlossen
Salmannsweilerstraße 1, 78333 Stockach
Tel: 07771 802300 · www.stockach.de

Stockach

Schönes Freibad

Das attraktive Stockacher Freibad mit seiner großzügigen Liegefläche bietet einen Nichtschwimmerbereich mit zwei Rutschen - eine für die kleineren Kids und eine Wellenrutsche für schon etwas Mutigere.

Sitzstufen an der Beckenanlage bieten gemütlichen und übersichtlichen Aufenthalt außerhalb des Wassers. Das Schwimmerbecken mit seinen 50 Meter Länge überzeugt aus sportlicher Sicht und die 1-3-5-Meter Sprunganlage sorgt für Spaß und Nervenkitzel. Ein übersichtliches Babybecken mit einem interessanten Wasserlauf ist so platziert, dass Eltern hier in Ruhe mit kleineren Kindern baden und planschen können.

Viel Abwechslung bieten die Sportangebote außerhalb des Wasserbeckens: Beach-Volleyballfeld, Minibasketball, Beachsoccerfeld, Badminton-Anlage und Tischtennisplatten. Das beliebte Freibad bietet außerdem eine großzügige Liegefläche und ein Restaurant.

| www.stadtwerke-stockach.de

Familienwanderung mit den Quellerlebniswegen

Mit den Quellerlebniswegen wurde rund um Stockach ein interaktives Wegenetz erschlossen, welches für jeden Geschmack etwas bietet: Wanderspaß mit herrlichen Aussichtspunkten, Spiel und Spaß für Kinder und wertvolle Informationen zum Quellbiotopschutz.

Zwei Themenwege mit Längen von 4 und 5,5 Kilometern sind als familienfreundliche Wanderungen angelegt.

Quellweg I: Wanderung zur Kuony-Quelle, 4 km, Start und Parken: L194 nach Winterspüren, Parkplatz Freibad Stockach eintragen. (gleich wie Quellweg II). **Quellweg II:** Wanderung zur Fiedensquelle, 5,5 km, Start und Parken: L 194 nach Winterspüren, Parkplatz Freibad Stockach. Im Sommer bietet sich ein erfrischender Abschluss im attraktiven Freibad an. Für Räder, Kinderwagen und Rollstühle sind die Wege nicht geeignet.

Heidenhöhlen bei Zizenhausen

Die Wanderung zu den Heidenhöhlen führt direkt in die Vorgeschichte des Bodenseeraumes. Man stellt sich den See durch Rheingletscher entstanden vor und glaubt, dass er und seine nächste Umgebung auf einer gewaltigen Platte von Molasse sitzen, einem weichen Konglomerat aus Mergel und Sandstein.

Diese Molasseschicht, die aus härteren Meeres- und weicheren Süßwasserablagerungen entstanden sein soll, schätzt man im Bodenseegebiet auf etwa 2.000 m Dicke.

Die Heidenhöhlen bei Zizenhausen sind ein beliebtes Ausflugsziel. Der schmale Pfad im steilen Gelände sollte jedoch unbedingt mit gutem Schuhwerk begangen werden. Für Räder und Kinderwagen ist der Pfad nicht geeignet. In den Wintermonaten sind die Höhlen aufgrund des Winterschlafs der Fledermäuse nicht zugänglich. Der Wanderweg selbst ist ganzjährig geöffnet. Der 8,3 km lange Rundwanderweg zu den Heidenhöhlen beginnt am Parkplatz in der Berlinger Siedlung.

| www.stockach.de

Seehäsleradweg

Der Seehäsleradweg führt vom Bahnhof Stockach nach Radolfzell am Bodensee.

Durch die Zustiegsmöglichkeit an den einzelnen Haltestellen des Zuges „seehäsle" ist der Radweg besonders für Familien geeignet. Er führt entlang der Stockacher Aach, vorbei an den Bierkeller–Höhlen, welche in den weichen Sandstein gehauen wurden und der Lagerung von Bier und Vorräten dienten. Heute dienen sie seltenen Fledermausarten als Winterquartier. Der Radweg führt weiter zum Hexenbrünnele, eine gefasste Quelle mit Mühlrad und Vesperplatz und entlang dem Schanderied, ein Naturschutzgebiet, wo man mit Glück Störche sehen kann. Von Stockach aus geht es bergab.

Eine Broschüre zu den Quellerlebniswegen sowie zu den Heidenhöhlen mit den genauen Tourenbeschreibungen und sonstige Informationen sind bei der Tourist-Info erhältlich:

Tourist-Info Stockach
Kulturzentrum "Altes Forstamt"
Salmannsweilerstr. 1 · Tel: 07771 802300
www.stockach.de

Bodman-Ludwigshafen

Campingplatz Schachenhorn

In einer Welt, in der Spielen und Kommunikation zunehmend synonym mit Bildschirm und Internet sind, steht der Campingplatz für klassisches Spielen und Kommunizieren und den Erwerb sozialer Kompetenzen durch direkte physische Interaktion von Kindern untereinander und mit der Natur. Hierzu bietet die Lage direkt am See und inmitten eines Naturschutzgebiets ein geradezu perfektes Umfeld.

Darüber hinaus sind Kinder aller Altersklassen mitsamt ihrem Lachen, Schreien und ausgelassenem Herumtoben ausdrücklich herzlich willkommen!

Ob Baden am flachen, besonders kinderfreundlichen Naturstrand, barfuß laufen, Sandburgen bauen, Freunde finden ohne social web oder einfach nur Wasservögel in freier Natur beobachten oder den Segelbooten auf dem See zuschauen, hier gibt alles, was Kindern Spaß macht und trotzdem weder elektrischen Strom noch Internet-Anschluss braucht. Dazu werden regelmäßig Programme und Veranstaltungen speziell für Kinder angeboten, darunter Clown-Shows und andere Zirkusauftritte, Kinderschminken, usw. oder – an verregneten Tagen – auch schon mal ein Kinderfilmprogramm. Weiter verfügt der Campingplatz über einen regulären Kinderspielplatz mit kindersicheren Spieleinrichtungen sowie über einen Aufenthaltsraum mit reichem Angebot an Brett- und anderen Spielen für weniger sonnige Tage.

Radolfzeller Straße 23
78351 Bodman-Ludwigshafen
Tel: 07773 937 68 51
www.camping-schachenhorn.de

Die Uferparks in Bodman und Ludwigshafen -
Die großen Pfahlbau-Spielplätze sind Highlights für Kinder

Die beiden Spielplätze sind wie Pfahlbaudörfer angelegt. Es gibt tolle Rutschen, Schaukeln, Kletterpodeste und Sandkasten, in Ludwigshafen sogar ein Wasserbecken mit Floß. Übergroße Gewandnadeln bilden einen Hangelwald. Kinder jeden Alters finden passende Spielmöglichkeiten.

Die Spielplätze kombinieren Spielspaß mit unserer Welterbeauszeichnung, indem übergroße Gewandnadeln den Hangelwald bilden und Pfahlbauhäuser der Ausgangspunkt für die Rutschen sind. In einem Pfahlhaus wird der Sensationsfund aus Ludwigshafen, das „Kulthaus", nachempfunden. Dieser Fund ist in ganz Europa einmalig, weil die gefundenen Kultgegenstände das erste Mal einen Rückschluss auf Glauben und kultische Riten geben. Das Welterbe „prähistorische Pfahlbauten am Bodensee" kann auf den liebevoll gestalteten Spielplätzen spielerisch vermittelt und erlebt werden.

In Ludwigshafen befindet sich direkt neben dem Spielplatz ein Multifunktionsgebäude, welches neben Toiletten auch einen Wickel- und Trocknerraum sowie Schließfächer beinhaltet. An beiden Spielplätzen in Bodman und Ludwigshafen erfahren auch erwachsene Besucher auf übersichtlichen Infotafeln viel Wissenswertes über die Pfahlbauzeit.

Bodman:
Seestr. 5 · 78351 Bodman-Ludwigshafen
Ludwigshafen:
Hafenstr. 5
78351 Bodman-Ludwigshafen
Tel: 07773 930040

Hagnau

Das idyllisch gelegene Winzer- und Fischerdorf liegt eingebettet zwischen Obstgärten und Weinbergen mit traumhaftem Blick in die Schweizer Berge und über den Bodensee.

Kinder wollen in den Ferien die verschiedensten Dinge entdecken und Neues erleben, und dafür bieten sich in Hagnau die unterschiedlichsten Möglichkeiten. Denn hier gibt's alles außer Langeweile: Ausgiebige Biketouren, Minigolf spielen, eine Fahrt mit dem Tretboot oder mit den Kleinen zu unseren neugestalteten Spielplätzen und zu unserer kostenlosen Badestelle – da ist Freude garantiert. Sprudelnde Wasserfontänen und vor allem ganz viel Platz zum Spielen, Plantschen und Toben.

Tourist-Information, Tel: 07532 430047
www.hagnau.de

Bootsvermietung

Motorboot, Tretboot oder Stand up Paddle – Wassersport für Jedermann:

Wer den See selbst einmal als Kapitän bereisen will, kann sich beim Bootsverleih im Westhafen das passende Gefährt mieten. Mit dem Motorboot schnell über die Wellen düsen oder gemütlich mit dem Tretboot die Umgebung genießen. Stand up Paddles können ebenfalls ausgeliehen werden.

Tel: 07532 446372
www.hagnau-bootsvermietung.de

Das Kleine Museum

In einem individuellen Rahmen gibt es hier ca. 50 Puppenstuben, Küchen, Kaufläden, Puppen, Blech- und Holzspielzeug von 1830 bis 1920 in Originalerhaltung ausgestellt. Besucher lassen sich von einer Welt im Kleinen verzaubern, die uns zeigt wie die Großeltern und Urgroßeltern gelebt haben.

nach Vereinbarung · Tel: 07532 9991
www.puppen-und-spielzeugmuseum.de

Bodensee-Schiffsbetriebe

Erlebnisse für große und kleine Matrosen

Leinen los und volle Fahrt voraus! Die Bodenseeregion mit dem Schiff zu erkunden ist ein Erlebnis, das lange in Erinnerung bleibt. Die Weiße Flotte der Bodensee-Schiffsbetriebe (BSB) bringt Groß und Klein zu den schönsten Winkeln und interessantesten Sehenswürdigkeiten des Sees.

Schon die Fahrt selbst ist für Kinder ein kleines Abenteuer: der Besatzung bei der Arbeit zuzusehen, vom Oberdeck aus die Alpen zu bestaunen oder das Schiff zu erforschen kann sehr spannend sein. Und wenn das Ziel erreicht ist, kann die Entdeckungstour gleich weiter gehen: Zum Beispiel im Zeppelin-Museum Friedrichshafen, im Konstanzer Sea Life-Center, den Unteruhldinger Pfahlbauten, dem Auto und Traktor Museum Bodensee oder der Blumeninsel Mainau. Für all diese Ausflugsziele gibt es praktische Kombitickets, bei denen die Schifffahrt und der Eintritt in die Sehenswürdigkeit bereits enthalten ist.

Wenn es noch aktiver sein soll, dann lässt sich ein Spaziergang oder eine Wanderung ebenfalls ideal mit einer Schifffahrt verknüpfen – auch hierfür gibt es spezielle Angebote. Oder doch lieber eine kleine Familien-Radtour am Überlinger See, bei der man Schlösser besichtigt? Ein kleiner Abstecher mit dem Drahtesel auf die Insel Reichenau, einem UNESCO-Weltkulturerbe? Alles möglich, denn auch Fahrräder finden Platz an Bord und es existieren zugeschnittene Kombiangebote für alle, die mit Fahrrad und Schiff unterwegs sein wollen.

€ Kinder unter 6 Jahren fahren gratis. Mit der Bodensee-Kinderkarte fahren alle Kinder einer Familie von 6 bis 15 Jahre für 7 € einen Tag lang auf dem Bodensee.

Mit der Saison-Card für nur 26 € haben Kinder (6 - 15 Jahre) eine Saison lang freie Fahrt auf den Kursschiffen der Weißen Flotte.

Bodensee-Schiffsbetriebe (BSB)
Hafenstraße 6 · 78462 Konstanz
Tel: 07531 3640-0 · www.bsb.de

Uhldingen-Mühlhofen

Das Pfahlbaumuseum

Das einzige nicht für die Öffentlichkeit zugängliche Kulturerbe – das der Pfahlbauten unter Wasser- finden Sie hier über Wasser rekonstruiert vor. Auf Stegen über dem Wasser führt ein Rundweg mit Seepanorama für Sie durch das älteste archäologische Freilichtmuseum Deutschlands.

Mit einem neuen Museumskonzept sollen die Menschen für die Stein- und Bronzezeit vor 6.000 Jahren begeistert werden. Die frühe Geschichte des Sees, das Welterbe „Pfahlbauten rund um die Alpen", Ötzi und seine Zeitgenossen, ihre Krankheiten und Arzneimittel sind aktuelle Themen. Auch Umweltentwicklungen wie das Ende der Eiszeit, die Rodung des Uferwaldes oder der Untergang der Pfahlbauten nach einem Klimawandel im 9. Jh. v. Christus werden thematisch aufgearbeitet und dürfen zum Nachdenken anregen. Für den Sommer sind weitere Ausstellungen geplant – etwa zur Ernährung in der Steinzeit und „Uhldis Küche".

Ein Besuch der Pfahlbauten am Rande des ältesten Naturschutzgebietes am Bodensee ist immer einen Ausflug wert. Der Mix aus Vermittlung und Naturerlebnis mit dem Blick auf den ganzen Überlinger See bietet ein ganz besonderes Freizeiterlebnis für die ganze Familie.

Ab Mai täglich von 10 bis 18 Uhr
Strandpromenade 6
88696 Uhldingen-Mühlhofen
Tel: 07556 928900
www.pfahlbauten.de

Reptilienhaus Unteruhldingen

Eine Vielzahl an verschiedenen Reptilienarten aus aller Welt können hier bestaunt werden: Die Riesenschlange Henry, eine giftige grüne Mamba und farbenprächtige Leguane sind nur einige der vielen exotischen Tiere, die im Reptilienhaus eine neue Heimat gefunden haben.

Seit mehr als 40 Jahren werden hier vom Zoll beschlagnahmte Tiere gehegt und gepflegt. In Terrarien, die dem natürlichen Lebensraum ihrer Bewohner nachempfunden sind, können Echsen, Schlangen, Geckos und Schildkröten aus Wüste und Regenwald bestaunt werden.

🕐 Von 1. April bis 31. Oktober: täglich von 9.30 bis 18.00 Uhr
€ Erwachsene: 6 €, Kinder ab 4 Jahre: 3 €
www.reptilienhaus.de

Naturstrand Unteruhldingen

In unmittelbarer Nähe zu den Pfahlbauten lädt der kostenfreie Naturstrand mit großer Liegewiese, Schatten spendendem Baumbestand, Beachvolleyball, Spielplatz und barrierefreiem Seezugang mit flach abfallendem Sand-/Kiesstrand zum Badespaß ein. Gegen den kleinen Hunger hilft ein Besuch im angrenzenden Imbiss oder einen Besuch in der nahe gelegenen Gastronomie. Sanitär- und Umkleidemöglichkeiten sind vorhanden.

🕐 täglich
€ kostenlos
Tel: 07556 92160 · www.seeferien.com

Uhldingen-Mühlhofen

Auto & Traktor Museum

Eine faszinierende Zeitreise durch 100 Jahre Stadt- und Landleben! Das AUTO & TRAKTOR MUSEUM ist ein interessantes Museum mit insgesamt 350 Automobilen, Motorrädern und Traktoren. Die Fahrzeuge sind integriert in eine Sammlung zahlloser Exponate, mit denen die Entwicklung des Land- und Stadtlebens der letzten 100 Jahre dargestellt wird.

Überall gibt es etwas zu entdecken: Hier eine alte Schule, dort ein Laden mit Haushaltsartikeln, hier eine Schuhmacher-Werkstatt, dort eine alte Waschküche. Eine Motorradwerkstatt, einen Friseursalon, einen Kiosk sowie Wohnzimmer der jeweiligen Epoche sind zu bewundern. Neu ist die Sonderschau mit besonderen Kleinwagen und einzigartigen Sportwagen der Nachkriegszeit. Ein erlebnisreiches Museum für Jung und Alt, weiblich und männlich. Die kleinsten Museumsbesucher dürfen mit Trettraktoren durch die Ausstellung düsen. Auch Hunde sind erlaubt.

Das angrenzende JÄGERHOF RESTAURANT bietet saisonale Gerichte für jeden Gaumen an, mit Ausblick auf den Bodensee und die Wallfahrtskirche Birnau.

🕐 Mai bis Okt., täglich 9:30 bis 17:30 Uhr
November bis April, Dienstag bis Sonntag 10 bis 17 Uhr
€ Erwachsene 11 €, Kind 5 €, Familienticket 22 €
Gebhardsweiler 1
8690 Uhldingen-Mühlhofen
Tel: 07556 928360
www.autoundtraktor.museum

Sipplingen

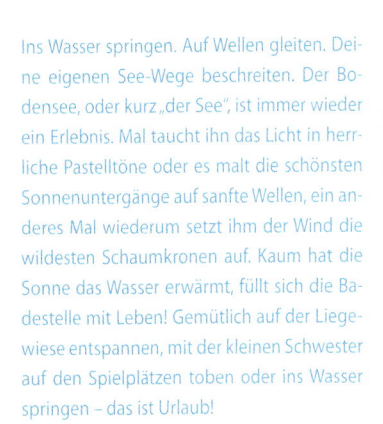

Ins Wasser springen. Auf Wellen gleiten. Deine eigenen See-Wege beschreiten. Der Bodensee, oder kurz „der See", ist immer wieder ein Erlebnis. Mal taucht ihn das Licht in herrliche Pastelltöne oder es malt die schönsten Sonnenuntergänge auf sanfte Wellen, ein anderes Mal wiederum setzt ihm der Wind die wildesten Schaumkronen auf. Kaum hat die Sonne das Wasser erwärmt, füllt sich die Badestelle mit Leben! Gemütlich auf der Liegewiese entspannen, mit der kleinen Schwester auf den Spielplätzen toben oder ins Wasser springen – das ist Urlaub!

Wassersportangebote wie Bananenboot fahren oder Stand-Up-Paddling gibt´s in der Funsportarena. Geöffnet ist von Mai bis September sonntags von 10 bis 18 Uhr, im Juli und August auch samstags von 12 bis 18 Uhr. Die Freunde gepflegter Bootstouren kommen in der Segelschule oder beim Bodensee-Skipper voll auf ihre Kosten: „Leinen los!" Auch immer wieder schön: eine Fahrt an Bord der MS Großherzog Ludwig.
Das Motorschiff ist zwischen Bodman, Ludwigshafen, Sipplingen und Überlingen unterwegs. Der Kapitän und seine Crew heißen Sie herzlich willkommen.

Kinder aufgepasst!
In Sipplingen könnt ihr im Urlaub richtig viel Spaß haben, jede Menge erleben und unternehmen. Ihr habt Lust bekommen? Dann nichts wie hin zum Sipplinger Kinderferienprogramm. In den Sommerferien wartet ein kunterbuntes Programm auf euch! Die Auswahl ist groß und reicht von Malen bis hin zu verschiedenen Angeboten der Sipplinger Vereine. Ob alleine oder gemeinsam mit euren Eltern – einfach anmelden und los geht's.

Tolle Aussichtspunkte sind der Haldenhof, die Zimmerwiese, die Liebesinsel und die sieben Churfirsten – eine bemerkenswerte Sandsteininformation – werden Sie begeistern! In, um Sipplingen findet Geocaching statt. Ausgerüstet mit GPS-Geräten und Rätselheft geht's auf Schatzsuche. Ein Riesenspaß für die ganze Familie – auf zu neuen Entdeckungen!

| www.sipplingen.de

Überlingen

Auf Erkundungstour im Städtischen Museum

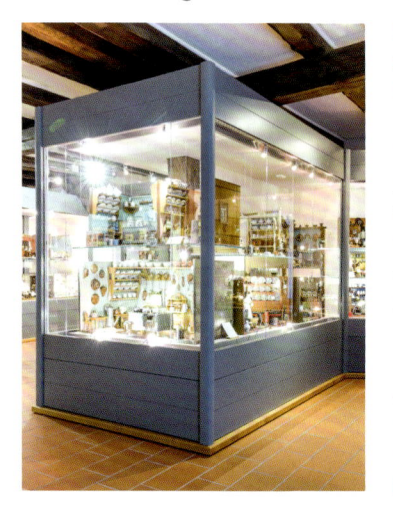

Das Museum ist in einem ehemaligen Patrizierpalast untergebracht. Patrizier waren früher die wohlhabenden Bürger einer Stadt.

Der Besitzer des Hauses, in dem das Museum jetzt untergebracht ist, hieß Andreas Reichlin von Meldegg. Bei einem Besuch im Museum findet ihr viele kostbare Schätze aus der langen Geschichte Überlingens. Im Überlinger Museum gibt es, sage und schreibe, 55 Puppenstuben zu bestaunen. Wahrscheinlich sehen sie etwas anders aus als die, die ihr kennt. Zudem könnt ihr bei einer Museums-Rallye mitmachen, bei der ihr das Museum spielerisch erkunden könnt.

| www.museum-ueberlingen.de

Stilecht unterwegs mit besonderen Schiffen!

Unsere Schiffe „Großherzog Ludwig" und "St. Georg" bieten am Bodensee ein umfangreiches Rund- Ausflugs- und Sonderfahrtenprogramm an.

Dadurch können viele der schönsten Ausflugsziele, wie z.B. Überlingen, Marienschlucht, Bodman-Ludwigshafen, Sipplingen oder Konzil-Stadt Konstanz auf dem Seeweg erreicht werden. Für Gruppen können Sie einen Salon auf einer der Linien- oder Erlebnisfahrten buchen. Wollen Sie ein Schiff ganz für sich allein - auch das ist möglich. Auf der MS Großherzog Ludwig oder der MS St. Georg gibt es Raum für unterschiedliche Anlässe: von Rund- über Erlebnis- bis hin zu Charterfahrten.

| Tel: 07551 9579485
und 017684882757
www.schifffahrt-bodensee.de

Riesiger Spaß für Wasserratten & Seebären

Hier gibt es gleich drei Strandbäder. Die Strandbäder befinden sich verteilt am Überlinger Seeufer, ganz im Westen neben der Bodensee-Therme, ganz im Osten neben dem Sportboothafen und im Ortsteil Nußdorf.

Ob Tretboot oder Kanu fahren, Tischtennis, Beachvolleyball oder Basketball spielen – diejenigen von euch, die gern Sport machen, finden hier ein großes Angebot.

Für die Wasserratten unter euch gibt es tolle Sprungtürme und Flöße zum Verschnaufen. Setzt doch mal eure Taucherbrille auf und versucht ein paar Fische zu entdecken, die sich im Bodensee tummeln.

Haustierhof Reutemühle – Der Bodensee-Zoo

Willst Du tierisch viel erleben? Oder einen coolen Tag im Grünen verbringen? Hast Du schon einmal über 200 verschiedene Arten und Rassen an einem Ort gesehen? Haustiere erwarten Dich im Haustierpark ebenso wie kuriose Exoten.

Ein Besuch am Haustierhof wird für die ganze Familie ein Volltreffer. Knuddel die kleinsten Schafe der Welt. Futtere handzahme Hörnchen. Bewundere die Kletterkünste der Nasenbären. Erprobe auf den vielen lustigen Spielgeräten Deine eigenen Kletterkünste. Iss und trink mit Blick auf's Katzenhaus. Der idyllische Erlebnis-Bauernhof macht einfach Spaß. Die vielen Tiere werden Dich begeistern. Erweitere Dein Wissen auf dem Haustier-Lehrpfad und erlebe bedrohte Tierarten hautnah. Füttere und streichle Tiere. Den Futterbeutel gibt's an der Kasse. Für Abwechslung sorgen die vielen Spielmöglichkeiten am Rande der Erkundungspfade.

🕐 April bis Oktober: täglich von 10 Uhr bis 20 Uhr, letzter Einlass 18 Uhr.
Reuteweg 71
88662 Überlingen-Bambergen
Tel: 07551 970785
www.haustierhof-reutemuehle.de

Überlingen

Der Stadtgarten & der Stadtgraben

Macht doch eine Erkundungstour auf dem Gartenkulturpfad. Auf diesem kommt ihr nicht nur an vielen tollen Parks und Gärten vorbei, sondern auch an lustigen Spielplätzen und schönen Aussichtspunkten.

Neben dem Stadtgraben liegt der Stadtgarten. Dort gibt es unzählige duftende Blumen und sogar Palmen und Bananenstauden wachsen hier. Am plätschernden Springbrunnen warten ganz viele kleine und große stachlige Gesellen auf euch.

Beim Rehgehege des Stadtgartens könnt ihr das Damwild beobachten. Mit den Futterpäckchen aus dem Automaten lassen sich die Tiere vielleicht sogar anlocken.

Die Skaterbahn Alt-Birnau

Fahrt ihr zu Hause gern Skateboard oder Inline-Skates und wollt das auch einmal im Urlaub ausprobieren? In Überlingen gibt es eine coole Skaterbahn mit Half-Pipe auf der ihr euer Können unter Beweis stellen könnt. Helm und Gelenkschützer nicht vergessen!

Auch auf dem Wasser ist jede Menge los

Mit dem Schiff
Wenn ihr am Überlinger Landungsplatz steht, könnt ihr eine Menge unterschiedlicher Schiffe sehen. Es gibt die großen Schiffe der „Weißen Flotte", die auf dem ganzen See unterwegs sind.

Vielleicht entdeckt ihr sogar die „MS Überlingen", die nach eurer Ferienstadt benannt ist. Außerdem gibt es noch mehrere kleinere Schiffe, mit denen man tolle Ausflugsfahrten auf dem See unternehmen kann.

Mit dem Surfbrett
Auch auf dem Bodensee könnt ihr eure ersten Versuche im Windsurfen machen. Die Surfschule findet ihr im Strandbad Ost. Hier könnt ihr auch eure Geschicklichkeit im Stehpaddeln unter Beweis stellen.

Mit dem Kanu
Wer lieber in einem Kanu sitzt als auf einem Surfbrett zu stehen, kann im Strandbad Ost auch Kanus ausleihen.

Mit dem Tretboot
Oder ihr leiht euch einmal an der Uferpromenade eines der lustigen Tret- oder Paddelboote aus und dreht selbst eine Runde auf dem Bodensee.

Die Bodensee-Therme

Auf sie warten zwei Wasserrutschen, ein Sportbecken, ein Thermalaußenbecken mit zahlreichen Wasserattraktionen sowie ein Kleinkindbereich.

Ideal um sich etwas auszutoben und zu bewegen. Wer es gerne ruhiger mag, findet Entspannung im Dampfbad, im Whirlpool oder in einem der drei Kaskadenbecken mit meditativer Unterwassermusik. Im Sommer entspannen Sie am Thermenstrand mit direktem Zugang in den Bodensee oder auf der Sonnenterrasse.

🕐 Täglich von 10 bis 22 Uhr
Fr und Sa bis 23 Uhr
€ Tageskarte: Erwachsene 16 €,
Kinder (bis 17 Jahre) 11 €
Bahnhofstrasse 27 · 88662 Überlingen
Tel. 07551 301990
www.bodensee-therme.de

Überlingen

Urlaub-Kreativ-Basteleien mit APPLAUS on Tour

Mach Deine Freizeit zu einem Kreativhighlight. Kreativworkshops zur Ferienzeit, mal hier, mal dort, immer wieder an einem anderen Ort. Auf dem Schiff oder zu Land, Christine vom APPLAUS on Tour hat immer etwas zur Hand. Die Ideen gehen nicht aus. Gestalte für dich ein Souvenir mit nach Haus.

> Anmeldung erforderlich
> unter Tel: 015777838545

Forscherrucksack

In der Tourist-Information am Landungsplatz könnt ihr euch kostenlos gegen ein Pfand einen Forscherrucksack ausleihen und auf Entdeckungstour gehen. Der Rucksack ist mit verschiedenen Mess- und Forschungsutensilien ausgestattet, mit denen ihr den Natur- und Lebensraum Bodensee unter die Lupe nehmen könnt. Lernt beim Zählen, Messen und Beobachten den Bodensee und seine Pflanzen- und Tierwelt kennen.

Reiten in den Ferien

Du reitest in deiner Freizeit gern oder hast vielleicht sogar ein eigenes Pferd? Oder du möchtest es mal ausprobieren? Beim Überlinger Reitverein und in der Reitschule Rengoldshausen gibt es die Möglichkeit an Ferienreitkursen teilzunehmen. Sowohl geübte Reiter als auch diejenigen, die einmal ihre ersten Versuche auf dem Rücken eines Pferdes machen möchten, finden hier die entsprechenden Kurse.

Überlinger Checker-Rallye

Auf der spannenden Tour durch Überlingen tauchen Kinder und Jugendliche von 8 bis 14 Jahren in die Historie der ehemaligen Freien Reichsstadt ein und erfahren einen Menge über die Vergangenheit und Gegenwart. Dabei müssen Wege gefunden, Rätsel gelöst und körperlicher Einsatz erbracht werden. Informationen gibt es in der Tourist-Information.

Sternwarte Überlingen

Seit über 60 Jahren gibt es öffentliche Führungen in der Sternwarte Überlingen, in denen Jung und Alt mehr über Astronomie, Raumfahrt den Sternenhimmel und vieles mehr erfahren kann!

An den Beobachtungsabenden steht das Beobachten am Fernrohr im Vordergrund. Bei schlechter Witterung, großer Besucherzahl oder um die Zeit bis zum Dunkelwerden zu überbrücken gibt es einen Vortrag zu allgemeinen astronomischen Themen. Für diese Vorträge steht uns ein gut ausgestatteter Vortragsraum zur Verfügung. Die Führungen sind auch für Kinder geeignet. In den Sommermonaten Juni bis September gibt es zusätzlich die Möglichkeit zur Sonnenbeobachtung, jeweils am 1. und 3. Sonntag von 10 bis 12 Uhr.

Jeden Freitag, außer feiertags, bei jeder Witterung, keine Voranmeldung notwendig
April bis September: 21 Uhr
Oktober bis März: 20 Uhr
Eintritt ist frei!
Friedhofstr. 32 · 88662 Überlingen
www.sternwarte-ueberlingen.de

Die freie Kunstakademie

Hier geht es auf Entdeckungsreise in der Malerei. Die Kurse widmen sich um verschiedene Themen: Farbe, Stillleben, Selbstportrait (Portrait).

Wie setzte ich Licht und Schatten, wie gehe ich mit Linien und Flächen um, wie mische ich Farbe? Die Freude am Malen und die freie Entwicklung stehen im Vordergrund. Es wird großformatig an der Staffelei gearbeitet. Am Ende des Kurses findet eine Vernissage statt, die Kinder zeigen das Erarbeitete, sind bei der Hängung der Bilder und Vorbereitung der Ausstellung beteiligt. Die Kurse richten sich an Kinder im Alter von 7 bis 14 Jahren, die ihre Kenntnis in Malerei und Zeichnen vertiefen wollen.

Vorherige Anmeldung erforderlich:
Gebühr: 80 €
Teilnehmer: min. 8 max. 12
www.fkue.de

Wilhelmsdorf

Naturschutzzentrum und Pfrunger-Burgweiler Ried

Nach der letzten Eiszeit ist hier das zweitgrößte Moor in Südwestdeutschland entstanden. Im Naturschutzzentrum kannst Du eine spannende Zeitreise durch die letzten 12.000 Jahre unternehmen und alles über das Moorgebiet erfahren, das sich zehn Kilometer lang und drei Kilometer breit zwischen Wilhelmsdorf, Ostrach, Königseggwald und Riedhausen erstreckt.

Die Moorausstellung bietet Spannung und Information: Zum Beispiel eine virtuelle Reise im „Moorkäpsele" ins Innere des Moors. Emy, die Sumpfschildkröte, erzählt dabei als „Reiseleiterin" spannende Geschichten. Am interaktiven Tisch kannst du einen Biber puzzeln und in einem Quiz Dein Wissen über das Moor prüfen. An den Mitmachstationen kannst Du kleine Tiere, Pflanzen und anderes unter die Lupe nehmen oder als „Moormanager" versuchen, das Moor wieder naturnah zu gestalten.

Der Moor-Erlebnispfad, der gleich an das Naturschutzzentrum anschließt, bietet zu allen Jahreszeiten spannende Beobachtungen: Hier tummelt sich der Biber und hinterlässt seine Spuren. Die Sumpfschildkröten nehmen ihr Sonnenbad, Frösche singen ihr Hochzeitskonzert und die Libellen tanzen dazu. Im Hochmoor lauern die Fleisch-fressenden Pflanzen und andere Moorspezialisten. Mit dem Moorforscher-Rucksack, den Du im Naturschutzzentrum ausleihen kannst, erfährst Du noch viel mehr über die Tiere und Pflanzen am Moor-Erlebnispfad.

Vieles ist auch bei den Veranstaltungen im Jahresprogramm geboten. Hier geht Ihr auf „Tümpelsafari", auf Fledermausexkursion und auf „Biber-Pirsch". Beim „Outdoor-Cooking" gibt es wilde Gerichte zu essen, und auf der Suche nach dem Räuberhauptmann „Schwarzer Vere" wird's so richtig spannend!

Bei einer geführten Moorerlebnis-Wanderung für Familien begegnen Euch urige Rinder, „schräge Vögel" und viele andere Tiere.

Auf Wunsch gibt es auch Moorerlebnis-Geburtstage für jedes Alter.

🕐 Di bis Fr 13.30 bis 17 Uhr
Sa, Sonn- und Feiertag 11 bis 17 Uhr
An Wochenenden in den
Sommerferien 10 bis 18 Uhr
€ Erw. 2,50 € · Schüler ab 7 J. 1,50 €
Wir bieten Familien- & Jahreskarten an.
Für BODO- & Bahnkunden (Ba-Wü-Ticket) gilt gegen Vorlage des gültigen Fahrausweises zusätzlich eine Ermäßigung von 1 € pro Familienkarte & 0,50 € pro Einzelkarte.
Riedweg 3 · 88271 Wilhelmsdorf
Tel: 07503 739
www.pfrunger-burgweiler-ried.de

BODENSEE

Markdorf - Gehrenberg

Ferienlandschaft Gehrenberg-Bodensee
Mit allen Sinnen der Natur auf der Spur

Urlaubszeit ist Familienzeit – Zeit füreinander und für gemeinsame Entdeckungen in der Natur: Zum Vogelkonzert am Morgen, dem Streicheln süßer Hasen und Ziegen, dem Radeln oder Wandern zwischen blühenden Apfelbäumen und dem Schlaf im duftenden Heu, aber auch zum schmackhaften Genuss der gepflückten Beeren oder von den Kindern selbst gebackenen Holzofenbrotes.

In der familienfreundlichen Ferienregion bleibt aber auch Zeit ohne einander - zu Liegestuhl und Lesen bei traumhafter Alpenkulisse. Schöne Ausflugsziele, Wasserspaß am nahen Bodensee oder das „Ravensburger Spieleland" sind in wenigen Autominuten erreicht, ehe man später wohlig müde dem Nachtlied der Natur lauscht.

Auf die kleinen Gäste mit Eltern oder Oma und Opa ist man hier bestens eingerichtet mit gemütlichen Ferienwohnungen, Bauernhofferien, Hotels und prämierten Campingplätzen. Auch in den gemütlichen Gasthäusern, Vesperstuben, Besenwirtschaften und Cafés sind die jungen Besucher gern gesehene Gäste, für die man weit mehr als Pommes und Hochstuhl bereithält. Mit den Internet-Tourenvorschlägen kann man schon vor aus planen, sich dann aber auch am Urlaubsziel je nach Lust und Laune für eines der zahlreichen Angebote aus dem Freizeitführer entscheiden. Und will man einfach nur in den Tag hinein leben, so kommt bei den Sprösslingen in der herrlich weiten Umgebung zum Herumtollen, beim abwechslungsreichen Bauernhofleben oder mit den neuen Campingfreunden keine Langeweile auf. Für spontane Ideen stehen die Tourismusteams mit Freizeit- und Wanderkarten und vielen Tipps zur Seite.

Tourist Information Markdorf
Marktstraße 1 · 88677 Markdorf
Tel: 07544 500290
www.gehrenberg-bodensee.de

Kinder Sommer | 203

Salem

Kloster und Schloss Salem

Kloster Salem wurde 1134 von Zisterziensermönchen gegründet und entwickelte sich zu einem der bedeutendsten Klöster in Süddeutschland. Erst 1802 wurde daraus das Schloss der Markgrafen von Baden.

In spannenden Führungen können sich die großen und die kleinen Besucher auf die Spuren der Zisterzienser begeben, und dabei erfahren wie diese einst lebten, wo sie beteten, was sie arbeiteten und Vieles mehr. Die Entdeckungstour führt durch das Münster mit Chorgestühl über den Kreuzgang in das Sommerrefektorium, den ehemaligen Speisesaal der Mönche. Zwei Labyrinthe im Hofgarten führen Groß und Klein auf verschlungene Wege und der Abenteuerspielplatz bietet viele Möglichkeiten zum Klettern und Toben.

Feuerwehrmuseum im Schloss

Speziell für Kinder ist alles was mit Feuer und Feuerwehr zu tun hat schon immer besonders beeindruckend. Einen interessanten Einblick in die Arbeit und Ausrüstung der mutigen Feuerwehrleute von damals geben die zahlreichen Fahrzeuge und Geräte im Feuerwehrmuseum. Gleich beim Museumscafé im Feuerwehrmuseum gibt es einen neuen Abenteuerspielplatz.

Kinder- und Familienführung

Sich einmal wie die Mönche fühlen, das können Kinder bei der Kinder- und Familienführung jeden Sonntag um 15 Uhr.

Geöffnet: 1. April bis 1. November
Mit Führung für Familien: 26,50 €,
ohne Führung 22,50 €
88682 Salem
Tel: 07553 9165336 · www.salem.de

Der Affenberg Salem

Freu dich auf ein besonderes Tiererlebnis mit knapp 200 aufgeweckten Berberaffen, die hier wie in freier Wildbahn in einem 20ha großen Wald leben.

Es ist ein einzigartiges Erlebnis, die vom Aussterben bedrohten Berberaffen zu treffen und sie in ihrem natürlichen Verhalten zu beobachten. Der Affenberg setzt sich für den Schutz der Tiere ein und ist eine Art Arche Noah für die Berberaffen – ein Ort, der ihr Überleben sichert.

Doch am Affenberg gibt es noch viel mehr zu entdecken: Die größte frei fliegende Storchenkolonie im Süddeutschen Raum! Ein Wasservogel-Paradies am Storchenweiher mit riesigen Karpfen! Eine aufgeweckte Damwildherde! Erholen kannst du dich in der gemütlichen Affenberg-Schenke mit Biergarten und großem Abenteuerspielplatz inmitten von fast 50 Storchenpaaren! Im Souvenirladen gibt es eine große Auswahl an Kuscheltieren und Andenken an das Affenberg-Erlebnis.

🕐 Von Mitte März bis Anfang November: täglich geöffnet
€ Erwachsene 9 €, Kinder 5-14 Jahre 6 €, Kinder unter 5 Jahren frei
Mendlishauser Hof · 88682 Salem
www.afffenberg-salem.de

Kinder Sommer | 205

Salem

Naturerlebnispark Schlosssee

Einst eine ehemalige Kiesgrube, zählt der Schlosssee heute neben Schloss und Affenberg zu Salems Hauptattraktionen.

Großzügige Liegewiesen, eine weitläufige Wasserfläche, Schwimmstege, Freizeitanlagen, Beachbereich, Kiosk und Café und natürlich der toll gestaltete Wasser- und Sandspielplatz - hier wird großen und kleinen Wasserratten einiges geboten. Auf die größeren Abenteurer wartet die Robinson-Insel mit einem besonderen Highlight: dort liegt ein Piratenschiff vor Anker, das auch geentert werden kann.

€ Und das alles bei freiem Eintritt!
🕐 von Mai bis Oktober
von 9 Uhr bis 21 Uhr.
Schlossseeallee,
88682 Salem-Mimmenhausen,
Tel. 07553 8230 · www.salem-baden.de

Heiligenberg

Höhenfreibad

Das Höhenfreibad Heiligenberg liegt in unmittelbarer Nähe des Schlosses und bietet einen wunderbaren Ausblick ins Salemertal bis hin zum Bodensee.

Ein 30m großes, angenehm warmes Schwimmbecken mit Nichtschwimmerbereich, ein Kinderbecken, Wickelraum und eine große, mit Bäumen bestückte Liegewiese laden zum Badespaß für die ganze Familie ein. Sitzmöglichkeiten, ein Loungebereich und die abgestuften Liegeterassen garantieren Entspannung pur. Auch für das leibliche Wohl ist bestens gesorgt. Der Freibadkiosk verwöhnt die Besucher mit Speis und Trank. Der Zugang zur Gastronomie ist auch ohne Eintritt möglich. Zudem ist ein großer und gebührenfreier Parkplatz am Rathaus vorhanden, von hier ca. 2 Min. Fußweg zum Bad.

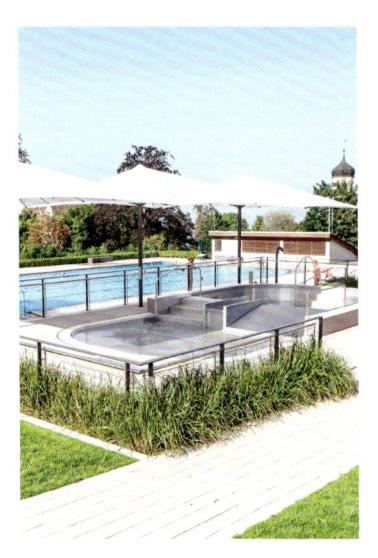

🕐 Mitte Mai bis Mitte September täglich bei guter Witterung von 9 bis 21 Uhr
Forsthausweg, 88633 Heiligenberg
Tel: 07554 998312 (Tourist-Information Heiligenberg) · www.heiligenberg.de

Deggenhausertal

Der Schaukelweg

Im Luftkurort Deggenhausertal zwischen Roggenbeuren und Urnau verläuft ein fünf Kilometer langer Rundweg, auf dem 14 unterschiedliche und auch besondere Schaukeln zum Toben einladen. Start sowie Ziel ist am Parkplatz in Roggenbeuren mit einer Orientierungstafel beim Gasthaus Ochsen – wo man am Ende des Schaukelausflugs gleich wunderbar seinen Durst oder kleinen Hunger stillen kann.

Von dort geht es los mit einer ungewöhnlichen Fassschaukel, in die Grundschulkinder sogar zu zweit reinpassen. Von Schaukelpferden, Mulden- und Babyschaukel schon für die ganz Kleinen über Drehkarussell zum Hochhinausfliegen, Wippe, Schiff- sowie coole Balkenschaukel für größere Kinder bis zur Hollywood-, Partner- oder Reifenschaukel und sogar Hängematte für Mama und Papa hat hier jeder seinen „Spaß und Schwung".
Eingebettet in Streuobstwiesen und Ackerflächen rund um das Waldgebiet Egg ist der Schaukelweg zudem ein Naturerlebnis fürs Auge und dazu gut mit Kinderwagen oder auch Dreirad befahrbar. Nur ein kurzer Feldweg wird etwas unebener. Begehbar: Osterferienbeginn bis Anfang November

| www.deggenhausertal.de

Bodensee-Swingolf – Spiel, Spaß und Genuss

Die idyllisch gelegene Swingolf-Anlage im schönen Hinterland des Bodensees bietet Spaß und Erholung inmitten üppiger Natur.

Aus der ehemaligen Obstplantage wurde ein liebevoll angelegtes Areal angelegt, mit zwölf Swingolf-Bahnen mit einer Länge zwischen 60 und 205 Metern. Das Gelände ist eingebettet in herrlich grüne Landschaft, sodass Sie auf einer gemütlichen Runde schnell den Alltag hinter sich lassen können.

Wer auf das Spiel verzichten möchte, macht es sich auf der Sonnenterrasse oder in im lauschigen Biergarten gemütlich. Im Hofcafé gibt es Süßes und herzhafte kleine Speisen wie Flammkuchen, Wurstsalat oder Pommes. Das Hofcafé dient auch als Location für Geburtstagsfeiern und Familienfeiern.

Wendlingen 31 · 88693 Deggenhausertal
Tel: 07555 9279890
www.bodensee-swingolf.de

Frickingen

Das Naturatelier

Eine von der Natur zurückeroberte Müllhalde in Frickingen-Altheim wurde von den Camphill Schulgemeinschaften in Zusammenarbeit mit Künstlern und Handwerkern als ein offenes Naturatelier mit Kunst- und Veranstaltungspark gestaltet. Seit 2006 entsteht hier ein Ort der Inklusion, an dem Menschen mit und ohne Behinderung die Möglichkeit haben in der Natur zu lernen, zu erfahren und zu arbeiten.

Das Naturatelier Frickingen liegt in herrlicher Lage über dem Salemer Tal mit Aussicht auf die Alpen. Durch den offenen Park führen Wege zu verschiedenen Plateaus und versteckten Orten zum Spielen, Lernen und kreativen Gestalten. Vielseitige künstlerische Workshops für Jung und Alt laden zu kreativem Schaffen ein, außerdem bietet das Naturatelier eine stimmungsvolle Kulisse für verschiedene kulturelle Veranstaltungen. Das Naturatelier ist unter anderem als Station des Jubiläumswegs Bodenseekreis und des Apfelrundwegs Frickingen in die Region eingebunden. Bestens geeignet für Grillfeste, Firmenfeiern und Kindergeburtstage, mit oder ohne Bewirtung (durch das Lagerhäusle-Team: www.lagerhaeusle.de).

Golpenweiler Straße
88699 Frickingen-Altheim
Tel: 07554 8001340
www.naturatelier.de
www.camphill-schulgemeinschaften.de

Naturerlebnisbad Leustetten

In Eigeninitiative der Leustetter Bürger entstand hier aus einem gewöhnlichen Freibad das erste Naturerlebnisbad des Bodenseekreises.

Statt Chlor und Algenvernichter übernehmen Pflanzen und Mikroorganismen in einem extra Regenerationsteich die Reinigung des Wassers. Ein Kleinkinderplanschbecken und zusätzlich ein Nichtschwimmerbereich, das Beachvolleyballfeld, ein Sprungfelsen und das kleine Restaurant „Zugvogel" mit wunderbarer Aussicht bieten Badespaß für die ganze Familie.

Mit einer behindertengerechten Toilette und Dusche sowie mobilen Rampen ist auch an Menschen mit Handicap gedacht.

Mai bis September täglich von 10 Uhr bis 19 Uhr (bei gutem Wetter)
Badweg 5, 88699 Frickingen-Leustetten,
Tel: 07554 9864717
www.naturbad-leustetten.de

Museen in Frickingen

Bodenseeobst-Museum Frickingen

Das kleine, interessant gestaltete Bodensee-Obstmuseum in Frickingen widmet sich den verschiedensten Aspekten rund um den Obstanbau am Bodensee. In der anschaulich gestalteten Ausstellung im historischen Petershauser Hof zeigt das Bodensee-Obstmuseum neben dem Blick in die Geschichte auch, wie die heutigen Obstanlagen entstanden und wie sich der Markenbegriff Bodensee-Obst mit dem Eisenbahnbau etablierte. Ehrenamtliche Fachkräfte vermitteln Ihnen in weiteren kleinen Abteilungen außerdem viel Wissenswertes über die Themen Züchtung und Pflege, Obstsorten, Pflanzenschutz, Ernte und schließlich die vielfältigen Möglichkeiten zur Verarbeitung der köstlichen Früchte. Das Bodensee-Obstmuseum ist von Palmsonntag bis 1. November immer an Sonn- und Feiertagen von 10:30 – 12:00 Uhr geöffnet.

Gerbermuseum Lohmühle:

Im Ortsteil Leustetten gibt eine ehemalige Lohmühle Einblick in das alte Gerberhandwerk. Lohe wurde aus Baumrinde hergestellt und lieferte die Gerbsäure zur Bearbeitung und Konservierung der Tierhäute. Ehrenamtliche Führungskräfte informieren über die verschiedenen Arbeitsschritte bei der Lederherstellung und setzen auch gerne das Mühlrad und die angeschlossenen Maschinen in Betrieb.

Tüftler-Werkstatt-Museum:

Im Ortsteil Altheim konnte eine über hundert Jahre alte Mechanikerwerkstatt als technisches Denkmal nahezu unverändert erhalten werden. Wohl gerade deshalb waren die Mechaniker Widmer Tüftler im wahrsten Sinn des Wortes. Ehrenamtliche Führungskräfte setzen gerne die Maschinen in Betrieb und erläutern deren Funktion – sehr zur Freude der kleinen wie der großen Technikfans.

Für alle Museen:

🕐 1. Mai bis 1. November jeden So. von 10:30 Uhr bis 12 Uhr.

€ Eintritt frei

Information / Anmeldung:
Tel: 07554 98300 · www.frickingen.de

Apfelrundweg

Der 13 km lange Rundweg umschließt die drei Teilorte der Gemeinde Frickingen.

18 Stationen auf diesem Weg beschäftigen sich mit dem Obstbau, bieten herrliche Ausblicke und zeigen die Naturschönheiten und Sehenswürdigkeiten der reizvollen Linzgau-Gemeinde.

| www.bodensee-linzgau.de

Pfullendorf

Fußball-Golf und Abenteuer-Golf

Am westlichen Ende des Seepark-Geländes in Pfullendorf liegen Deutschlands verrückteste Golfanlagen. Und es ist egal, ob Sie den kleinen Wettbewerb genießen, oder als Familie einfach nur Spaß haben wollen: Bei Seepark-Golf in Pfullendorf sind Sie auf jeden Fall richtig!

„Deutschlands verrückteste Fußball-Golfanlage" bietet auf rund 30.000 Quadratmetern alles, was einen erfolgreichen Fußball-Tag ausmacht. Einfach nur Spielfreude und ein Paar Sportschuhe (Kickschuhe sind nicht gestattet) mitbringen, an der Kasse einen Ball samt Spielbrett mitnehmen – und schon kann's losgehen. Auf dem weitläufigen Gelände warten 18 Bahnen mit Spiel, Spaß und Spannung, verquickt mit allerlei Wissenswertem zum Thema Fußball auf die Besucher.

Die Bahnen sind thematisch aufgebaut und basieren auf verrückten Ideen. Sie beschäftigen sich mit „Street Soccer", "Frauenpower", dem „Wunder von Bern". Oder heißen „Himmlischer Fußball" oder „Die verrückten Kicker". Sieger ist nicht unbedingt derjenige, der den schärfsten Schuss hat! Vielmehr ist Ballgefühl gefragt, um die Hindernisse zu überwinden. Ziel ist nämlich, den Ball mit möglichst wenigen Kicks ins Loch zu befördern – da siegt an so mancher Bahn vorsichtiges Heranpirschen vor kraftvollem Abschlag.

Auf der benachbarten Abenteuer-Golfanlage stehen 18 mit Kunstrasen belegte Golfbahnen bereit, auf denen Sie mit dem Golfball pfiffige Hindernisse überwinden können. Die Bahnen, Sounds und technische Raffinessen bieten ein einmaliges Ambiente. Bemerkenswert sind die lokalen Bezüge der einzelnen Bahnen. Wo sonst ist es möglich, auf einer Fläche von rund 6.400 Quadratmetern den Bodensee komplett zu umrunden, ein schwäbisches Erdbeben zu erleben oder den Säntis zu erklimmen? Klar wird bei beiden Anlagen: egal ob mit kleinem oder großen Ball, das gemeinsame Erleben ist großgeschrieben.

€ Abenteuer-Golf: Erwachsene 9 €, Kinder 8 €, ermäßigte Familienkarten
Meßkircher Str. 30/2 · 88630 Pfullendorf
Tel: 07552 9281300 · www.seepark-golf.de

BODENSEE

Wakeboarden / Wasserskifahren

Ein Riesen Spaß für Groß und Klein: An der Wakeboard- und Wasserskiseilbahn kommen nicht nur Fortgeschrittene voll auf Ihre Kosten. Auch wer noch nie auf einem Wakeboard oder Wasserski gestanden ist kann hier im öffentlichen Betrieb nach einer kurzen Einweisung direkt auf dem Wasser starten.

Los geht`s hier z.B mit einer 1, 2 Stunden Karte oder einer Tageskarte (Ermäßigte Preise für Kinder, Wasserski und Schwimmweste sind inklusive. Wakeboards und Neoprenanzüge gegen Gebühr). Beliebt bei Jung und alt sind die Anfängerkurse am Übungslift. Hier lernt ihr in kleinen Gruppen unter Anleitung eines professionellen Trainers die ersten Starts und Runden an der Anlage. (Wochenendkurse / Ferienkurse). Anmeldung erforderlich!

Weitere Angebote:
Bahnmiete für Gruppen, Kindergeburtstage, Verleihservice, Shop mit aktueller Beachwear, Hindernissparcour (Obstaclepark)

🕛 Täglich ab 12 Uhr
Bannholzerweg 18 · 88630 Pfullendorf
Tel: 07552 938741
www.wasserskipark-pfullendorf.de

Du kennst noch weitere Ausflugsziele?

Lass es uns wissen!

redaktion@kindersommer-online.de

Pfullendorf

Der Seepark

Der Seepark Linzgau ist mit seiner Gestaltung und seinem Flair, aber auch mit seinen großzügigen Außenflächen ein optimales ganzjähriges Ausflugsziel für die ganze Familie.

Schöne Spazierwege, eine Wassererlebniswelt, Spielplätze zum Toben und Erkunden, Klettern oder Balancieren, sowie spannende Ausflugsziele locken in die familienfreundliche Parkanlage in Pfullendorf. Das Strandbad im Seepark bietet mit einem Badesee mit Beach-Volleyball, Liegewiese, Kinderbadebereich und dem Tauchzentrum Spaß im kühlen Nass.

Ein besonderes Highlight im Sommer ist der Wasserskipark Pfullendorf. Eine weitere Attraktion sind Deutschlands verrückteste Golfanlagen: Auf den mit Kunstrasen belegten Bahnen gibt es bei der Abenteuergolf-Anlage technisch knifflige Neuheiten. Bei der Fußballgolf-Anlage bieten achtzehn Bahnen zwischen 30 und 130 Meter jede Menge Gaudi für Fußball-Fans und andere „Verrückte".

Auch in der kalten Jahreszeit wird es hier nicht langweilig: Das Eiszelt lockt mit einer großen überdachten Eisfläche. Für das leibliche Wohl sorgen drei Gastronomien und verschiedene Grillstellen im Park.

> 🕐 Der Park ist täglich geöffnet
> (9 Uhr bis Sonnenuntergang)
> € Eintritt Frei
> Parkpaltz gebührenpflichtig
> Für die einzelnen Attraktionen
> fallen Eintrittspreise an.
> Das Lukullum im Seepark, die Jägerhof Gastronomie und das La Maison du Lac sind auch außerhalb der Öffnungszeiten zugänglich. www.seepark-linzgau.de

Oberteuringen

Staatl. anerkannter Erholungsort

Weithin sichtbar ist Oberteuringen durch seinen eindrucksvollen Kirchturm der St.-Martinus-Kirche. Traumhafte Ausblicke sind bei schönem Wetter vom Aussichtspunkt des Ferienzentrums in Bitzenhofen garantiert – vor allem empfehlenswert bei Föhnwetterlage, wenn der See und die Alpen zum Greifen nah erscheinen.

Besonders für Kinder ist Oberteuringen ein wahres Abenteuerparadies. Der Fluss Rotach, der sich durch idyllische Ortsteile schlängelt ist frei zugänglich und lässt auf der Rotach-Insel genug Freiraum zum Spielen. Kultur und Unterhaltung werden regelmäßig im Kulturhaus Mühle geboten, in dem sowohl Kunst als auch Comedy zum festen Programm gehören. Die Mühle selbst ist ein eindrucksvolles Gebäude aus dem 18. Jahrhundert, dass im Jahr 2002 grundlegend renoviert wurde.

Ob Kultur oder Naturgenuss – in Oberteuringen ist vieles geboten. Auf insgesamt über 80 km ausgeschilderten Wander- und Radwegen kann man die schöne Naturlandschaft der Gemeinde Oberteuringen zu Fuß oder mit dem Rad erkunden. „Wandern mit Weitblick auf den Panoramawegen" – diese Wege führen vom Standort Bitzenhofen aus. „Auf Schusters Rappen durch Feld und Flur" – durch herrliche Naturlandschaft führen diese Riedwege, teilweise durch die Naturschutzgebiete „Altweiherwiesen" und „Hepbacher-Leimbacher Ried", die zum Bodenseepfad zählen. Der Bodenseepfad ist ein Naturlehrpfad mit Hinweistafeln zur Tier- und Pflanzenwelt im Wandergebiet. „Altweiherwiesen" – ausgehend vom Standort Oberteuringen führen schöne Wanderwege entlang der Rotach, vorbei an Kiesgrubenweiher und Grillplatz mit Streuobstwiese, die dann in verschiedene Richtungen weiterführen.

Hohenfels

Naturbad

Im Gegensatz zu den gechlorten Freibädern durchfließt das Wasser zur Reinigung einen Laubfang, zwei Pflanzenkläranlagen sowie einen Pufferteich. Die Wasserqualität wird regelmäßig von einem Institut geprüft. Vor allem Familien mit Kleinkindern genießen die Übersichtlichkeit im Bad. Für die Kleinsten gibt es ein beschattetes Spielbecken. Die Größeren amüsieren sich auf der Wasserrutsche, springen von einem Naturfelsen in die Tiefe oder vergnügen sich auf dem Beachvolleyballfeld.

Täglich von 10 bis 20 Uhr,
Kiosk und Terrasse 10 bis 23 Uhr
Kahlweg 10, 78355 Hohenfels
www.naturbad-hohenfels.de

Meersburg

Mehr Kultur, mehr Geschichte, mehr Genuss, mehr Freizeit

Reich an Kultur und Geschichte, das ist das romantische Städtchen Meersburg. Mit seiner imposanten Lage, den historischen Gebäuden, der Fachwerkkulisse und den verwinkelten Gassen in der Altstadt gilt Meersburg als ein Juwel des europäischen Städtebaus.

Die „Alte Burg", Deutschlands älteste, bewohnte Burg, und das „Neue Schloss" aus barocker Zeit sind die dominantesten Gebäude. Sie thronen hoch über dem See und sind Zeugen der über 1000-jährigen Geschichte.

Meersburg schafft es aber, Geschichte und Moderne auf besondere Art und Weise zu zeigen. Inmitten der historischen Altstadt setzt das vineum bodensee im ehemaligen „Heilig-Geist Spital" einen frischen, modernen, zeitgenössischen und außergewöhnlichen Akzent. Die Verbindung zwischen Tradition, Moderne und Genuss gelingt in diesem Haus für Wein, Kultur und Geschichte auf eine sehr inspirierende Art und Weise. Überhaupt hat die Stadt mehr zu bieten als Ihre Geschichte und Tradition.

Bei einem Gang von der Oberstadt über die berühmte Steigstraße hin zum See und der Promenade kann man das südliche Flair spüren und auf Entdeckungstour gehen. Läuft man über die Promenade weiter am See entlang, entdeckt man mit dem See- und Freibad und der anschließenden Meersburg Therme das „Badeparadies".

| www.meersburg.de

Bild: Martin Maier Photography BFF

BODENSEE

Neues Schloss Meersburg - Zu Gast bei den Fürstbischöfen

Hoch über dem Bodensee thront das Neue Schloss Meersburg, die barocke Residenz der ehemaligen Fürstbischöfe von Konstanz. Hier können Kinder und Familien in vielfältiger Weise die prächtigen Räume des Schlosses erkunden und in die Lebenswelt des 18. Jahrhundert eintauchen.

Bei einer Audioguideführung lernen unsere kleinen Gäste die sympathische Lachmöwe Ridibunda kennen. Sie begleitet sie durch die Privaträume, Staatsappartements und den Spiegelsaal und erzählt dabei viel Spannendes über die prunkvolle Wohn- und Lebenskultur der Fürstbischöfe. Besonders schön sind dabei die vielen Stuckarbeiten an den Decken der Räume mit ihren meist amüsanten Darstellungen. In der Stuckstation bietet sich die Möglichkeit, diese in besonderer Weise zu entdecken: Über einen Monitor können die Stuckaturen farbig gestalten werden. Sehenswert ist zudem das Naturalienkabinett mit seinen Fossilien und exotischen Muscheln, das bereits im 18. Jahrhundert bei den Zeitgenossen großes Aufsehen erregt hatte. In interaktiven Schaukästen können die Besucher die Objekte kennenlernen.

Für Kinder und Jugendliche ist der Besuch am Originalschauplatz immer ein Abenteuer und Erlebnis. Wie hat man sich in adeligen Kreisen gekleidet, begrüßt oder Feste gefeiert? Diesen Fragen geht die Kinderführung „Leben am Hofe" nach. In historischen Kostümen entdecken die Kinder das Schloss und spielen im eindrucksvollen Treppenhaus den vornehmen Gruß, die Reverenz, nach. Zu den Führungen siehe Website.

Ein abschließendes Verweilen auf der Terrasse bei Kuchen oder Eis mit dem grandiosen Blick über den Bodensee bis zu den Alpen macht den Besuch zu einem unvergesslichen Erlebnis.

🕐 1. April bis 1. November:
täglich 9:30 bis 18 Uhr
€ Eintritt inkl. Audioguide:
Erw.: 6 €, Erm. 3€, Familien: 15 €
👪 Ab 6 Jahren
Schlossplatz 12 · 88709 Meersburg
Tel: 07532 8079410
www.neues-schloss-meersburg.de

BODENSEE

Meersburg

Strand- und Freibad

Sommertage am See, die in Erinnerung bleiben! Badespaß mit der ganzen Familie, Eis schlecken mit neuen Freunden, der Sprung ins glasklare Seewasser und einem schönen schattigen Plätzchen zum Ausruhen.

Aufgrund seiner großzügigen Liegewiese mit wunderschönem altem Baumbestand und dem erlebnisreichen Angebot für die ganze Familie, verwundert es nicht, dass es zu den schönsten Frei- und Strandbädern am Bodensee zählt. 7.000 qm Liegewiese, 50 qm Sportbecken mit 8 Bahnen, Erlebnisbecken mit Strömungskanal, Bodensprudel und Rutsche, 2 wunderschön gestaltete Kinderbecken, aber auch der direkte Zugang zum Bodensee mit Sprungturm im See machen den Badespaß komplett. Ein kleiner Abenteuerspielplatz für die Jüngsten, wie aber auch ein Beachvolleyballfeld und Tischtennisplatten für die Älteren, lassen keine Wünsche für einen gelungenen Sommertag am See offen. In der hauseigenen Gastronomie gibt es alles, was das Herz begehrt und hungrige Mäuler zufrieden stimmt. Gerne lässt man den Tag im Schatten der alten Bäume ausklingen und genießt den einzigartigen Blick auf den Bodensee und die fantastische Bergwelt der Schweizer Alpen.
Tel: 07532 4402850

Das Jufa Hotel

Übernachten Sie im historischen Gemäuer des JUFA Hotels Meersburg mit viel Charm und Gastlichkeit. Starten Sie Ihren Urlaubstag beim reichhaltigem und regional geprägten Frühstücksbuffet.

Wer dem teils hektischen Treiben am Seeufer mal entfliehen möchte, dem empfehlen wir ein paar entspannte Stunden im Gastgarten oder einen Spaziergang durch die romantische Altstadt. Ebenso bietet sich der Besuch der unweit gelegenen Meersburg oder des neuen Schlosses an. Das JUFA Hotel Meersburg liegt inmitten der historischen Oberstadt von Meersburg und bietet neben einem Cafe, Fahrradverleih, Kinderspielzimmer, Gastgarten mit Kletterschiff und einem Restaurant den perfekten Ausgangspunkt für einen Urlaub am Bodensee.
Vorburggasse 1-3 · 88709 Meersburg
Tel: 07532 4458092
www.jufahotels.com/hotel/meersburg

Die Burg Meersburg

Die Meersburg ist die älteste bewohnte deutsche Burg im Privatbesitz, eine Attraktion am Bodensee und das Wahrzeichen der Stadt. Sie ist täglich geöffnet.

Beim Rundgang erlebt man das Mittelalter durch 36 Museumsräume; man kommt durch den mittelalterlichen Wohntrakt, einem Rittersaal, Türme und den malerischen Burggarten, das Verlies und die Folterkammer und vieles mehr. Im Sommer kann man ohne Aufpreis an Themenführungen teilnehmen, die alle 30 Minuten beginnen und etwa 20 Minuten dauern. Auskunft: bei Ankunft in der Torwache. „Belebte Burg", das steht für dargestellte Geschichtskultur mit historischen Darstellern zwischen dem 11. und 16. Jahrhundert. „Belebte Burg" findet an jeweils einem Wochenende der Monate April bis Oktober statt. Ohne Aufpreis.

🕐 Burgmuseum und Burg-Café:
Ganzjährig täglich 9 bis 18:30 Uhr
€ Kinder (6 bis 13) 6 €, Erwachsene 9,60 €
Tel: 07532 80000
www.burg-meersburg.de

Bibelgalerie

Wo Familien gerne reinkommen - und aus dem Staunen kaum mehr heraus.

Kleine und große Entdecker können die Welt der Bibel mit allen Sinnen erleben: Im Nomadenzelt den Geschichten von damals lauschen. Mit den Händen ausprobieren, wie aus Korn Mehl wird. Biblische Düfte riechen. Die Augen über kostbare Bibelseiten wandern lassen. In Musik, Kunst und Sprache Bibelspuren aufstöbern. Raum für Raum öffnet sich eine neue Themenwelt.

Bunte Kinderwelt: Für die ganz Kleinen gibt es eine Spielecke zu Bibelgeschichten, für Kids eine spannende Entdeckertour.

🕐 März bis November
Di bis Sa 11 bis 13 und 14 bis 17 Uhr,
So u. Feiertag 14 bis 17 Uhr
Erwachsene: 6 €, Kinder ab 6 Jahre: 3 €
Geeignet ab 4 Jahre
Kirchstraße 4 · 88709 Meersburg
Tel: 07532 5300
www.bibelgalerie.de

Immenstaad

Ausgezeichneter Familienurlaub am Bodensee

In Immenstaad erleben Sie Familienspaß und Entspannung: Wassersport und Baden - Aktivurlaub und Natur.

Mit seinen idyllisch gelegenen Ortsteilen Kippenhausen und Frenkenbach ist Immenstaad eine ausgezeichnete Wahl für den Familienurlaub am Bodensee und wurde deshalb erneut mit dem Prädikat „familien-ferien" als einer der familienfreundlichsten Orte in Baden-Württemberg ausgezeichnet.
Zahlreiche Gastgeber, einige davon auf Obst- und Ferienhöfen, heißen besonders Familien willkommen.

Fotos: Christoph Düpper

Abenteuerpark – Kletterwald der besonderen Art

11 Kletterparcours und 2 Kids-Parcours für Kinder ab 3 Jahren führen durch lebende Bäume in 4 bis 15 Meter Höhe.

🕐 Ende März bis Anfang November
täglich, Uhrzeit je nach Saison
Tel: 07545 949462 · www.abenteuerpark.com

Immo's Kindertreff - Ferienprogramm für Kinder und Familien

Das Kinderferienprogramm „Immo's Kindertreff" findet in den Pfingst- und Sommerferien statt.

Ein kunterbuntes Programm mit gemeinsamen Basteln oder Ausflügen. Fröhliche Unterhaltung gibt es dann für die Kids, aber auch für die komplette Familie. Einfach mal reinschauen! Das Wochenprogramm liegt immer zwei Wochen zuvor aus bzw. kann auf der Internetseite der Tourist-Information (www.immenstaad-tourismus.de) heruntergeladen werden.

Käpt`n Golf

Hier gibt es viele Überraschungen und jede Menge knifflige Aufgaben, die ein echter Abenteurer bestehen muss. Die abenteuerlich gestaltete Golfanlage direkt am Bodenseeufer.

mit der Piraten Lounge lädt zum Spielen und Verweilen ein. Es erwartet euch eine Adventure Golf Anlage der aufregenden Art.

Auf 13 Bahnen begibst du dich mit Käpt´n Golf und seiner Piratenmannschaft auf eine abenteuerliche Reise. Für die mutigen Abenteurer gibt es Kanus, Kajaks und SUP´s zum Mieten. Im Piratennest kann man selbst grillen, mit Freunden feiern und Kindergeburtstage feiern. Ahoi!

Seestraße West 37 · 88090 Immenstaad
Tel: 07545 9499690 · www.kaeptngolf.de

Elektronische Schnitzeljagd

Besonders spannend sind auch die elektronischen Schnitzeljaqden. Ausgerüstet mit einem Rucksack voller nützlicher Utensilien geht es auf Schatzsuche.

Auf drei unterschiedlichen Touren führt der Weg zu verschiedenen Stationen. Unterwegs gilt es knifflige Aufgaben und spannende Rätsel zu lösen. Dabei geht es durch Wälder und Obstplantagen, zu versteckten Grotten und tollen Aussichtspunkten oder am See entlang. Und am Ende wartet sogar noch ein Schatz! Die notwendige Ausrüstung kann in der Tourist-Information ausgeliehen werden.

Tel: 07545 2013700
www.immenstaad-tourismus.de

Immenstaad

Entdeckertour auf dem See – mit Kanu, SUP oder Boot

Den Bodensee einmal aus einer anderen Perspektive entdecken.

Mit einem Kanu oder Kajak oder SUP um die Wette paddeln oder mit der ganzen Familie eine Tour machen – beides ist ab Immenstaad kein Problem. Kanu oder Kajak, Schwimmweste, sowie eine Einweisung gibt's bei Käpt'n Golf direkt neben dem Aquastaad. Wer Hoch(see)gefühle auf dem Motor- oder Segelboot und Action beim SUP sucht, ist bei Seewärts genau richtig.

Tel: 07545 9499690 · www.kaeptngolf.de
Tel: 07545 6293 · www.seewaerts-bodensee.de

Die Lädine

Fast in Vergessenheit geraten, wurde in den 1980er Jahren vor dem Strandbad Immenstaad das Wrack eines Vorläufers der Lädinen gefunden. Dies veranlasste den mittlerweile pensionierten Immenstaader Lehrer Rolf Hiss den Nachbau eines dieser historischen Lastenseglers in Angriff zu nehmen. So fährt die Lädine „St. Jodok" nun seit dem Jahr 1999 als einziges Schiff seiner Art auf dem Bodensee, um Ihnen einen Eindruck einer 500 Jährigen Bodenseegeschichte zu vermitteln.

Am Bodensee wusste vor vierzig Jahren kaum noch jemand von der Existenz der Lastsegelschiffe, die seit dem 15. Jh. den See in großer Zahl befuhren. Die größeren nannte man „Lädinen" und die kleineren „Segmer". Diese Schiffe transportierten Salz von Ost nach West, Bausteine aus dem südlichen Rorschach nach den nördlichen Uferorten und landwirtschaftlichen Produkten zu den Märkten der Städte und Lagerhäusern von Handelsherren und Klöstern.

Im Wort „Lädine" steckt das alemannische „Lädi" (Ladung, Last), in „Segmer" das uralte griechisch/römische Fachwort für Tragtierlast, die nach Überqueren des Bernhardinopasses auf diese Schiffe im Ostteil des Bodesees umgeladen wurde. Diese Schiffe hatten, nach mediterranem Vorbild, einen karweel beplankten Rumpf - im Gegensatz zum geklinkerten der nördlichen Meere. Die Lädinen waren 15 m bis über 30 m lang. Ihre Tragkraft reichte bis 120 Tonnen. Nach dem Aufkommen der Dampfschifffahrt und der Fertigstellung der Bodenseegürtelbahn verschwanden diese hölzernen Lastschiffe. Letzte Exemplare fuhren bis in die zwanziger Jahre des 20. Jahrhunderts.

CMS Schifffahrt
Alte Owinger Str. 90 · 88662 Überlingen
Tel: 07551 916904 · www.laedine.de

BODENSEE

Der Katamaran
In 52 Minuten nach Übersee

Volle Fahrt voraus zwischen Konstanz und Friedrichshafen

die tiefste Stelle des Bodensees rauscht und die Wellen schaukeln, weht einem im Außenbereich ordentlich Fahrtwind um die Nase. Die Aussicht auf das Bergpanorama kann man aber auch in der Kabine genießen: mit Bordgastronomie und Bord-TV sowie Kinderspielecke vergeht die Zeit wie im Flug. Dank der Tarifaktionen und vergünstigten KombiTickets mit dem Sea Life Konstanz, dem Dornier Museum Friedrichshafen, dem Ravensburger Spieleland oder dem Archäologischen Landesmuseum Konstanz ist die Überfahrt für Familien doppelt lohnenswert. Die Katamarane sorgen an sich schon für Begeisterung. Die modernen, klaren Linien erinnern an ein Raumschiff. Beinahe schwerelos gleitet der Katamaran übers Wasser und der Zugang zum Schiff erfolgt über eine Zugbrücke: damit gelangen auch kleinere Geschwister im Kinderwagen problemlos an Bord. Der Kapitän begrüßt übrigens jeden Fahrgast persönlich – vielleicht braucht er ja noch Verstärkung in seiner Crew.

Schneller geht's nicht: in nur 52 Minuten „fliegt" der Katamaran über den See und landet direkt an den Seepromaden der zwei größten Städte am See - ganz bequem und mit jeder Menge Fahrspaß. Ohne Stau und Parkplatzsuche, dafür aber mit jeder Menge Spaß erreicht man in nur wenigen Minuten Shoppingmeilen, Museen, Events und das Sea Life Konstanz.

Stündlich queren Fridolin, Constanze und Ferdinand den Bodensee – Abfahrt ist immer zur vollen Stunde. Während man über

Anlegestellen Hafen
Friedrichshafen & Konstanz
Tel: 07531 3639320
www.der-katamaran.de

Kinder Sommer | 221

Friedrichshafen

Dornier Museum - Ein Sommer voller Fliegerspaß

Das Dornier Museum bietet ein Programm für die ganze Familie

Flugzeuge und Aktionen, Technik und Visionen: Der Sommer wird spannend im Dornier Museum am Flughafen in Friedrichshafen. Ein buntes Kinder- und Familienprogramm zieht sich durch die gesamte Ferienzeit: Für Urlauber-Familien und Einheimische wird das Museum zur Erlebniswelt mit tollen Angeboten und Aktionen. Warum nicht mal mit Tretfliegern auf die Rennstrecke gehen? Oder im Flugsimulator eine Runde über den Bodensee drehen, im Cockpit der legendären Kuriermaschine DO 27…? Und wenn die Kinder sich an den Flugzeugen satt gesehen haben: Ab auf den Spielplatz und aus einer original DO 27 rutschen, während die Eltern auf der Terrasse des Museums-Restaurants DO-X relaxen.

Toniebox®-Rätseltour und Kinder-Raumfahrtausstellung

Neu ist eine spannende Rätseltour mit dem bekannten Kinder-Audiosystem toniebox®. Die Toniefiguren helfen dabei, die Welt der Luft- und Raumfahrt zu erkunden. Ganz neu ist auch die Kinder-Raumfahrtausstellung im Dornier Museum. Hier dreht sich natürlich alles rund um das größte Geheimnis, das Weltall. Schon mal einen echten Raumanzug gesehen? Oder einen originalen Mars-Meteoriten aus der Nähe betrachtet? In der neuen Raumfahrt-Dauerausstellung warten einige besondere Exponate, die von kleinen und großen Entdeckern bestaunt werden können. Auch eine Außerirdischensammlung, tolle Raumfahrt-Lego-Modelle oder eine Marsstation der Zukunft machen den neuen Raumfahrt-Kinderbereich zum Erlebnis.

Täglich von 10 bis 17 Uhr
www.dorniermuseum.de

Zeppelin NT - die schönste Art zu fliegen

Die berühmten Zeppelin-Luftschiffe gehören längst nicht der Vergangenheit an. Seit 2001 fliegt wieder ein ganz moderner Zeppelin über Friedrichshafen und dem Bodensee - der Zeppelin NT. Und ja, er fliegt!

Wie der Name NT (Neue Technologie) schon sagt, nutzt dieser Zeppelin eine neue Technik. Ähnlich wie ein Hubschrauber hebt er mit seinen Motoren vom Boden ab. Dennoch gleitet der weiße Gigant ganz sanft durch das Luftmeer. Der Zeppelin NT erkundet die Lüfte auf 12 verschiedenen Routen. Start und Landung sind jeweils am Zeppelin Hangar in Friedrichshafen. Auf der Besucherterrasse sowie im Restaurant kann man den Zeppelin NT dabei aus der Nähe beobachten.

Auch in der Zeppelin Werft gibt es Spannendes zu erleben. Eine Werftbesichtigung gibt Einblicke, wie das Luftschiff gebaut ist und was es alles kann. Hinter den riesigen Toren des Hangars wartet spannende Technik darauf, von jedem Besucher entdeckt zu werden. Auch Originalteile des Zeppelin NT dürfen einmal in die Hand genommen werden. In einer der größten freitragenden Hallen Süddeutschlands mit einer Höhe von 34 Metern, lernt man das Zuhause des Zeppelin NT kennen.

Übrigens: Zeppelin-Flüge können auch als Gutschein verschenkt werden. Außerdem bietet die Deutsche Zeppelin-Reederei regelmäßig interessante Sonderaktionen an.

Messestraße 132
(früher Allmannsweilerstraße 132)
88046 Friedrichshafen
Tel: 07541 59000 · www.zeppelinflug.de

Friedrichshafen

Das Zeppelin Museum

Wo sitzt der Kapitän? Wie kommt ein Zeppelin in die Luft? Warum ist er so groß? Der Mythos Zeppelin wird im Zeppelin Museum lebendig. Familien fühlen sich im Nachbau der LZ 129 „Hindenburg" wie Passagiere an Bord des berühmten Luftschiffs. Oder sie werfen einen Blick hinter die Kulissen und lernen Maschinisten, Navigatoren oder den Schiffskoch kennen. Ob alleine oder mit einer der zahlreich angebotenen Führungen, Rallyes und Workshops für Kinder und Familien können sie das im ehemaligen Hafenbahnhof direkt am See gelegene Museum erkunden.

Dort kann zwischen zahlreichen Sonderprogrammen gewählt werden, um den Besuch noch abwechslungsreicher und spannender zu machen. Sei es die „Geschichte vom Fliegen für Groß und Klein", die „Entdeckungsreise Zeppelin", Führungen durch die spannende Kunstsammlung des Museums, spezielle Workshops und Ferienprogramme und vieles mehr.

Von Mai bis Oktober können Familien das Museum jeden Freitag um 13 Uhr mit unserer öffentlichen Familienführung erkunden, die Familienkarte ermöglicht einen kostengünstigen Eintritt. Zu den Wechselausstellungen gibt es spezielle Familienworkshops in den Schulferien, für unterschiedliche Altersgruppen von 6 bis 16 Jahre. Und feiern kann man im Museum auch: Beim Zeppelin-Geburtstag geht die Geburtstagsgesellschaft (8 bis 10 Jahre) auf eine spannende Rallye durch Museum und gestaltet mit dem Team des Museums eigene Zeppeline. Für individuelle Entdecker*innen ist der Museumskoffer ideal. Kinder (ab 5 Jahren) folgen den mit Handsymbolen markierten Stationen durch das Museum. Sie finden Karten mit Aufgaben zu ausgewählten Objekten oder spannenden Information. Noch mehr zu entdecken gibt es bei den Experimentierstationen zu Auftrieb, Antrieb, Aerodynamik. Hier lernen Kinder, wie ein Zeppelin in die Luft kommt und sich bewegt. Und nicht nur das – am Flugsimulator werden sie selbst zu Pilot*innen und steuern einen Zeppelin über das Meer!

Nov. bis April: Di bis So 10 bis 17 Uhr
Mai bis Okt.: täglich 9 bis 17 Uhr
Seestr. 22, 88045 Friedrichshafen
Tel: 07541 38010
www.zeppelin-museum.de

Verleihservice und Geocaching in Ailingen

Die Tourist-Information Ailingen bietet Ihren Gästen verschiedene Verleihmöglichkeiten an.

Wer kein Fahrrad mit in den Urlaub genommen hat kann hier bequem eines ausleihen. Das Angebot reicht von Fahrrädern für Erwachsene und Kinder bis hin zum Familienrad. Ein besonderes Highlight stellt das Tandem dar. Auch ein Fahrradanhänger sowie Helme, Kindersitze und Schlösser können ausgeliehen werden.

GPS-Geräte für eine Geocaching Tour können ebenfalls in der Tourist-Information ausgeliehen werden. Dabei können Familien innerhalb zwei verschiedener Geocaching Touren wählen und damit Ailingen sowie die Umgebung kennenlernen und erforschen.

Tourist-Information Ailingen
Hauptstraße 2 · 88048 Friedrichshafen
Tel: 07541 507224
www.ailingen.de

Die Seeschwalbe

Die Seeschwalbe bietet bei schönem Wetter Rundfahrten ab Friedrichshafen Seepromenade an.

An Bord des Mahagoni Klassikers erlebt man Eleganz und Nostalgie. Der Konstrukteur Karl Marconi hat mehrere Boote konstruiert, welche von verschiedenen namhaften Werften gebaut wurden. Bekannt wurde er u. a. durch das von ihm 1969 verfasste Sachbuch" Wie konstruiert und baut man ein Boot", welches noch heute im Handel erhältlich ist.

CMS Schifffahrt
Alte Owinger Str. 90 · 88662 Überlingen
Tel: 07551 916904
www.cms-schifffahrt.de
www.seeschwalbe-fn.de

Friedrichshafen

Schulmuseum

Enge Bankreihen, knarrende Sitze, große dunkle Tafeln: Aus heutiger Sicht ist kaum vorstellbar, wie anders der Unterricht früher war. Im Schulmuseum Friedrichshafen kannst du das hautnah erleben.

Es knarrt, es riecht, es erstaunt. Schon mit dem Eintreten wird deutlich: Im Schulmuseum, direkt am Ende der Uferpromenade gegenüber dem Graf-Zeppelin-Haus gelegen, lebt Geschichte. Es ist dieser Geruch, der die Besucher empfängt: nach Büchern, nach ledernen Schulranzen, nach altem, wurmstichigem Holz… eben nach früher. Kein Wunder, versammelt das Schulmuseum, übrigens eines der größten seiner Art in Deutschland, doch eine schier endlose Sammlung an historischen Lehrmaterialen und teils kuriosen Exponaten aus hunderten Jahren Schulalltag.

Was hat es zum Beispiel mit diesen Händen auf Holz auf sich? Und ist dieser Schulranzen da tatsächlich aus Blech? All die Stücke erzählen aus der Zeit, da noch niemand die Bedeutung von Taschenrechnern, geschweige denn Tablets, auch nur erahnen konnte. In drei historischen Klassenzimmern aus 1850, 1900 und 1930 nehmen Sie in den engen Schulbänken von anno dazumal Platz, entziffern Tafelbeschriftungen und erleben selbst das Schreibgefühl, wenn der Griffel auf der Schiefertafel kratzt. So wird Geschichte lebendig und ein Erlebnis für alle Sinne.

€ Erwachsene 3,50 €, Schüler: 1,50 €
Friedrichstraße 14
88045 Friedrichshafen
Tel: 07541 20355610
www.schulmuseum.friedrichshafen.de

Audioguide Friedrichshafen

Interaktive Stadtführung für Kinder und Erwachsene - einfach mit dem Smartphone anhören. Studenten der Zeppelin Universität erzählen spannende Geschichten über die Friedrichshafener Sehenswürdigkeit.
www.audioguide.friedrichshafen.de

Sportbad Friedrichshafen

Ob ambitionierter Schwimmer, Familienplanscher, oder Ruhesuchender – jeder Badegast kommt hier auf seine Kosten.

Weitere Infos unter
www.bäder.friedrichshafen.de/sportbad/unser-bad/

Das Wellenfreibad im Stadtteil Ailingen

Rutsche, Strudelbecken, Strömungskanal, Sprungturm, Wärmehalle, Beach-Volleyball, Tischtennis und natürlich – Wellen.

Großzügiger Matsch- und Buddelbereich und Kleinkindbecken mit angrenzendem Sanitärhaus für kurze Wege! Das ganze Bad ist komplett barrierefrei gestaltet. Ein Badelift für Rollstuhlfahrer ist vorhanden.

🕒 Mitte Mai bis Mitte September,
bei guter Witterung von 9 bis 20 Uhr
€ Erwachsene 3,80 €, Kinder 1,90 €,
Familienkarte: 8 €
www.wellenfreibad-ailingen.de

Frei- und Seebad Fischbach

Thermalbecken mit Sprudelliegen, Massagedüsen, Bodensprudler und Nackendusche. Schwimmerbecken, Nichtschwimmerbecken mit breiter Wellenrutsche, Wasserkanonen und Aquapiloni. Kleinkindbecken mit Wasserrutsche, Wassertunnel und angrenzendem Matsch- und Buddelplatz. Zwei Flöße im Bodensee, Kinderspielplatz und Strandbistro.

🕒 Mai bis Sep., Mo bis Fr, 7 bis 20 Uhr,
Sa, So und Feiertag 9 bis 20 Uhr,
bei guter Witterung
Strandbadstr. 11 · Tel: 07541 2033229
www.baeder.friedrichshafen.de

Tettnang

Schlösser zum träumen, Elektrotechnik zum basteln, Hopfen zum brauen
500 Jahre lang residierten die Grafen von Montfort in Tettnang. Deswegen zieren die Stadt drei Schlösser. Im 20. Jahrhundert legte die Gewerbliche Schule den Grundstein für die heute weltweit agierende Tettnanger Elektroindustrie. Berühmt ist Tettnang für seinen Aroma-Hopfen. Und auch Obstbäume gedeihen dank der Nähe zum Bodensee prima. Regionale Spezialitäten gibt es bei den Tettnanger Gastwirten. Eltern genießen das hauseigene Bier.

Einmal Graf und Gräfin sein
Kinderkostümführung im Neuen Schloss

Wie lebten die Grafen und Gräfinnen von Montfort vor 250 Jahren? Wie sah der Alltag im Schloss aus? Welche Kleider trug man?

Eine Antwort darauf erhalten sechs- bis zwölfjährige Schlossbesucher bei der Führung in Schlossmuseum, Schlosskirche und Bacchussaal. Gekleidet in barocke Kostüme reisen die jungen Adligen in eine längst vergangene Epoche.

€ Wunschtermin für Gruppen: 81 €
(max. 15 Kinder, 6 bis 12 Jahre)
6 € pro Kind, ca. 1,5 Stunden.
Montfortplatz 1
88069 Tettnang
Tel: 07542 510500

Vom Bauer zum Brauer:
Auf dem Tettnanger Hopfenpfad bis zum Hopfenmuseum

Was wird aus den grünen Hopfenblättern hergestellt? Werden im Winter im Hopfengarten Schneehasen gezüchtet? Und was haben Hopfen und Marihuana gemeinsam?

Die Fragen beantworten Infostationen auf dem Hopfenpfad und das Hopfenmuseum. Der Pfad führt vom Tettnanger Bärenplatz hoch hinaus in die Hopfen- und Obstanlagen der Umgebung. Fantastisch ist während der Wanderung der Blick auf den Bodensee und die Alpen. Viel Wissenswertes zu Hopfen, Ernte und Braukunst gibt es im Hopfengut N°20. Und egal, ob man den Hopfenpfad hinauf oder hinunter geht: ein kühles Getränk und leckeres Vesper locken an beiden Enden.

Start: Bärenplatz Tettnang
Länge: Hin und zurück 8 km, Gehzeit: 1,5 Std., für Kinderwagen geeignet
www.hopfengut.de
www.tettnanger-krone.

Tettnanger Stadtrallye

Hopfi, der kleine Graf vom Neuen Schloss in Tettnang, hat seine Glückskrone verloren. Alle Kinder sind aufgerufen, dem schusseligen Adelsspross bei der Suche in Tettnangs Gassen zu helfen.

Vom Bärenplatz bis zum alten Schießhaus führt die Rätselroute. Wenn alle Fragen beantwortet sind und das Lösungswort richtig ist, wartet auf die Abenteurer in der Tourist Information eine kleine Belohnung aus der Schatztruhe. Die Karte zum Ratespiel gibt es kostenlos in der Tourist Information.

Montfortstraße 41 · 88069 Tettnang
Tel: 07542 510500 · www.tettnang.de

Tettnang

Hopfengut N°20

Das Hopfengut N°20 ist ein landwirtschaftlicher Betrieb, der sich ganz dem Anbau, der Ernte und Verarbeitung des Hopfens widmet.

Auf eine spannende Zeitreise durch 175 Jahre Hopfenanbau begibt sich der Besucher im Museum. Mit interaktiven Stationen und einer Schatzsuche, werden Familien zum Mitmachen, Fragen und Tüfteln animiert. Im Gutsladen lassen sich Hausbier, Hopfenlikör und andere leckere regionale Einkaufsschmankerl erstehen

€ 6 € pro Person
Hopfengut 20, 88069 Tettnang
Tel: 07542 952206
www.hopfengut.de

Technische Kuriositäten – Führung mit Lötkurs im Elektronikmuseum

In einer 50er-Jahre Umgebung zeigt das Elektronikmuseum über 350 Exponate.

Mit dabei: technische Kuriositäten, die Kinder begeistern. Ob es das Tondrahtgerät ist, die sprechende Sau oder der Rechner, der nicht richtig Minus rechnen kann! Lötzinn fließt beim Löt-Crashkurs. Vorsicht, mancher verbrennt sich auch schon mal die Finger. Aber Spaß macht's alle Male, gleich ob Junge oder Mädchen!

🕐 Wunschtermin: Freitag & Samstag
€ 70 € pro Gruppe, Sonntag 100 €
(max. 10 Kinder 9 - 13 J.), inkl. Lötmaterial
Montfortstraße 41, 88069 Tettnang,
Tel: 01757368370
www.emuseum-tettnang.de

Das Magazin
AM BODENSEE
für bewusstes Leben

120 SEITEN FÜR 6.90 EURO
Hier direkt bestellen:
www.nachhaltig-magazin.de

Langenargen

Ein Sommer mit vielen Erlebnissen

Hafenrundfahrt mit dem Seelöwen

Ab April 2019 immer montags um 17 Uhr: Fahren Sie mit dem Seelöwen von Ende März bis Oktober immer dienstags vom Gemeindehafen Langenargen in den Yachthafen oder in die Marina Ultramarin im benachbarten Kressbronn.

€ Erwachsene 16 €,
Kinder (6 bis 15 Jahre) 10 €.

Fahrt mit der Kapitänsschaluppe

Immer mittwochs um 17 Uhr:
Die Kapitänsschaluppe ist ein elegantes Motorboot für 8 Personen. Die Fahrt führt entlang der Langenargener Bucht zur Malerecke und zum Schloss Montfort. Genießen Sie die entspannte Atmosphäre an Bord!

€ Erwachsene 16 €,
Kinder (6 bis 15 Jahre) 10 €.

Sonnenuntergangsfahrt mit den Seelöwen

Ab April immer donnerstags zum Sonnenuntergang.

€ Erwachsene 18 €, Kinder (6 bis 15 J.) 12 €.

Kinderstadtführung in den Pfingst- und Sommerferien

Spukt es im Schloss Montfort? Wie alt sind die Bäume im Schlosspark oder woher hat der Münzhof seinen Namen? Diese und noch viele andere Fragen werden bei der Kinderstadtführung beantwortet.

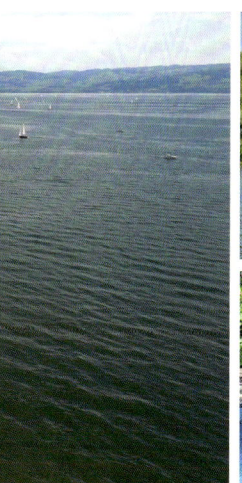

Piratenfahrt auf der Lädine

In den Pfingst- und Sommerferien startet immer freitags um 10 Uhr das historische Segelschiff Lädine mit zahlreichen kleinen Piraten zu einer abenteuerlichen Rundfahrt auf dem Bodensee. An Bord werden Piratengeschichten und Anekdoten über die Seefahrt auf dem Bodensee in früheren Zeiten erzählt. Ebenso basteln die Kinder ihre eigenen Piratenutensilien. Zur Stärkung der kleinen Seeräuber gibt es eine kleine Stärkung an Bord.

€ Erwachsene 15 €, 2 bis 15 Jahre 9 €.

Strandbad Langenargen

Angeboten werden ein beheiztes Schwimmerbecken sowie ein Spaßbecken mit Wasserpilz und Rutschbahn. Für die kleinen Gäste gibt es einen Wasserspielbereich mit Spielbrunnen, Spielgeräten sowie eine Sandmulde. Im See sind verschiedene Attraktionen installiert. Eine große Liegewiese mit Panoramablick und der Bodenseestrand laden zum gemütlichen Verweilen ein. Am Strandbad-Kiosk mit Sonnenterrasse sind Erfrischungsgetränke, Eis, kleine Mahlzeiten sowie Kaffee und Kuchen erhältlich.

€ Erw. 2,50 €, Kinder (4 bis 15 J.) 1,50 €

Turmbesteigung Schloss Montfort

Schloss Montfort ist das Wahrzeichen Langenargens. Vom Schlossturm bietet sich ein faszinierender Blick über den Bodensee, die Bergwelt der Schweizer und Österreichischen Alpen und das reizvolle Bodensee-Umland. Auch die Vogelperspektive auf den historischen Ortskern und den Gemeindehafen ist reizvoll.

€ Erwachsene 2 €, Kinder (6 bis 15 J.) 1 €

Anmeldungen und Informationen in der Tourist-Information:
Obere Seestraße 2/1, 88085 Langenargen, Tel: 07543 9330-92 · www.langenargen.de
Ermäßigungen mit der Echt-Bodensee-Card und der Gästekarte des Schwäbischen Bodensee

Kressbronn

Forscherrucksack ausleihen

Der Bodensee ist ein riesiger See, an dessen Ufern man unheimlich viel entdecken und erforschen kann. Auch auf Spazierwegen im Umland, z. B. auf dem Bauernpfad, kann man einiges beobachten.

Damit ihr alles festhalten könnt und auch zuhause noch eine Erinnerung am Bodensee habt, gibt es in der Tourist-Information im Bahnhof einen Forscherrucksack (kostenlos) zum Ausleihen. In einem Forschertagebuch, dass die Kinder dann mit nach Hause nehmen können, wird alles, was erforscht wurde, eingetragen und dokumentiert. Somit hat man danach eine tolle Erinnerung an all die Forschertouren am Bodensee.

Museum im Schlösslepark „Historische Schiffsmodelle" von Ivan Trtanj

Direkt im Schlösslepark von Kressbronn am Bodensee liegt ein kleines aber feines Museum mit historischen Schiffsmodellen von Ivan Trtanj.

Der Kressbronner Künstler hat in jahrzehntelanger Feinstarbeit eine ganze Reihe originalgetreuer Schiffsmodelle aus edlen Hölzern geschnitzt. Angefangen von der „Bodensee-Lädine" (Segner) über die legendäre „Bounty" bis hin zu königlichen Prunk-Barken hat Trtanj alle Schiffe eigenhändig gefertigt und getakelt.

BODENSEE

Das Maislabyrinth Nitzenweiler

Seit nunmehr 21 Jahren entsteht in Nitzenweiler aus einem Maisacker ein lustiger Irrgarten, jedes Jahr mit einem neuen Motiv das nur aus der Luft zu erkennen ist.

Das Maislabyrinth Nitzenweiler bietet Spaß für die ganze Familie. Im Labyrinth steht ein Aussichtsturm, von dem aus man das Maisfeld überblicken kann. Wer bei der Stempelsuche alle vier Stempel gefunden hat und wieder aus dem Labyrinth herausfindet bekommt eine kleine Belohnung am Kiosk. Anschließend kann man sich auf dem großen Spielplatz mit Trampolin, Seilbahn, Schaukeln, GoKarts, Wasserspritzen und vielem mehr austoben. An den Grillstellen kann man den Tag gemütlich ausklingen lassen (Grillgut bitte selber mitbringen), Getränke, Kaffee und Eis können vor Ort gekauft werden.

Mitte Juli bis Mitte September täglich von 11 bis 19 Uhr.
Eintritt: ab 3 Jahren 4 €, Familie 15 €
www.maisabenteuer.de

Wasserspaß für die ganze Familie

Unmittelbar am Bodensee liegend bildet Kressbronn a. B. den Mittelpunkt des Wassersports.

Für Wassersportfreunde, routinierte Segler und sogar Nicht-Seglern bietet die Gegend alles, was das Herz begehrt:

Mitsegelmöglichkeiten für Familien, Segelkurse auf Optis und Jollen für Kinder und Jugendliche, eine lustige Tret- oder Motorbootfahrt sowie Angebote wie Stand Up Paddling und Wasserski.

Im Naturstrandbad Kressbronn a. B. lockt die großzügige Liegewiese mit vielen schattenspendenden Bäumen sowie ein großer Wasserspielplatz mit Bächen, Brücken und Staudämmen an. Hier kann die ganze Familie eine Vielfalt an Wassersportaktivitäten ausprobieren.

Kinder Sommer | 235

Kressbronn

Bauernpfad

Auf diesem Lehrpfad für die ganze Familie können Kinder und Erwachsene alles über die Landwirtschaft am Bodensee, den Obst-, Hopfen- und Weinanbau in der Region erfahren.

Der Spazierweg bei Berg führt auf 2,5 km über den höchsten Punkt Kressbronns, die Straußner Halde und bietet dort den herrlichen Ausblick auf die österreichische und Schweizer Bergwelt. Ein kurzer Abstecher (ca. 300 m) in Atlashofen zum Maislabyrinth lohnt sich ganz besonders.

In den Sommermonaten führt ein echter Landwirt die Gäste über den Bauernpfad und gibt sein Insider-Wissen weiter.

Abenteuerpark

Im Eichert neben dem Strandbad-Parkplatz befindet sich ein Wald, der mit einem Hochseilgarten bestückt ist.

In unmittelbarer Nähe zum See, gegenüber des Campingplatzes Iriswiese, können mutige, große und kleine Kletterer wie im Urwald von Baum zu Baum schwingen. Der einzige Unterschied ist jedoch, dass man statt Lianen fest montierte Seile vorfindet. Zahlreiche Parcours unterschiedlicher Schwierigkeitsgrade mit jeweils verschiedenen Stationen garantieren stundenlanges Klettervergnügen und stellen Anfänger, wie Kletterprofis gleichermaßen zufrieden.

Sicherheit steht im Abenteuerpark an erster Stelle, denn es werden Sicherungssysteme eingesetzt, welche ein Aushängen aus dem Sicherungsseil unmöglich machen und so für Jung und Alt ein unbeschwertes Klettererlebnis garantieren. Bereits 3-jährige Kinder können in Begleitung eines Erwachsenen klettern. Ab 10 Jahren darf dann auch schon ganz alleine geklettert werden!

BODENSEE

Kutschfahrt zur historischen Kabelhängebrücke

Von Mai bis Oktober fährt unser Kutscher wöchentlich zur historischen Kabelhängebrücke an die Argen.

Beginnend im Ort vorbei an blühenden oder reifenden Apfelplantagen in einem Planwagen und zwei Pferdestärken dauert die Kutschfahrt ca. 1 ½ Stunden. Ein kleiner Fotostopp an einer der ältesten Kabelhängebrücken Deutschlands wird selbstverständlich auch eingelegt. Genießen Sie die Fahrt und die wunderschöne Natur im Kressbronner Umland.

Spielhäusle

Das kunterbunte Spielhäusle ist der perfekte Ort, an dem sich die Kleinen in vielen verschiedenen Räumlichkeiten austoben und spielen können.

Im ersten Stock können die Kids im Bällebad schwimmen, während die Kleinkinder im Krabbelraum auf Große Entdeckungstour gehen können. In der Bastelwerkstatt im unteren Stock des Spielhäusles sind den Handwerkern und Bastlern keine Grenzen gesetzt. Nicht nur bei schlechtem Wetter ist das Spielhäusle ein beliebter Ort, denn draußen wartet unter anderem ein Spielplatz sowie ein Grillplatz, an dem sich die Familien gerne versammeln.

Liebenau

Das Lufti

Im Indoor- bzw. Hallenspielplatz „Lufti" kommt bei den Kindern keine Langeweile auf! Vor allem Familien mit Kindern bis 12 Jahren toben hier durch die über 2.500 m² große, bunte Spiel- und Abenteuerwelt. Indoorvergnügen pur wird bei den verschiedensten Attraktionen geboten und das bei jedem Wetter.

Klettern, Rutschen, Toben: Unzählige Spielmöglichkeiten wie verschiedene Hüpfburgen, die Kartbahn mit den Elektroautos oder der Bauklötze-Bereich sorgen für viel Abwechslung. Nicht zuletzt bringt der große Kletterturm mit anschließender 3-fach Wellenrutsche Kindern und Eltern einen Riesenspaß. Zwischendurch vergnügen sich die kleinen - aber auch die größeren - Gäste beim Air Hockey, Tischkicker oder an der Tischtennisplatte. Für Spiel und Spaß sorgen im Lufti auch die verschiedensten Fahrzeuge wie Bobby-Cars, Pedalos und Crazy-Bikes, die zum lustigen Rennen einladen. Stärkungen und Party. Im angeschlossenen Gastrobereich stärken sich die Familien mit Imbissen, Getränken, Kaffee und Kuchen. Sie genießen hier kostenloses WLAN sowie eine riesige Auswahl an Zeitschriften und Magazinen.

🕐 Di bis Fr von 14 bis 19 Uhr
Sa und So von 10 bis 19 Uhr
Berger Halde 50 · 88074 Liebenau
Tel: 07542 9788188 · www.lufti.info

Eriskirch

Der kleine verträumte Urlaubsort am Bodensee

Eingebettet in eine bezaubernde Schilf- und Uferlandschaft bietet der Platz viel Raum für Erholung aber auch für Badespaß und ausgedehnte Touren durch weitläufige Obstanlagen mit Fahrrad, Inlinern oder einfach zu Fuß.

Naturschutzgebiet Eriskircher Ried
Ein großartiges Naturschauspiel zeigt sich jedes Jahr Ende Mai bis Anfang Juni, wenn sich die Riedwiesen in ein blau lila Blütenmeer verwandeln. Die sog. „Irisblüte" zeugt vom höchsten Vorkommen dieser Lilienart (Iris sibirica) im europäischen Raum. Startpunkt für eine ausgedehnte Erkundungstour ins Ried bietet das Naturschutzzentrum. Das Naturschutzzentrum ist kein „trockenes" Museum, vielmehr können Kinder und Erwachsene in einer modernen Ausstellung viel entdecken. Erforschen Sie mit einem echten Unterseeboot die Tiefen des Sees, beobachten Sie Bodenseefische im Aquarium oder erleben Sie in einer Multimedia-Schau die Schönheit des Rieds. Regelmäßige Kinderführungen mit Bastelaktionen

€ Eintritt frei
Bahnhofstraße 24 · 88097 Eriskirch
Tel. 07541 81888 · www.naz-eriskirch.de

Strandbad

Ein großzügiger, separater Kinderbereich (solarbeheizt) und ein Wasserspielplatz mit Piratenschiff lassen Kinderaugen leuchten.

Ein 50-Meter-Becken mit Sprungturm (1/3/5 Meter), eine Großrutsche, Beachvolleyballfeld und eine große Liegewiese bieten auch den Teenagern und Erwachsenen Spaß. Wer vom Baden im Becken genug hat, kann auch direkt ins „große" Becken – den Bodensee zum Schwimmen gehen. Das Strandbadrestaurant ist ganzjährig geöffnet und bietet Angebote für den großen und kleinen Hunger.

www.eriskirch.de
Parkplätze am Strandbad sind kostenlos.

Nonnenhorn

Minigolfplatz

Der Minigolfplatz in Nonnenhorn ist etwas ganz Besonderes! Jede der 18 Bahnen stellt mit ihrem Motiv einen Bezug zum Bodensee dar.

Ob beim Zeppelin, bei der Meersburg oder dem Säntis: Groß und Klein lernen hier spielend den See kennen. Unweit vom See, vergisst man hier fast die Zeit. Ein toller Spaß für die ganze Familie! Ein kleiner Kiosk mit Eis und Getränken sorgt fürs leibliche Wohl.

🕐 April bis Oktober ab ca. 14 Uhr, je nach Witterung.
Tel: 08382 8250 · www.nonnenhorn.eu

Strandbad

Von Anfang Mai bis Mitte September erwartet Euch direkt am See ein 650 m² Freischwimmbecken (26 °C) mit Wärmehalle und Schwimmkanal.

Auch das Planschbecken mit Sonnensegel und eine Rutsche garantieren prima Wasserspaß! Auf der Dachterrasse laden ein Riesenschachfeld und eine Bocciabahn zum Zeitvertreib ein.

🕐 Tägl. 10-19 Uhr, saisonabhängig & bei schlechter Witterung verkürzte Öffnungszeit
€ Erwachsene 4 €, Kinder 2,50 €, Familienkarte 10 €
Seestraße 12 · Tel: 0800 0786786
www.strandbad-nonnenhorn.de

In Nonnenhorn gibt es außerdem einen schönen großen Kinderspielplatz, im Brachmoos bei den Tennisplätzen. Direkt dort befindet sich auch ein Fußball-Bolzplatz sowie ein Beach-Volleybald Feld. (Fotos: David Knipping)

Meckenbeuren

Das Ravensburger Spieleland

**Abenteuer, Spiel und Action
mit Käpt'n Blaubär, Maus & Co.**
Im Freizeitpark am Bodensee erleben kleine und große Abenteurer unvergessliche gemeinsame Momente. Hüpft, sprintet und buddelt was das Zeug hält in der „Activity World" mit euren Lieblingen aus „Die Maulwurf Company"! Kinder mit und ohne Behinderung toben auf dem neuen Radio 7 Drachenkinder gGmbH-Spielplatz gemeinsam!

Mitten im Grünen heißt es hier: mitmachen, Neues erfahren und spielerisch dazulernen. Stellt in der SchokoWerkstatt von Ritter Sport eure Lieblingsschokolade her, beweist handwerkliches Geschick und Teamgeist beim Räderwechsel in der „Bosch Car Service Werkstattwelt" oder erkundet auf dem CLAAS Fahrzeug-Parcours die Welt der Landwirtschaft. Ihr mögt es rasant? Dann verspricht euch die neue GraviTrax-Kugelbahn auf 90 Schienenmeter Action und Adrenalin pur! Entdeckt die schönsten Spielideen von Ravensburger im XXL-Format und über 70 Attraktionen in acht Themenwelten!

Nur im Ravensburger Spieleland – mehrfach ausgezeichnet zu Deutschlands familienfreundlichstem Themenpark — trefft ihr eure TV-Stars aus der „Sendung mit der Maus" täglich live. Ihr könnt sogar bei Maus, Elefant und Käpt'n Blaubär übernachten. Im Ravensburger Spieleland Feriendorf erwarten euch thematisierte Ferienhäuser und großzügige „Wieso? Weshalb? Warum?" Forscher-Zelte. Wer mit dem eigenen Wohnmobil oder Caravan anreist, nutzt einen der Stellplätze in unmittelbarer Nähe zum Freizeitpark und kommt in den Genuss aller Feriendorf-Annehmlichkeiten.

www.spieleland.de
www.spieleland-feriendorf.de

Wasserburg

Freibad Aquamarin

Mit konstanten 28°C Wassertemperatur hat das Wasserburger Freibad Aquamarin nicht nur einen herrlichen Blick in die Schweizer Berge sondern ist auch bei schlechtem Wetter einen Besuch wert. Von Mai bis September kann man hier schwimmen, toben und entspannen. Es gibt so viel zu entdecken, das Kinder- und Jugendbecken mit Breitrutsche, ein Spielbach mit Fontänen, Kaskaden, Wasserrädern und vielen weiteren Spielgeräten, das Minifußballfeld, dass Beachvolleyballfeld und ein bezaubernder Naturbadestrand mit großer Liegewiese.

Den See erleben

Für alle, die nicht nur im Bodensee gemütlich plantschen wollen, sondern auf der Suche nach sportlichen Herausforderungen sind, bieten die Surf-, Schwimm- und Tauchschule im Freibad Aquamarin und die Segelschule Fischer auf der Halbinsel Wasserburg ein vielfältiges Programm. Egal wie sie den See bezwingen wollen, ob mit dem Tretboot oder komfortabler mit Motor und Picknickkorb. Minigolf und Spielplatz am See.

Der direkt am Bodenseeufer gelegene Minigolfplatz verfügt über 18 Bahnen mit Pyramiden, Doppelwellen und Sprungschanzen und bietet unter schattenspendenden Bäumen ideale Bedingungen für ein Spiel mit der gesamten Familie. Auf dem großzügigen Spielplatz direkt am See stehen Schaukeln, Wippen, Rutschen und ein großer Sandkasten zum Spielen und Toben bereit. Auch die Erwachsenen können sich am See entspannen und das Panorama genießen.

Wie-Was-Wasserburger Kinderwochen

Von Ende Juni bis Mitte September wird es bunt in Wasserburg. Es finden verschiedene Veranstaltungen für neugierige Entdecker statt. Egal ob beim Wassersport oder bei einer Pferdekutschfahrt, der Spaß steht bei allem im Vordergrund. Infos gibt es bei der Tourist Information Wasserburg.

Tel: 08382 887474
www.wasserburg-bodensee.de

Lindau

Die Therme Lindau

Die Therme Lindau bringt modernen Freizeitspaß mit Naturerlebnis für die ganze Familie zusammen.

In der Therme Lindau ist für kleine und große „Wasserratten" viel mehr geboten - und das auch in der kalten Jahreszeit. Da wartet eine moderne, wunderschöne Badelandschaft auf die Gäste, die für jeden in der Familie das richtige Angebot bereit hält. Vor allem Kinder finden im Sport- und Familienbad tolle Wasserattraktionen vor, zum Beispiel eine Wasserhöhle, Rutschen, Wildbach, Sprungturm und Sportbecken. Deutlich wärmer ist das Wasser im Kinderspielbereich. Hier steht den Jüngsten ein wunderschöner Wasserspielplatz zur Verfügung. Die Eltern können sich im Thermalbad nebenan erholen und die Seele baumeln lassen. Innen- und Außenbecken sind mit Massagedüsen oder Sprudelliegen bestückt, oder sie lassen sich gleich im Whirlpool von Wasser sanft massieren. Eine großzügige Saunalandschaft ergänzt das Wohlfühlprogramm.

Das Kunstmuseum am Inselbahnhof

Mit ihrem vielfältigen museumspädagogischen Angebot haben sich die Lindauer Sonderausstellungen zur Kunst der Moderne seit Jahren beim jungen Publikum etabliert.

Auch abgerückt von den großen Kunstzentren können Kinder und Jugendliche Originalwerke großer Meister der Kunstgeschichte bewundern und in Kreativ-Workshops selbst künstlerisch aktiv werden. In den Monaten April bis August finden zudem regelmäßige offene Samstagsateliers statt (11-13 Uhr, mit Anmeldung). In jedem Workshop werden andere Facetten und Themen eines Künstlers und seiner Bilder in den Blick genommen. Es kommen unterschiedliche Kunsttechniken zur Anwendung, die das handwerkliche Geschick fördern. Die intensive Beschäftigung mit Leben und Werk herausragender Künstlerpersönlichkeiten weckt Experimentierfreude und Kunstbegeisterung.

Wegen der Sanierung des Stadtmuseums im Cavazzen werden die Sonderausstellungen im neuen Lindauer Kunstmuseum am Inselbahnhof präsentiert.

Maximilianstraße 52 · 88131 Lindau
Tel: 08382 274747850
www.kultur-lindau.de/museum

BODENSEE

Insel- und Gartenstadt mit südländischem Flair

Historische Altstadt, mediterranes Ambiente, moderner Lebensstil: Die Insel- und Gartenstadt Lindau ist ein international bekanntes und beliebtes Reiseziel.

Ob beim Familienbummel durch die romantischen, verwinkelten Gassen der Insel, einem entspannten Tag am Wasser im großzügigen Lindenhofpark oder dem Besuch der kleinen Galerien und des städtischen Kunstmuseums: Gäste aller Altersgruppen finden hier ein breites Angebot an Aktivitäten – und zwar zu jeder Jahreszeit. Veranstaltungen wie die Segelregatta „Rund Um", zahlreiche Winzerfeste, der Jahrmarkt oder die Hafenweihnacht begeistern jährlich Tausende Besucher aus nah und fern. Deutschlands südlichster und Bayerns einziger Leuchtturm bildet zudem – gemeinsam mit dem Bayerischen Löwen – ein unverkennbares historisches Ensemble am Hafen der Lindauer Insel. Es lohnt sich die 139 Stufen des Leuchtturms nach oben zu erklimmen: Vor dort aus genießt man einen atemberaubend schönen Rundumblick.

www.lindau.de

friedens räume am Bodensee zu entdecken!

Was sind denn friedens räume? In der wunderschönen Villa Lindenhof kannst Du als Königin und König den Frieden in die Welt ausrufen?

Auf dem „Rote-Lippen-Sofa" ausprobieren, was Freundschaft heißt. Im Spiegel Besonderes entdecken. Die friedens räume laden Kinder und Jugendliche zu einer Stunde „Frieden" ein. Im Hörraum gibt´s was auf die Ohren. Geschichten vom Land der Blaukarierten und übers „Mutig sein" sind zu hören, und Lieder wie „Liegen ist Frieden". Wem gelingt es im Garten die Wasserklangschale zum Klingen zu bringen? Welche Friedensaufgaben gibt es für Dich, im Werkraum findet der Computer die passende für Dich.
Die große Wiese hinter der Villa Lindenhof ist toll zum Spielen, und der See lädt zum Reinspringen ein.

Mitte April bis Mitte Oktober, Montag geschlossen
Familien 6 €, Kinder- und Jugendgruppen 1,50 € pro Kind
Führung nach Vereinbarung 15 €
Geeignet für Kinder ab 5 Jahre
Lindenhofweg 25
88131 Lindau – Bad Schachen
Tel: 08382 24594
www.friedens-raeume.de

BODENSEE

Lindau

Campingpark Gitzenweiler Hof

Ferienparadies im Norden von Lindau
Der GITZ bietet Naturerlebnis mit Leben, Farbe und Kultur und ist mit seiner attraktiven Lage zwischen Bodensee, Allgäu und Oberschwaben der ideale Ausgangspunkt für Ausflüge zu den zahlreichen Attraktionen und Naturschönheiten in der Region.

Schnuppern Sie Campingluft im Mietwohnwagen oder einem Varia Home, dem Häuschen im Grünen. Der Campingpark bietet zudem alles für einen entspannten Familienurlaub mit seinen Spielplätzen, dem Freibad, einem Bioschaugarten, einem Aktivprogramm und vielen weitere Angeboten für alle Generationen. Auch Lindauer und Besucher der Region können sich beim Stopp am GITZ eine kleine Auszeit vom Alltag nehmen. Auf Marissas Ponyhof leihen Sie eines der zahmen Kinderreittiere aus, um eine entspannte Runde über den Campingpark zu drehen. Der Radverleih Unger hat den mobilen Untersatz für Touren in die Vierländerregion Bodensee. Erleben Sie die volle Schönheit der Region an einem traumhaften und unvergesslichen Tag mit einer Ballonfahrt. Nach Absprache mit Pilot Thomas Köck ist eine märchenhafte Fahrt mit dem knallgelben GITZ-Ballon am Bodensee oder über dem Allgäu möglich.

Das ganzjährig geöffnete Wirtshaus Gitzenweiler Hof bietet die Pause zur Stärkung. Genießen Sie die bayrisch-schwäbische Küche mit einem schmackhaften Lindauer Fruchtsaft. Von Ende März bis Anfang November runden Udos Imbiss und die Pizzeria Ristorante Pinocchio die Gastronomie ab.

🕐 Campingpark von Ende März bis Anfang November geöffnet.
Gitzenweiler 88, 88131 Lindau
Tel: 08382 9494-0
www.gitzenweiler-hof.de
🕐 Marissas Ponyhof: Ballonfahrten nach bsprache mit Pilot Thomas Köck.
Tel: 01709379137
www.bodensee-ballon.info
🕐 Wirtshaus ganzjährig geöffnet, Dienstag Ruhetag
Tel: 08382 5145
www.wirthaus-lindau.de

Kinder Sommer

Achberg

Schloss Achberg bei Lindau

Schlossherren wussten schon immer, wo Aussicht und Landschaft am schönsten sind – da macht auch Franz Benedikt Freiherr von Baden keine Ausnahme.

Als Mitglied des Deutschen Ordens kaufte er 1691 die Herrschaft Achberg und das Schloss, das erhaben über der Argenschlucht thront. Heute ist die Schlucht unterhalb des Schlosses dicht bewaldet und über der Argen, einem idyllischen und nahezu unverbauten Alpenzufluss des Bodensees, spannt sich eine 48 m lange Hängebrücke, der sogenannte Flunauer Steg.

Für Staunen sorgt der Rittersaal mit seiner detailfreudigen Stuckdecke. In diesem Raum wiegt der ganze Stuck an der Decke über 30 Tonnen. Das ist so viel wie 10 Elefanten! Damit die Decke nicht herunterfällt und das Schloss nicht zusammenstürzt, ist sie an vielen Balken und Drahtseilen aufgehängt. Deswegen hat das Schloss drei Dachböden übereinander!

Früher feierten die Deutschordensritter im Rittersaal prächtige Feste. Heute kommen dort Konzerte mit klassischer Musik zur Aufführung. Von Frühjahr bis Herbst finden in den barocken Räumen des Schlosses wechselnde Kunstausstellungen und viele Kulturveranstaltungen statt. Am Ende des Schlossbesuchs könnt ihr im Bistro der Allgäuer Landfrauen typisches Essen aus dem Allgäu probieren.

In der Zeit von April bis Oktober finden auf dem Schloss zahlreiche Veranstaltungen für Familien, sowie für Jugendliche und Kinder statt: Kinderkonzerte, Familienführungen, Geo-Caching-Projekte, Naturerlebnistage „Schloss im Grünen", Kunst-Camp mit Jugendlichen (im August) und viele andere.

Im Sommer: Fr 14 bis 18 Uhr,
Sa, So, Feiertage 11 bis 18 Uhr
Führungen: Schlossführungen jeden ersten Sa im Monat um 14:30 Uhr
Führungen durch die Ausstellungen an Sonn- und Feiertagen um 14:30 Uhr
Erwachsene 7 €, ermäßigt 6 €, Familien 12 €
www.schloss-achberg.de
88147 Achberg · Tel: 0751 859510

BODENSEE

Bregenz

Erlebnissommer für Groß und Klein in Bregenz

Bregenz – der Hausberg Pfänder, der Bodensee und mittendrin ein buntes Sport- und Kulturangebot erscheint wie eine große Abenteuerlandschaft für kleine Entdecker.

Aktiv rund um den Bodensee

Wasser hat gerade für Kinder eine besondere Anziehungskraft. Der gesamte Uferbereich des Bodensees in Bregenz ist zugänglich und bietet viele Möglichkeiten mit Freunden und Familie Zeit in der Natur zu verbringen. Die Bade- und Grillplätze an den Bregenzer Seeufern sind zahlreich, so findet sich für jeden das perfekte Plätzchen an einem warmen Sommertag.

In den Bregenzer Seeanlagen befindet sich einer der beliebtesten Spielplätze Vorarlbergs, sowie eine Minigolfanlage, die gerade an heißen Tagen im Schatten der Bäume zu einer Partie einlädt. Nur ein paar Meter weiter, im Gondelhafen, ist der Bootsverleih. Als ihr eigener Kapitän können Sie von hier aus mit ihrer ganzen Familie den Bodensee auf eigene Faust erkunden.

Wer die Ufer des Bodensees mit Kindern erkunden möchte, kombiniert das am besten mit einer Radtour am See. Die gut ausgebauten Radwege inmitten einer atemberaubenden Landschaft, vorbei am Bregenzer Naturschutzgebiet, laden zu kleinen wie auch größeren Radtouren ein.

Kinderrallye

Eine Entdeckungstour der besonderen Art bietet die Bregenzer Kinderrallye: bei einer Schnitzeljagd quer durch die Stadt lernen Kinder ab 10 Jahren Bregenz und ihre Geschichte kennen. 15 Fragen an 15 Stationen sorge für Ratespaß durch die ganze Stadt.

Pfänder

In 7 Minuten geht es vom Stadtzentrum mit der Pfänderbahn auf den Hausberg der Bregenzer. Allein die Fahrt nach oben ist für Groß und Klein mit dem Blick auf den Bodensee ein Erlebnis. Auf dem Pfänder erwartet Sie bei freiem Eintritt der Alpenwildpark, der ganzjährig geöffnet ist. Hier lassen sich Hängebauchschweine, Zwergziegen und Hasen, aber auch Mufflonwidder und Rothirsche bestaunen. (Fotos: Christiane Setz)

www.bregenz.travel

Pfänder - Der Berg am Bodensee

Der einzigartige Rundblick über den gesamten Bodensee und 240 Alpengipfel Österreichs, Deutschlands und der Schweiz macht den Pfänder bei Bregenz, Vorarlberg zum berühmtesten Aussichtspunkt der Region

Mit der Pfänderbahn schwebt man zu attraktiven Familienpreisen über 600 Meter empor bis zur Bergstation – die Panoramafenster mit Blick über den ganzen Bodensee garantieren staunende Gesichter bei Groß und Klein. Oben angekommen, locken gleich der große Spielplatz und die ebenso spannenden wie lehrreichen Schautafeln. Ein Highlight ist auch der kindgerechte Rundgang durch den Alpenwildpark. Und wer vor der Fahrt zurück ins Tal noch durstig ist, der kehrt auf der sonnigen Terrasse am Berghaus Pfänder ein.

Hirsche, Mufflons, Alpensteinböcke, Wildschweine, ein Kleintiergehege: Für einen Rundgang durch den Alpenwildpark sollten Sie sich mindestens eine halbe Stunde Zeit nehmen. Der Rundgang beginnt beim Berghaus Pfänder mit den Lieblingen der Kinder: den Zwergziegen und Hasen. Gleich nebenan können Sie einem Rudel Steinböcke bei seinen Kletterkünsten zusehen. Etwas weiter treffen wir auf die Wildschweine, die Urahnen unserer Hausschweine. Als nächstes zeigt sich das Muffelwild. Die Mufflonwidder erkennt man an den geschwungenen Hörnern. Das weitläufigste Gehege beherbergt ein stolzes Rothirschrudel. Im Oktober röhren die Hirsche während der Brunftzeit lautstark. Im letzten Teil des Rundgangs finden sich die Murmeltiere. In ihrem weitverzweigtem Höhlensystem halten sie von Mitte Oktober bis Mitte März ihren Winterschlaf.

Steinbruchgasse 4 · A-6900 Bregenz
Tel: 0043 5574 42 160-0

Bregenz

vorarlberg museum

Das vorarlberg museum, bietet Jung und Alt unterschiedlichste Ausstellungsformate in moderner Architektur verpackt und auf erfrischende Art präsentiert. Das Museum wurde mit dem Österreichischen Museumspreis 2016 ausgezeichnet. Anhand von fünf Ausstellungen werden Geschichte, Kultur, Alltagsleben und Kunst in Workshops, Familientouren und museumspädagogischen Programmen auf kreative Weise vermittelt. Die fünfte Ausstellung ist immer eine andere Sonderausstellung.

buchstäblich vorarlberg
Sammeln ist ein beliebtes Hobby, bei Kindern wie Erwachsenen, und zählt zu den Kernaufgaben eines Museums. Die Ausstellung „buchstäblich vorarlberg" gibt einen Einblick in die große Sammlung des vorarlberg museums: Kuhglocken, Gemälde, Radios, Münzen und vieles mehr erzählen Geschichten in, aus und über Vorarlberg. Das Schubladen-System der Ausstellung regt zum selbständigen Entdecken und Mitmachen an.

Weltstadt oder so...
Brigantium im 1. Jh. n. Chr. (ab 26 10 2019)
Ein Forum groß wie ein Fußballfeld, eine Therme, das Handwerks- und Händlerquartier,… die öffentlichen und privaten Bauten aus dem Brigantium des 1. Jh. n. Chr. beflügeln die Fantasie. War Bregenz zur Römerzeit eine Stadt? Die Vermutung liegt nahe, aber der eindeutige Beweis fehlt. Die Ausstellung Weltstadt oder so … befasst sich mit dem Zusammenleben im „Ort" Brigantium.
Wurden hier die Aufgaben einer Kommune erfüllt? Gab es eine Verwaltung, ein Steuer- und Sozialwesen? Wie war das wirtschaftliche und religiöse Leben organisiert? Auf Basis neuester wissenschaftlicher Erkenntnisse und archäologischer Funde lädt die Ausstellung ein, über Brigantium, seine Bewohner und Besucher zu spekulieren.

ganznah. Landläufige Geschichten vom Berühren
Die Ausstellung erzählt von verschiedenen Lebensgeschichten, die eines gemein haben: die Berührung.

vorarlberg. ein making-of
Die Ausstellung „vorarlberg. ein making-of" entlehnt bereits ihren Titel aus der Filmsprache. Hier wird kulturhistorische, politische und wirtschaftliche Landesgeschichte einmal anders erzählt. Wie wurde das Land zu dem, was es heute zu sein scheint?

🕐 Di bis So 10 bis 18 Uhr, Do 10 bis 20 Uhr, Montag geschlossen (außer an Feiertagen)
€ Regulär 9 €, ermäßigt 7 €,
bis 19 Jahre kostenlos
Tel: 004305574 46050
www.vorarlbergmuseum.at

Das Kunsthaus Bregenz

Kunst ist nichts für Kinder? Weit gefehlt. Das Kunsthaus Bregenz bietet ein vielfältiges Veranstaltungsangebot für jedes Alter.

Jeden Samstag geht es bei Kinderkunst auf einen Streifzug durch die aktuelle Ausstellung und anschließend ins KUB Atelier. Bei den großen Workshops während der Schulferien wird mehrere Vormittage lang gebastelt und gemalt.
Einzigartige Geburtstagspartys im Atelier, Workshops und Führungen für Gruppen oder Schulklassen sind ebenfalls möglich, und mit dem Entdecker erforscht man das Haus auf eigene Faust. Kinderkunst, Workshop und Führung, jeden Samstag, 10 Uhr.

Di bis So: 10 bis 18 Uhr
Do: 10 bis 20 Uhr
bis 19 Jahre kostenfrei
Regulär: 11 €, Ermäßigt: 9 €, Bis 26: 7 €
www.kunsthaus-bregenz.at

JUFA Hotel Bregenz

Im charmanten Backsteinhaus direkt am Bodensee startet das Urlaubsvergnügen!

Spazieren Sie die reizvolle Seepromenade entlang, genießen Sie eine Schifffahrt oder einen herrlichen Badetag im Strandbad – der Eintritt ist für Hotelgäste kostenlos. Wer sich nach entspannten Tagen nach Natur sehnt, der macht sich im Bregenzerwald zu ausgedehnten Wander- und Radtouren auf. Vom Hotel aus erreichen Sie in wenigen Gehminuten das Bregenzer Stadtzentrum und den Bahnhof.

jufahotels.com/bregenz

Dornbirn

inatura – die Erlebnis Naturschau

Natur, Mensch und Technik

Die inatura - Erlebnis Naturschau Dornbirn, in der Bodensee Region Vorarlberg hat für jeden etwas zu bieten. Und das auf ganz besondere Art. Denn im Mittelpunkt stehen hier das Ausprobieren, Spielen, Erleben und Begreifen. Die Reise führt durch die für Vorarlberg typischen Lebensräume Gebirge, Wald und Wasser. Am Ende überwinden wir die Grenzen des Möglichen und gehen im wahrsten Sinne des Wortes in uns. Die inatura macht unseren Körper begehbar. Auf dem Weg durch die inatura-Dauerausstellung begegnen Sie nicht nur außergewöhnlicher, historischer Industriearchitektur, sondern treffen auch immer wieder auf technische Stationen – die Science Zones.

Zusätzlich zum normalen Museumsbetrieb gibt es ständig Sonderausstellungen über spannende Wissenschaftliche Themen aus der Praxis (Beispiel: Klimawissen frisch serviert. Restaurant, Spielplatz und der Stadtgarten sowie die Nähe zur Fußgängerzone der Innenstadt machen den Ausflug zur inatura zum Erlebnis

täglich 10 bis 18 Uhr
Erwachsene 11,50 €
Kinder 6 bis15 J. 5, 70 €
Es gibt auch günstige Familienkarten
Schulklassen pro Schüler 3,40 €
Jahngasse 9 · A-6850 Dornbirn
Tel: 0043 5572 23235-0 · www.inatura.at

Die Karrenseilbahn - Dem Himmel so nah

Der Berg „Karren" ist Ausgangspunkt für zahlreichen Wanderungen. Sowohl Familien als auch ambitionierte Wanderer kommen auf ihre Kosten.

Der Karren ist ein beliebter Treffpunkt der Region. Zum einen kann man hier auf der Karren-Kante einen Blick über das Vierländereck genießen und anschließend eine der zahlreichen Wanderwege, nutzen. Zum anderen lebt es sich im Panoramarestaurant auf 976 Meter besonders leicht. In fünf Minuten bringt Sie die Seilbahn hoch über die Dächer der Stadt und beschert einen wunderbaren Ausblick.

Der Dornbirner Hausberg verfügt über einen zwölf Meter langen Steg, die Karren-Kante mit Selfie-Point. Auf der Aussichtsplattform können die Besucher einen imposanten Rundumblick in luftiger Höhe genießen. Der mit Glas umrandete Steg ermöglicht sozusagen „im Nichts stehend", einen atemberaubenden Ausblick über die Schweizer Berge, das Rheintal und den Bodensee.

Auf dem Aussichtspunkt unterhalb des Gastgartens können die Besucher durch ein kostenloses Erlebnis-Fernrohr die umliegende Bergwelt und Landschaften spielerisch erkunden.

Gütlestraße 6 · A-6850 Dornbirn
Tel: 0043 5572 22140 · www.karren.at

Bezau - Bregenzerwald

Wälderbähnle - Im Rhythmus der alten Zeit

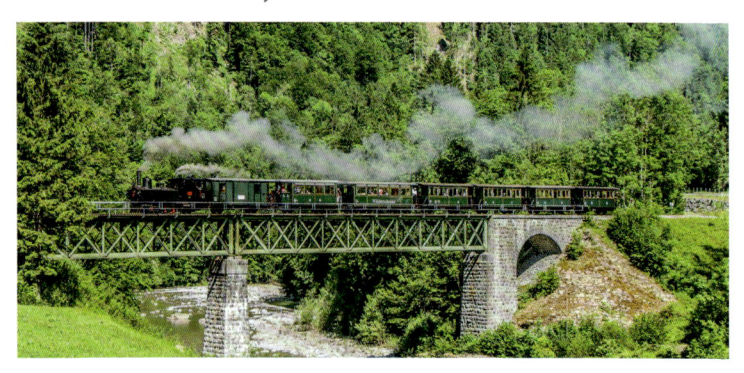

Im Bregenzerwald, südlich von Bregenz am Bodensee, lädt eine historische Eisenbahn, das „Wälderbähnle" ein. Eine Fahrt mit dem „Bähnle" vom Bahnhof Bezau, einem idyllischen Ort im Zentrum des Bregenzerwaldes zum Bahnhof Schwarzenberg und zurück ist immer wieder ein besonderes Erlebnis für Familien, Kinder und Freunde historischer Eisenbahnen.

In gut gepflegten Waggons wie vor 100 Jahren, mit Holzbänken und Fenster mit Lederriemen zum Öffnen sowie Außenplattformen zum Verweilen, gezogen von einer über 100 Jahre alten Dampflokomotive oder einer historischen Diesellokomotive, wird eine etwa fünf Kilometer lange abwechslungsreiche Strecke im Herzen des Bregenzerwaldes durchfahren.

Das Wälderbähnle war von 1902 bis 1980 die Verbindung des Bregenzerwaldes auf der Schiene mit der Landeshauptstadt Bregenz am Bodensee. Wurden früher Waren über Saumpfade und später mit Fuhrwerken in den Bregenzerwald transportiert so brachte die Eisenbahn durch das wildromantische Achtal den erhofften wirtschaftlichen und touristischen Aufschwung. Das nostalgische Vergnügen einer Fahrt zieht Ausflügler und Urlauber, Familien und Kinder wie auch Technik- und Eisenbahnfreunde immer wieder in seinen Bann und lässt das besinnliche Gefühl einer Reise in vergangene Zeit aufkommen.

Von Mai bis Oktober fährt die Museumsbahn jeden Samstag und Sonntag jeweils um 10:45, 13:45 und 15:45 Uhr, sowie zusätzlich von Juli bis September auch jeden Mittwoch ab Bezau jeweils um 09:45, 11:15, 13:45 und 15:45 Uhr. Die Fahrzeit hin und retour beträgt ca. eine Stunde. Mit dabei ist ein Getränkewaggon.

Dampfzug: Erwachsene 10,80 €, Kinder 4,60 €. Dieselzug: Erwachsene 8,60 €, Kinder 4 €.
Bahnhof 147 · A-6870 Bezau
Tel: 0043 664 4662 330
www.waelderbaehnle.at

Lipperswil

Conny Land

Im Freizeitpark CONNY-LAND erwarten Dich zahlreiche Fahrattraktionen. Mal in luftiger Höhe, mal mit der Gefahr, nass zu werden, mal im Kreis drehend, mal hüpfend. Kurz zusammengefasst: Jeder findet seine Lieblingsachterbahn. Oder vielleicht sind es am Schluss auch mehr als eine!

Rund 50 Attraktionen, Fahrgeschäfte und Live-Shows machen den Ausflug ins CONNY-LAND zum unvergesslichen Erlebnis. Das Tüpfelchen auf dem i bietet die Möglichkeit, mit den Seelöwen zu schwimmen, weshalb 10 Glückliche Wettbewerbsteilnehmer sich freuen können, eine der Teilnahmen an diesem einmaligen Erlebnis zu gewinnen. Weitere Auskünfte zum (kostenpflichtigen) Programm erhalten Sie telefonisch oder auf connyland.ch. Vom kinderfreundlichen Karussell bis zur Achterbahn „Cobra", von den Live-Shows mit den CONNY-LAND Seelöwen und Papageien bis zum „Laser Dome" – für einen unvergesslichen Tagesausflug mit der ganzen Familie lässt der schöne Freizeitpark keine Wünsche offen.

Ideal für Schulen und Gruppen

An dem vielseitigen Angebot kommen auch Schulklassen und andere Gruppenreisenden nicht vorbei. Maßgeschneiderte Packages bieten idealste Bedingungen, den Ausflug ins CONNY-LAND zu planen. Der Freizeitpark biete auf vielen anderen Schauplätzen Interaktivität und Spannung. Diverse Indoor-Aktivitäten bieten den Besuchern auch bei feuchten Verhältnissen beste Unterhaltung. Ein großes Highlight ist der Indoor-Klettergarten „Jungle Adventure", in welchem sich auch Gruppen bestens austoben können. CONNY-LAND – da wirst Du was erleben!

Connylandstr. 1 · CH-8564 Lipperswil (TG)
Tel: 0041 52 762 72 72
www.connyland.ch

Kreuzlingen

Bodensee Planetarium und Sternwarte

Das einzige Planetarium am Bodensee

Lust auf einen Ausflug ins Weltall? Unter der Kuppel des Bodensee Planetariums laden bequeme Sessel zu einer virtuellen Reise durch den Nachthimmel ein. Der Sternenprojektor erlaubt die Darstellung des Nachthimmels von jedem Ort der Erde aus zu jedem beliebigen Zeitpunkt. Der ZEISS Powerdome VELVET zoomt Sie direkt auf den Mond und nimmt Sie mit auf eine spannende Reise bis weit ins unendliche Weltall. Die ganze Kuppel des Planetariums ist eine 360°-Leinwand, auf der wechselnde, faszinierende Multimediashows gezeigt werden.

Kühl und klimatisiert im Sommer

Spannendes Schlechtwetterprogramm fürs ganze Jahr. Auch der Besuch der Sternwarte ist ein ganz besonderes Erlebnis: Fachkundige Führer begleiten den nächtlichen Blick auf den Mond, die Planeten, auf Sternhaufen, Gasnebel und fremde Galaxien – oder auch tagsüber auf die Sonne. Dank leistungsstarken Teleskopen ist der Himmel zum Greifen nah. Bei bedecktem Himmel lockt ein interessantes Alternativprogramm in der Planetariumskuppel.

Galaktische Distanzen erleben

Gleich zwei Planetenwege zeigen die Dimensionen unseres Sonnensystems auf. Im Massstab 1 : 1'000'000'000 sind die Planeten mit ihren Infotafeln auf jeweils einer Strecke von 6 km platziert. Ein schöner, lehrreicher und lustvoller Spaziergang für die ganze Familie in zwei Varianten: Planetenweg „Nord", Startpunkt mit Pluto bei der Therme Konstanz, oder Planetenweg „Süd" ab Bahnhof Siegershausen. Beide Wegvarianten haben als Ziel das Planetarium, wo die Sonne den Abschluss bildet. Die Planetenwege sind jederzeit frei zugänglich und können auf Wunsch auch mit fachkundiger Führung gebucht werden.

Planetarium: i. d. R. mittwochs, samstags und sonntags.
Planetenwege: jederzeit
Bodensee Planetarium und Sternwarte
Breitenrainstr. 21 · CH-8280 Kreuzlingen
Tel: 0041 7167738 00
www.bodensee-planetarium.ch

Tierpark im Seeburgpark

Der Kreuzlinger Seeburgpark erstreckt sich auf über 2,5 Kilometer, vom Hafen rund ums Schloss Seeburg, entlang des Bodenseeufers. Somit ist er der grösste, öffentliche Park am Bodensee.

Im Herzen des Parks, neben dem Schloss, liegt ein kleiner Tierpark. Schon von weitem erklingt das Rufen der Esel. Der Tierpark beherbergt alte Haustierrassen, welche vom Aussterben bedroht sind. Hühner, Esel, Gänse, Ziegen, Schafe und Kaninchen tummeln sich in grosszügigen Gehegen und fühlen sich wohl. Gegenüber liegen kleine Teiche, auf denen sich Wasservögel wie Enten oder Blässhühner, aus der freien Wildbahn niederlassen. Ebenso gibt es verschiedene Volieren. Dort können Singvögel, Wachteln oder Eulen aus der Nähe betrachtet werden. Auch einen Taubenschlag gibt es zu bestaunen. Schautafeln geben Auskunft und die Tiere dürfen gestreichelt und gefüttert werden. Dafür stehen Automaten bereit.

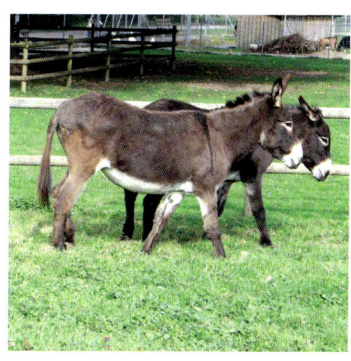

- 🕐 ganzjährig
- € kostenlos

www.tierpark-kreuzlingen.ch

Schicke uns deine tollsten Ausflugsmomente!

f /kinder.sommer **◉** /kinder_sommer

Teile mit uns deinen Ausflug:
schickt uns eure Ausflugs-Schnappschüsse und wir veröffentlichen euren Moment auf unseren Socialmedia Seiten

Gossau bei St. Gallen

Walter Zoo

Abenteuer für die ganze Familie. Über 900 Tiere aus über 130 Tierarten in naturnahen Anlagen.

Beobachten Sie Amurtiger beim Spielen in grosszügigen Aussenanlagen, lassen Sie sich von den Flausen der Schimpansen begeistern und tauchen Sie in die vielfältige Tier- und Pflanzenwelt der Savanne und der Tropen ein. Erfahren Sie Wissenswertes aus dem Tierreich bei spannenden Vorträgen, kommentierten Tierbeschäftigungen und Fütterungen.

Durchs Binokular gucken, Tiere beobachten, interaktives, spielerisches Lernen oder sich einfach mal in der Leseecke entspannen: In der Zooschule finden angehende Forscherinnen und Forscher alles, was sie brauchen. Der Raum ist während den Öffnungszeiten für Besucherinnen und Besucher geöffnet. Schulklassen können die Zooschule für Unterrichtsstunden buchen. Gleich daneben auf der Terrasse bietet sich die beste Aussicht auf die in der Natur ausgestorbenen Berberlöwen. Der Walter Zoo hat noch viel mehr zu bieten: Abenteuerspielplätze, der Streichelzoo, die Fütterungsvoliere, das Flugtraining sowie Kamel und Ponyreiten lassen den Ausflug zum unvergesslichen Familienerlebnis werden. Pause nötig? Das Selbstbedienungsrestaurant mit Blick ins Tropenhaus, die Verpflegungsstationen auf dem Gelände, das Restaurant Panorama sowie Grillstellen und Picknickplätze laden zum Verweilen ein.

Eine abenteuerliche Geschichte im Zootheater: Diese Vorstellungen mit einem Natur- und Artenschutzthema sind im Eintrittspreis inbegriffen und entführen in eine märchenhafte Welt voller Artistik – ein Highlight Ihres Zoobesuchs während den Sommermonaten. Aktuelle Infos auf walterzoo.ch.

März bis Oktober von 9 bis 18 Uhr
Erwachsene (ab 16 Jahren) 21 CHF, Kinder (ab 4 Jahren) 11 CHF
Neuchlen 200 · CH-9200 Gossau
Tel: 0041 71 387 50 50
www.walterzoo.ch

Rheinfall

Rheinfall Schifffahrten

Ein Erlebnis für die ganze Familie. Auf der Rheinfall Schifffahrt fährt der Kapitän an spannende Orte am und unterhalb des Rheinfalls.

Erfahren Sie viel Spannendes über den Rheinfall, seine Geschichte und die Umgebung. Die Kinder haben die Möglichkeit, ihre ganz eigenen Geschichten über den Rheinfall zu hören. Nun heisst es: „Einsteigen, Platz nehmen, Kopfhörer aufsetzen".

Rheinfallquai 30, Neuhausen am Rheinfall
Tel: 0041 52 672 48 11
www.rhyfall–maendli.ch

Adventure Park

Ein Riesenhit sind die beiden grosszügigen Kidsparcours für unsere Kleinsten. Die Eltern lesen das Reglement und informieren die Kinder. Die Guides montieren die Klettergurte und schon geht's los...

Durchgehend gesichert, auf niedriger Höhe, mit witzigen Hindernissen versehene Parcours, bei denen die Kleinsten mit vollem Einsatz viel Spaß haben. Die Eltern oder Betreuer können problemlos verfolgen, wie ihre Kinder am „Turnen" sind. Bei Andrang muss das Material nach zwei Stunden zurückgebracht werden. Optimal für Kindergeburtstage, Kindergartenausflüge, etc.!

April bis Ende Oktober
täglich 10 bis 19 Uhr
Ab 16 CHF bis 40 CHF
Nohlstrasse
CH-8212 Neuhausen am Rheinfall
www.ap-rheinfall.ch

Smilestones – Miniaturwelt am Rheinfall

Klein aber oho. Die grösste Indoor Miniaturwelt der Schweiz ist eine faszinierende Erlebniswelt für Entdecker, Modellbahn-Fans und Familien. Gleich oberhalb des Rheinfallbeckens (auf dem SIGAreal).

Erleben Sie die Schweiz aus einer völlig neuen Perspektive: 1,3 km Eisenbahngleise, 120 Züge und über 23 000 Figuren vermitteln eindrucksvoll die wichtigsten Meilensteine unseres Landes. Tauchen Sie ein in eine völlig neue Dimension der Erlebniswelt und geniessen Sie interaktiv die Schweiz mit allen Sinnen.

Smilestones AG · Industrieplatz 3
CH-8212 Neuhausen am Rheinfall
Tel: 0041 52 511 20 00
www.smilestones.ch

Hemishofen

Bolderhof

Der Bolderhof, eingebettet in die wunderschöne Rheinlandschaft, nahe bei Stein am Rhein ist der ideale Ausflugsort für Familienfeiern. Der Küchenchef verwöhnt Sie mit verschiedenen Menüs in Bio-Qualität.

Rüebliade: Plausch-Teamspiele auf dem Bio-Bauernhof: Ob als Rahmenprogramm für Kinder- und Jugendgruppen, die Rüebliade passt zu jedem Ausflug auf den Bolderhof. Die Rüebliade beinhaltet verschiedene Disziplinen und Aufgaben wie Kühe melken, Holz sägen, nageln und vieles mehr zu Wissenswertem, Geschicklichkeit, Spiel und Spaß. Um die Rüebliade erfolgreich zu bestreiten, braucht es nicht Einzelkämpfer sondern vor allem ein starkes Team! Die Rüebliade dauert etwa zwei Stunden und ist geeignet für Kinder- und Erwachsenengruppen.

Kuhreiten auf dem Hof – für Gruppen: Alle können abwechslungsweise reiten. Kuhreiten auf dem Hof eignet sich auch für Kinder, da wir die Kuh selber führen.

Anfang Januar bis Ende Dezember
CH-8261 Hemishofen Morgenegg
Tel: 0041 52 742 40 48 · www.bolderhof.ch

Stein am Rhein

Ticiland Freizeitpark

Tolle Attraktionen wie der Wellenflieger, Autoskooter, Drop Tower und viele mehr erwarten Sie.

Natürlich ist auch für das leibliche Wohl gesorgt. Im gemütlichen Selbstbedienungsrestaurant mit mediterranem Flair gibt es ein passendes Angebot für den grossen und kleinen Hunger, im Glace Shop gibt es lecker Eiscreme und im Bonboniere Shop gibt es von der Zuckerwatte bis zum Magenbrot alles was das Herz begehrt.

Erleben Sie magische Momente. Für die Kleinen, die ganze Familie oder echte Draufgänger. In einer Welt voller Wunder ist alles möglich.

Ticiland AG · Kaltenbacherstrasse 29
CH-8260 Stein am Rhein
Tel: 0041 52 740 10 80
www.ticiland.ch

Steiner Liliputbahn

Genießen Sie eine Fahrt mit der Steiner Liliputbahn.

Die Fahrt führt ab dem Bahnhof, Vorbild „Talstation Brienzer Rothornbahn" bei der Schifflände, durch den schönen Stadtgarten, am Kinderspielplatz vorbei, zum Lokschuppen durch den Tunnel und wieder zurück zum Bahnhof Schifflände.
Die Maschinen sind in der Lage 30 bis 70 Personen mühelos zu befördern. Es verkehren abwechslungsweise verschiedene Lokomotiven, je nach Verkehrsaufkommen.
Genießen Sie eine knapp 10 Minuten dauernde Fahrt und genießen Sie das Erlebnis, von einer Modell E-Lok aus vergangenen Zeiten oder von einer grossen Modelldampflok pustend und schnaubend dem schönen Rhein entlang gezogen zu werden.

F 2,50 bis 4 CHF
Tel: 0041 52 741 52 42
www.steinerliliputbahn.ch

OBERSCHWABEN

KINDER Sommer Ferienregion

OBERSCHWABEN

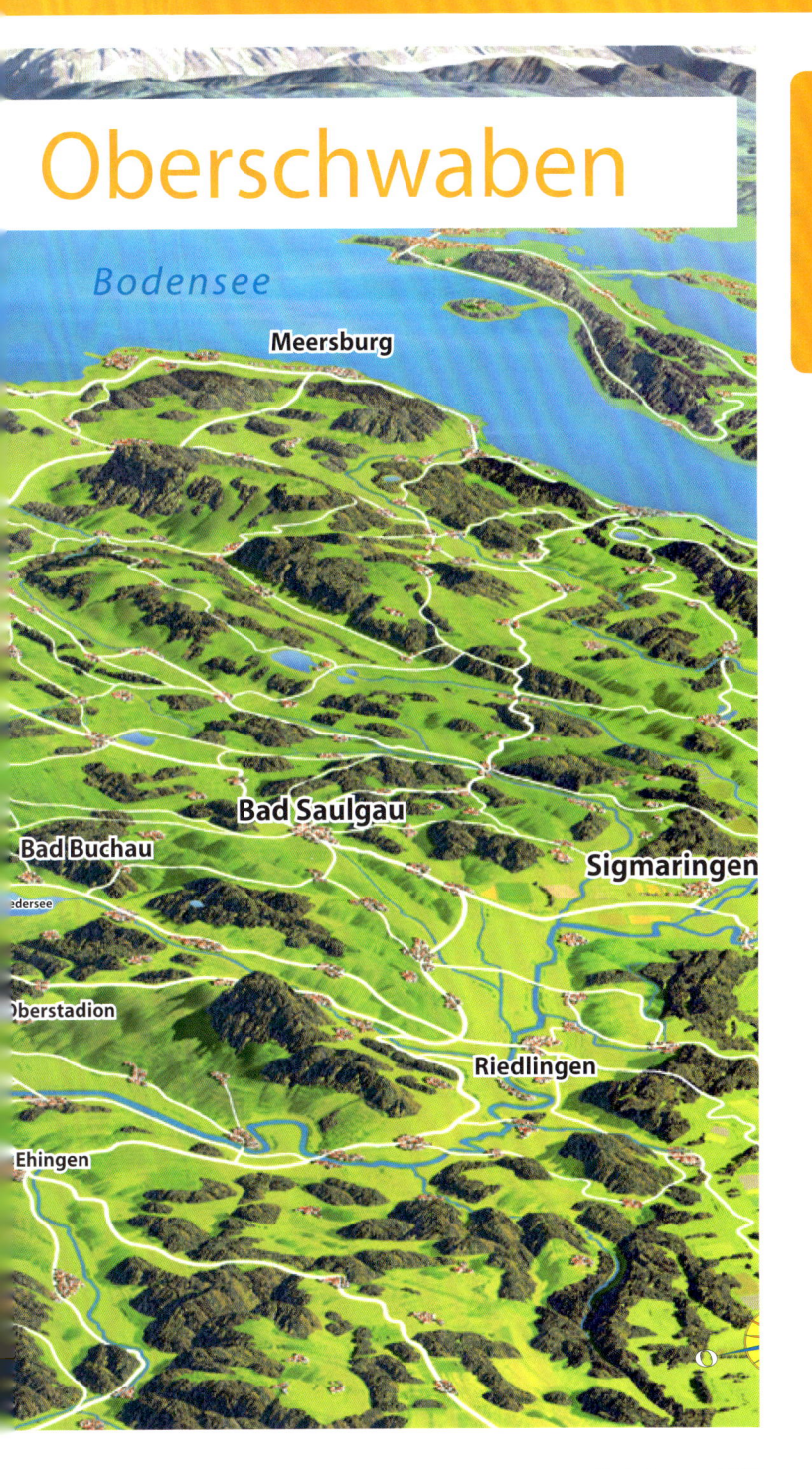

Oberschwaben

Bodensee
Meersburg
Bad Saulgau
Bad Buchau
Sigmaringen
edersee
Oberstadion
Riedlingen
Ehingen

Ravensburg

Blöckle - Boulderhalle

Bouldern – das ist Klettern auf Absprunghöhe. Es ist die Reduktion auf das Wesentliche, ohne Seil, Haken oder Höhenangst. Und wenn die Kraft nicht bis zum obersten Griff reicht, fällt man auf eine dicke Weichbodenmatte.

Die Boulderhalle Ravensburg hält für Jeden etwas bereit: Familien, Kletteranfänger und sportlich Ambitionierte. Bei den rund 160 Routen in verschiedenen Schwierigkeitsgraden auf circa 650 Quadratmetern Wandfläche kommt keine Langeweile auf.

Wer eine kleine Pause braucht, kann sich im Bistro stärken und sich bei den anderen Kletterern Tricks abschauen. Im liebevoll gestalteten Kinderbereich können schon die Kleinsten erste Klettererfahrungen sammeln und sich nach Herzenslust austoben.

Kletterschuhe können vor Ort ausgeliehen werden. Ein Boulderproblem stellt den Kletterer vor ein Rätsel, das mit Technik, Koordination, Kraft und Kreativität gelöst werden soll. Bouldern ist ein junger Sport mit weltweit großem Zulauf und liegt voll im Trend.

Geeignet vor allem für Kinder ab 6 Jahren und Jugendliche ab 14 Jahren. Kinder ab 6 Jahren müssen in Begleitung eines Erwachsenen, Jugendliche ab 14 Jahren dürfen mit Einverständnis der Erziehungsberechtigten alleine zum Bouldern kommen.

🕐 Mo 15 bis 22 Uhr, Di 10 bis 22 Uhr, Mi 8 bis 22 Uhr, Do 10 bis 22 Uhr, Fr 8 bis 22 Uhr, Wochenende & Feiertags 10 bis 20:30 Uhr
€ Tageskarte: Normal 9,50 €, Ermäßigt 7,50 €, Kind 5 €, Familie 23 €
Boulderhalle Ravensburg
Deisenfangstraße 7 · 88212 Ravensburg
Tel: 0751 88833160
www.blöckle.de

OBERSCHWABEN

Gut Hügle Erlebnishof

Auf dem Bauernhof befinden sich moderne Ferienwohnungen, ein Familienrestaurant, ein Familienspa, ein Maislabyrinth, Disc Golf, Spielscheune für die kleinen, E-Bike Verleih und Kirschgarten zum selber pflücken.

Auf der Tierwiese können Sie Esel Bobby und seine Freundin Susy, sowie die Zwergschafe und die beiden Ponys besuchen. Dort tummeln sich aber auch noch Meerschweinchen und Hasen die gerne gefüttert werden.
Zum austoben gibt es die Minigolfanlage oder den Discgolf-Parcour quer durch waldige Hügellandschaft und die idyllische Kirschplantage.
Spiel und Spaß garantiert das Maislabyrinth für die ganze Familie. Von Anfang Juli – Anfang November können Sie auf 2 km langen Wegen das Maisfeld mit einer Fläche von 3 Fußballfeldern unsicher machen. Ein riesen Spaß für die Kleinen und Erholung für die Großen.
Für alle Kirschliebhaber gibt es von Juni bis Anfang August täglich frisch geerntete Kirschen. Diese können Sie entweder auf dem Hof kaufen oder Sie gehen selbst zum pflücken in unseren Kirschgarten. Ein großartiges Erlebnis und Spaß für die ganze Familie.
Die Spielscheune mit der „Hüpfkuh Lucy Muh" ist täglich geöffnet

Im Familien-Restaurant erwartet Sie eine vielseitige frische & regionale Küche mit abwechslungsreichen Gerichten. Vegane & glutenfreie Gerichte finden Sie auch auf der Speisekarte. Für die Kleinen gibt es extra eine Kinderkarte. Frühstück wird täglich von Montag bis Samstag angeboten, am Sonntag gib es ein Bauernbrunch mit reichhaltigem Buffet.

Um die nähere Umgebung des Hofes zu erkunden oder eine Tour rund um den Bodensee zu machen, leihen Sie sich einfach die E-Bikes mit Kinderanhänger aus.

täglich von 8 bis 20 Uhr
Gut Hügele
Bottenreute 5-7 · 88214 Ravensburg
Tel: 0751 1895000
www.guthuegle.de

Kinder Sommer | 263

OBERSCHWABEN

Ravensburg

Museum Ravensburger

Spielerisch das Museum Ravensburger entdecken! Interaktive Entdeckungsreise durch die Welt der Puzzles, Spiele und Bücher.

Wie wird ein Buch gemacht und warum passt bei Puzzles immer genau ein Teil zum anderen? Was verbindet Unternehmensgründer Otto Maier mit Friedrich Fröbel, dem Erfinder des Kindergartens? Mitten in der Stadt Ravensburg lädt das Museum Ravensburger im ehemaligen Stammsitz des weltbekannten Buch- und Spieleverlags zu einem interaktiven Familienausflug zu memory®, Malefiz® und Co. ein: Auf über 1.000 Quadratmetern entdecken die Besucher Spiele, Puzzles und Bücher aus Geschichte und Gegenwart des Verlags mit dem blauen Dreieck.

Lesen, Hören, Experimentieren, Spielen und Raten: Der Besuch im Mitmach-Museum spricht alle Sinne an. Bücherwürmer lauschen spannenden Geschichten im Nest des Leseraben. Kreative Köpfe probieren sich im Mandala-Design. Spielfreunde lassen in der Spiele- und Leselounge mit ihren über 1.300 Büchern, Spielen und Puzzles oder im „Spielehof" die Würfel rollen – natürlich erst, nachdem sie am Beispiel des Spieleklassikers „Das verrückte Labyrinth" erfahren haben, wie aus einer Idee ein fertiges Gesellschaftsspiel entsteht.

Bei der tiptoi® Museums-Rallye führt der bekannte Stift aus dem audiodigitalen Lernsystem Kinder und Jugendliche durch die Räume und stellt Wissensfragen. Erwachsene erkunden die Ausstellung mit dem multimedialen Audioguide, der auf einer kurzweiligen Highlight-Tour an 25 Stationen zusätzliche Informationen und Anekdoten liefert.

€ Erwachsene: 10 €,
Kinder 3 bis 14 Jahre: 8 €
Marktstraße 26 · 88212 Ravensburg
Tel: 0751 86 1377
www.museum-ravensburger.de

OBERSCHWABEN

Museum Humpis-Quartier

Entdeckungsreise ins Mittelalter! Im Museum Humpis-Quartier wird Geschichte erlebbar.

Im Museum Humpis-Quartier begeben sich die Besucher auf eine spannende Reise in die Vergangenheit. In sieben Gebäuden werden über 1000 Jahre Kulturgeschichte und die Lebenswelten ehemaliger Bewohner lebendig. Ob bei einer Führung, mit der kostenlosen Museumsrallye oder bei einem eigenständigen Rundgang mit dem Audioguide: In der Ausstellung begeben Sie sich auf Spurensuche nach einem Lederhandwerker, dem Fernhändler Hans Humpis, einer Gerberfamilie und dem Wirt einer bekannten Gaststätte. Auf all diejenigen, die das Lösungswort der Rallye finden, wartet am Empfang eine kleine Belohnung!

🕐 Di bis So 11 bis 18 Uhr
öffentliche Führungen: Do 18 Uhr,
Sa 14 Uhr & So 15 Uhr, Dauer: 1 Stunde
€ Bis 18 Jahre frei
Erwachsene 7 €, ermäßigt 5 €
kostenloser Audioguide für Kinder
und Erwachsene
Marktstraße 45 · Tel: 0751 82820
88212 Ravensburg
www.museum-humpis-quartier.de

Kunstmuseum Ravensburg

Familienfreundliche Kunst: Museumsbesuche machen kreativ! Unter diesem Motto steht die Kunstvermittlung des Kunstmuseums Ravensburg.

Die farbenfrohen und fantasievollen Werke der Sammlung Selinka sind in ihrer Sinnlichkeit erfahrbar und begreifbar – sie ermöglichen Kindern und Jugendlichen einen leichten Zugang zur Kunst.
Die Angebote reichen von öffentlichen Führungen bis hin zu besonderen Angeboten für Kindergärten und Schulen. Im Kinderatelier und in Ferienworkshops können Kinder unter Anleitung ihre eigene Kreativität entdecken.

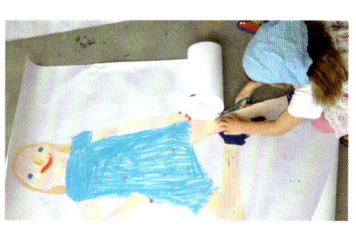

🕐 Di bis So 14 bis 18 Uhr, Do 11 bis 19 Uhr,
Kinderatelier zur Marktzeit, Sa 11 bis 13 Uhr,
ohne Voranmeldung
€ Bis 18 Jahre frei, Kinderatelier:
pro Kind 5 €, Geschwisterkinder je 3 €
👫 Für Kinder bis 18 Jahre
Kinderatelier von 6 bis 12 Jahren
(Mit Voranmeldung)
Tel: 0751 82 810
www.kunstmuseum-ravensburg.de

OBERSCHWABEN

Ravensburg

Wirtschaftsmuseum

Wirtschaftsmuseum Ravensburg Im mittelalterlichen Gebäude der ehemaligen Oberamtspflege ist heute das Wirtschaftsmuseum Ravensburg zu finden.

In sechs inszenierten Themenbereichen erfährt der Besucher spannendes und kurioses aus der regionalen Wirtschaftsgeschichte. Wussten Sie, dass Arist Dethleffs – ein Peitschen- und Skistockfabrikant - das erste deutsche „Wohnauto" aus dem Jahr 1931 nur aus Liebe zu seiner Frau gebaut hat und damit den Grundstein für seine erfolgreiche Wohnwagen-Firma gelegt hat? Oder, dass die Maschinenfabrik Weingarten nach dem Zweiten Weltkrieg aus Siebeinsätzen von Gasmasken einen Spätzleschöpfer kreiert hat? Gehen Sie im Wirtschaftsmuseum den Dingen auf den Grund!

🕐 Di bis So 11 bis 18 Uhr
€ Erwachsene: 4 €, Kinder und Schüler: frei, Führung gebucht: 40 € zzgl. Eintritt; Dauer 60 min; bis 20 Personen Führung öffentlich: 4 € zzgl. Eintritt; jeden 2. So im Monat um 14 Uhr
Wirtschaftsmuseum Ravensburg
Markstraße 22 · 88212 Ravensburg
Tel: 0751 35 505 777
www.wirtschaftsmuseum-ravensburg.de

Feuerwehrmuseum Ravensburg

Die Ravensburger Feuerwehr gehört zu den ältesten deutschen Feuerwehren!

Das Museum präsentiert, auf 600 Quadratmetern Fläche im alten Salzstadel, Exponate aus mehr als 200 Jahre alter Geschichte. Glanzpunkte der Ausstellung sind 11 Großgeräte. Der Besuch des Museums und Führungen sind nach Voranmeldung jederzeit möglich.

🕐 April bis Oktober jeden ersten So von 10 bis 12 Uhr
Tel: 0751 828758 oder 0751 3838
www.feuerwehr.ravensburg.de

OBERSCHWABEN

Flappachbad

Das idyllisch gelegende Naturfreibad mit riesiger Spiel- und Liegewiese.

Die Sprunganlage mit 1- und 3-Meter-Brett, Slacklines, Planschbecken, Wasserrutsche, Sandstrand sowie drei Liegeflöße machen das Bad für Kinder, Jugendliche und Erwachsene zu einer attraktiven Erholungs- und Spaßeinrichtung. Ein Spielschiff im Sandkasten, Tischtennis sowie zwei Beachvolleyballfelder ermöglichen sportliche Aktivitäten für jedes Alter. Eine moderne Cafeteria rundet das Angebot ab.

Strietach 4 · 88212 Ravensburg
Vorsaison vom Mitte Mai bis Anfang Juni, täglich 12 bis 19 Uhr
Hauptsaison vom Anfang Juni bis Anfang September, täglich 9 bis 20 Uhr
Nachsaison Anfang bis Mitte September, täglich 12 bis 19 Uhr
Einzelkarte 3,70 €, Abendkarte (ab 16:30 Uhr) 2,50 €, Familienkarte (ohne Kinderbegrenzung) 94 € / Saison
Tel: 0751 61842
www.ravensburg.de

Kleintierzoo/Kiesgrube

Enten, Pfauen, Hühner, Papageien, viele verschiedene Ziervögel und Waschbären leben in den Gehegen mit schönem Blick auf Ravensburg. Tiere füttern und beobachten, auf dem Spielplatz toben, Karussell fahren oder in der Vereinsgaststätte einkehren.

Eintritt frei

OBERSCHWABEN

Ravensburg

Kinderstadtführung „Geheimnisvolle Türme"

Bei dieser Kinderstadtführung begeben sich die kleinen Knappen mit dem Stadtführer, gern ohne Begleitung ihrer Eltern, auf einen „Kontrollgang" entlang der alten Stadtmauer.

Zu Beginn des Rundgangs erhalten die Kinder am Katzenlieselesturm eine Ausrüstung. Schwert und Schild sind auf der Strecke Pflicht, denn das Leben im Mittelalter war nicht immer ungefährlich: „Gebt acht, vielleicht haben sich irgendwo die Räuber versteckt?"

5 bis 10 Jahren
Treffpunkt: Katzenlieselesturm, Herrenstr. 45
Dauer: 80 Minuten

Turmbesteigungen

Ravensburg ist die „Stadt der Türme und Tore". Das Wahrzeichen Ravensburgs ist der strahlend weiße Mehlsack. Der Blaserturm im historischen Zentrum und der Mehlsack laden zum Ausblick über die Stadt ein. An manchen Tagen können Sie bis zum Bodensee und zum Säntis schauen!

Blaserturm:
Im August und September
jeweils Mo bis Sa von 11 bis 16 Uhr
Mehlsack:
Im August und September
jeweils So von 11 bis 16 Uhr geöffnet.
Tel: 0751 82 800

OBERSCHWABEN

Figurentheater

„Pippi Langstrumpf", „Der kleine Wassermann" oder „Kannst du pfeifen, Johanna?" - das Figurentheater zeigt bekannte, aber auch weniger bekannte Kinderstücke.

Es sind Geschichten zum Lachen, aber auch solche, die zum Nachdenken anregen. Auch Erwachsene kommen bei den lustigen und dennoch gehaltvollen Inszenierungen auf Ihre Kosten: entweder bei der Revue „Stars on Stage", beim Drama „Ein Inspektor kommt" oder beim Märchenabend „Sehnsucht ist aller Dinge Anfang". Auf dem Spielplan stehen immer wieder wechselnde Gastspiele, Konzerte und Lesungen.

🕐 Vorstellungen ausschließlich an den Wochenenden
€ Nachmittagsvorstellung:
Kinder 5 €, Erwachsene 7 €,
Abendvorstellung: Erwachsene 12 €
Marktstraße 15 · 88212 Ravensburg
www.figurentheater-ravensburg.de

Schicke uns deine tollsten *Ausflugsmomente!*

f /kinder.sommer   📷 /kinder_sommer

Teile mit uns deinen Ausflug:
schickt uns eure Ausflugs-Schnappschüsse und wir veröffentlichen euren Moment auf unseren Socialmedia Seiten

OBERSCHWABEN

Weingarten

Mountainbike-Trails

Die oberschwäbische Landschaft rund um Weingarten lässt sich hervorragend vom Fahrradsattel aus erkunden. Neben dem üblichen Radwege-Netz gibt es - für alle, die rasante Abfahrten lieben - spezielle Mountainbike-Trails.

Sowohl der Flow Trail als auch der Dirt-Parcours in der Nähe des Freibades Nessenreben verlaufen durch raues Gelände und bieten Könnern wie Anfängern aufregende Kurven, Hügel und Sprünge. Die Strecke: Für Mountainbikes und alle Leistungsklassen ausgelegt, anspruchsvolle Abschnitte (für Könner) können von Anfängern umfahren werden

Streckeninformationen: Start: Parkplatz Freibad Nessenreben. Strecke: Flow Trail mit anspruchsvollen Hindernissen (v.a. im schwarzen Abschnitt), die von Anfängern umfahren oder (langsam) abgefahren werden können. Schwierigkeit: Anfänger bis Fortgeschrittene

Freibad

Idyllisch im grünen liegt das Freibad Weingarten und verbreitet Urlaubs- und Sommerstimmung. Ausreichend schattige Plätzchen umrahmen die drei großen Becken des Freibades.

Ein Planschbecken, ein Nichtschwimmerbecken mit einer 87 m langen Riesenrutsche, ein Schwimmerbecken mit Startblöcken und ein Sprungbecken bieten ein breitgefächertes Angebot zum entspannen, austoben und Bahnen ziehen. Das Planschbecken ist mit einem Sonnensegel „überdacht". Der Spielplatz lädt die kleinen Gäste auf eine „Piratentour" ein. Neben einem Piratenschiff hat der Spielplatz allerhand zu bieten.

€ Erw.: 3,90 €, Jugendliche (6-17 Jahre): 2,20 €, Kinder unter 6 Jahre: Kostenfrei

OBERSCHWABEN

Stadtmuseum im Schlössle

In der Dauerausstellung des Stadtmuseums im Schlössle wird die Geschichte der Stadt und des Klosters Weingarten modern und lebendig präsentiert.

Die großen und kleinen Besucher können selbst aktiv werden und sich auf ganz unterschiedliche Weise mit den spannenden Themen beschäftigen - da kann man Schubladen herausziehen, um interessante Details zu entdecken, an Hörstationen Geschichten zur Welfensage und zum Mönchsleben erfahren oder ein Kettenhemd anprobieren. Anschließend lässt es sich im Schlössle-Garten gemütlich rasten.

Scherzachstraße 1
88250 Weingarten

Alamannenmuseum

801 Gräber entdeckte man bei Bauarbeiten in Weingarten. Was bei den Ausgrabungen zum Vorschein kam erzählt vom Leben der Alamannen in all seinen Facetten.

Das Alamannenmuseum in Weingarten wurde 2008 völlig neu gestaltet und vermittelt nun anhand von zehn Themenbereichen ein lebendiges Bild dieser Menschen und ihrer Zeit. Wie groß wurde ein Mensch im 6. Jahrhundert n. Chr. und was hat er gegessen? Wie wurden die kostbaren Gewandspangen hergestellt und wie klang die Sprache der Alamannen? Diesen und vielen weiteren Fragen können die Besucher auf den Grund gehen. Jeder Bereich enthält auch eine Kinderstation, an der mit kleinen Geschichten Geschichte verständlich wird. Dort kann man selbst einmal Ausgräber spielen, seinen Namen in Runenschrift schreiben, in frühmittelalterliche Kleidung schlüpfen oder eine Schmuckscheibe prägen.

🕐 Mi bis So 14 bis 17 Uhr
€ Erwachsene 2 €, ermäßigt 1 €, Kinder bis 12 Jahre haben freien Eintritt
👫 Ab 6 Jahre
Tel: 0751 405255 oder 0751 49343
museen@weingarten-online.de
www.weingarten-online.de

OBERSCHWABEN

Wolfegg

Bauernhaus-Museum

Im Bauernhaus-Museum Allgäu-Oberschwaben Wolfegg laden 28 historische Gebäude aus Oberschwaben und dem württembergischen Allgäu zum Entdecken und Erkunden ein.

Originalgetreu eingerichtete Stuben, Kammern, Ställe und Werkstätten geben einen Einblick in die Lebens- und Arbeitsumstände der Landbevölkerung vergangener Zeiten. Auf über 15 Hektar Kulturlandschaft begeistern sorgsam angelegte Bauerngärten und zum Teil freilaufende Tiere wie Gänse oder Kühe große und kleine Besucher/innen.
Das Museum ist besonders geeignet für

OBERSCHWABEN

llgäu-Oberschwaben Wolfegg

Familienausflüge. Ein Kinderführer mit Mitmachheft und unsere Museums-App laden zur Entdeckertour durch unsere Häuser ein. Neben der Schwabenkinderausstellung bietet eine Dauerausstellung über Gastarbeiter und Gastarbeiterinnen auf dem Land extra für die kleinen Besucher/innen eine eigene spannende Kinderspur. Mehrere „Auf ins Museum"-Tage warten mit einem bunten Programm, von Handwerksvorführungen bis hin zu Mitmachprogrammen, auf.

Ob beim Zuhören und Betrachten oder beim eigenen Erleben und „Hand anlegen" – in vielen verschiedenen Mitmach-Aktionen, Veranstaltungen und museumspädagogischen Programmen werden die Sinne angeregt und das Bewusstsein für Geschichte und Gegenwart gefördert.

🕐 Mai bis September: tägl. von 10 bis 18 Uhr, März, April, Oktober, November: Di bis So von 10 bis 17 Uhr
€ Kinder (bis 6): frei, Schüler/Studenten: 2,50 €, Erwachsene 6 €, Familien: 13 €, Teilfamilien: 7 €
Vogter Str. 4
88364 Wolfegg
Tel: 07527 95500
www.bauernhaus-museum.de

Kinder Sommer | 273

OBERSCHWABEN

Wolfegg

Automuseum

"So einen hatte ich auch mal." Das ist das Motto des Automuseum Wolfegg. Fahrzeuge aus allen Jahrzehnten zeigen den Werdegang des Autos seit den 10er Jahren.

Ein Schwerpunkt liegt aber auf den 60er, 70er & 80er Jahren. Vom Golf GTI über den Opel Manta bis zum Renault 4 und von der Honda Dax bis zum Hercules Mofa war vieles auf den Disco Parkplätzen zu finden. Den Jaguar oder die Corvette des Zahnarztes aus der Nachbarschaft und eine Porsche-Ausstellung gibt es natürlich auch. In der Porsche Ausstellung werden alle Straßensportwagen aus den 50ern bis in die 80er gezeigt. Vom Bretzel-Käfer von Ferdinand Porsche über den ersten Porsche Traktor bis zum berühmten Porsche 911 wird alles was die Marke auf die Straße gebracht hat gezeigt. Sonderausstellungen laden in regelmäßigem Wechsel ein entdeckt zu werden. Für die Wohnzimmer-Rennfahrer betreibt der Slot-Car-Racing Club Wolfegg im Museum eine Carrera-Bahn mit einer Streckenlänge von 35 Metern. Regelmäßige Rennveranstaltungen und ein wöchentlicher Clubabend laden zum Verweilen an der Rennstrecke ein. Aber nicht nur Autos & Zweiräder gibt es zu entdecken: - Wie seid Ihr ohne Computer ins Internet gekommen? - Wieso war Papa eine lebende Fernbedienung? - Wieso standen Mobiltelefone in großen gelben Boxen an der Straße? Das alles sind Fragen, die Eltern bei einer Zeitreise in die eigene Jugend mit Ihren Kindern entdecken können. Familienkarte auch für Großfamilien.

Informationen & Öffentliche Führungen:
Tel: 07527 921039-0
www.automuseum-wolfegg.de

OBERSCHWABEN

Fronreute

Naherholung zwischen Schussen und Seen

Inmitten einer begnadeten Naturlandschaft, geschaffen von den Gletschern der Würm-Eiszeit, können Sie zu Fuß oder mit dem Rad 17 ausgeschilderte Wanderwege und fünf Erlebnispfade erkunden.

Mit "Sinnemax" auf Erlebnistour
Auf kleineren, mittleren oder ausgedehnten Touren haben auch Kinder ihren Spaß mit den interaktiven Stationen, die zum Mitmachen, Hören, Sehen, Riechen und Fühlen animieren. Die professionellen Gästeführer bieten zwischen März und Oktober Führungen mit ausgesuchten Themen an. Erfahren Sie alles über unsere Naturlandschaft, Pflanzen, Tiere und Menschen und die UNESCO-Welterbestätte am Schreckensee.

▎www.zwischenschussenundseen.de

Königseggwald · Hosskircher See

Dieser See wird gespeist aus dem Grundwasser, dass vom Höhenzug des Wagenharts über eine recht lange Strecke im Kiesuntergrund zum See fließt.

Im Laufe der Jahrtausende nach der Würm-Eiszeit durchdrang dieses gespannte Grundwasser den Seegrund an ca. 40 kleinen Löchern und aus diesen Quellen wird der See bis heute in Trinkwasserqualität gespeist. Die Wasserqualität ist außergewöhnlich gut und lädt daher zum Baden und Schwimmen ein, was auch Ungeübten und Kindern durch einen abgetrennten Nichtschwimmerbereich und einen sehr flachen Wassereinstieg problemlos möglich ist.

Der Badesee verfügt über eine großzügig angelegte Liegewiese, Wasserspielplatz, Beachvolleyballfeld, Tischkicker und einen Boule Platz. Am See sind 10 Wohnmobilstellplätze vorhanden. Des Weiteren gibt es im Ort eine Kneipanlage und die Möglichkeiten zur sportlichen Betätigung auf dem Aktiv Weg der vom Rathausplatz an den See führt.

Bad Wurzach

Badespaß und Erholung für die ganze Familie

Im Frühsommer 2021 wird das neue Hallenbad am „Grünen Hügel" eröffnet werden. Spaß und Erholung für die ganze Familie gibt es auch im Freibad des Bad Wurzacher Teilortes Hauerz. Wer es gerne etwas ruhiger mag, verbringt einen Wellnesstag in der Vitalium-Therme mit schöner Saunalandschaft. Die Badeseen Metzisweiler Weiher, Stockweiher, Brunner Weiher und Holzmühleweiher im Teilort Eintürnen runden das Angebot für kleine und große Wasserratten ab.

- täglich 10 bis 22 Uhr
- ab 9 €, mit Sauna ab 17 €

Tel: 07564 302 150
Tel: 07564 304 2301
www.bad-wurzach.de
www.vitalium-therme.de

Stadtbücherei in Maria Rosengarten

Alle großen und kleinen Leseratten finden auf ca. 460 m² ein umfassendes Angebot von rund 12.000 Medien im rundum sanierten ehemaligen Klostergebäude Maria Rosengarten.

Ein wahres Schmuckstück ist dabei der Kapitelsaal mit gemütlichem Lesecafé. Romane, Sachbücher und Kinder- und Jugendbücher - für jeden ist etwas dabei. Außerdem gibt es eine große Auswahl an Hörbüchern für Kinder und Erwachsene. Verschiedene Monatszeitschriften runden das Angebot ab. Dazu gibt es Vorlesestunden, das Bilderbuchkino für Kinder und Autorenlesungen.

- Di 10 bis 12 Uhr und 14 bis 18 Uhr, Mi 14 bis 18 Uhr, Do 10 bis 18 Uhr, Fr 14 bis 18 Uhr, Sa 10 bis 12 Uhr

Tel: 07564 302 230

Oberschwäbisches Torfmuseum

Der Abbau von Torf hat in den oberschwäbischen Mooren eine lange Tradition. Mehr als 200 Jahre wurde in vielen Mooren Oberschwabens Brenntorf, Streutorf, Gartentorf und Badetorf gestochen.

Im Wurzacher Ried, dem größten intakten Hochmoor Mitteleuropas, ausgezeichnet mit dem Europadiplom, wurde der Torfabbau 1996 eingestellt. In 14 Stationen wird im Torfmuseum die Kulturgeschichte des Torfabbaus im Wurzacher Ried, mit seinen ehemals 3 Torfwerken, dargestellt.

Die Torfbahn: 1996 endete der Torfabbau und die einstige Torfbahn wurde aufgelassen. 2001 wurden die zurückgelassenen Maschinen und Gleise, von ehrenamtlichen Mitgliedern des Kultur- und Heimatpflegeverein, geborgen und vom Haidgauer Torfwerk ins Zeiler Torfwerk transportiert. Von dort aus wurde eine 1,5 km lange Strecke aufgebaut, die inzwischen über den Achkanal bis zum Haidgauer Torfwerk führt. Im Sommerhalbjahr finden hier regelmäßige Fahrten statt.

April bis Oktober:
2. So und 4. Sa im Monat
Museum von 13 Uhr bis 17 Uhr
Bähnlefahrten:
13:30 Uhr, 14:30 Uhr, 15:30 Uhr.
Sonderfahrten für Gruppen sind möglich.
Anmeldung:
Tel: 07564 3167

Uhrmachermuseum

Im Uhrmachermuseum werden Uhren und Werkzeuge durch die Jahrhunderte gezeigt und bei Führungen erklärt. Die Führungen werden altersgerecht gestaltet.

Marktstr. 20 · Tel: 07564 91157
ab 8 Jahren
www.uhrmachermuseum.de

Schaukäserei mit Käsereimuseum

Die kleinste Emmentalerkäserei Baden-Württembergs. Mit Hüttengastronomie, Führungen, Käsereimuseum, Käseverkauf und Sonnenterrasse mit Kinderspielplatz.
Tel: 07564 3583
www.kaeserei-vogler.de

Bad Wurzach

Radeln auf neuen Wegen

Familienradler und Sportler kommen gleichermaßen voll auf ihre Kosten. Zwölf Thementouren der neuen RadReiseRegion mit den klangvollen Namen „Alpenvorfreunde", „Museen, Moor und Mehr" oder „Himmelwiesen" erweitern das lokale Radwegenetz.

▍Tel: 07564 302-150 · www.bad-wurzach.de

Minigolf im Kurpark

Netz oder Blitz - so heißen die Hindernisklassiker beim Minigolf. Den bunten Ball mit möglichst wenigen Schlägen über die herrlich verzwickten Hindernisse ins Loch zu bekommen, ist witzig und gesellig.

Eine Partie gefällig? Dann ab in den Kurpark, hier wartet täglich (außer dienstags) eine attraktive Anlage mit 18 Langbahnen auf alle großen und kleinen Minigolfer.

▍ 🕐 April bis Oktober: Mo, Mi, Do und Fr jeweils von 13 bis 20 Uhr, am Sa und So jeweils von 12 bis 20 Uhr.
bei schlechter Witterung geschlossen.
Tel: 0176 21941647 oder 0179 9476616
www.bad-wurzach.de

Spielplätze – das Größte für die Kleinen

Bei den Spielplätzen in und um Bad Wurzach kommen alle großen und kleinen Entdecker voll auf ihre Kosten. In Bad Wurzach selbst und in allen Teilorten laden Rutschen, Trampoline, Seilbahnen, Schaukeln, Klettergerate und vieles mehr zum Spielen und Erforschen ein. Sei es das Entdeckerland in Ziegelbach, der Abenteuerspielplatz im Kurpark in Bad Wurzach oder der Mehrgenerationenspielplatz in Hauerz

▍www.bad-wurzach.de

Kinderferienprogramm

Mit rund 100 Veranstaltungen von Basteln bis Tanzen, von Kino bis Betriebsführungen ist für alle Altersstufen etwas dabei. Das Programmheft liegt ca. 2 Wochen vor Ferienbeginn in der Bad Wurzach Info und im Rathaus aus.

▍Tel: 07564 302 110 · www.bad-wurzach.de

OBERSCHWABEN

MOOR EXTREM · Multimediale Erlebnisausstellung

Hören, sehen, anfassen, ausprobieren und spielen - und nebenbei das Moor und seine Bewohner als spannenden und schützenswerten Lebensraum kennenlernen.

Mit allen Sinnen Natur erleben

In der Erlebnisausstellung MOOR EXTREM in Bad Wurzach könnt ihr die Welt der Moore kennenlernen. Da rumpelt und wackelt schon mal der Boden, wenn ihr erfahren wollt, wie Gletscher der verschiedenen Eiszeiten die Landschaft formten. Die Entstehung der Moore in den letzten 8000 Jahren ist ebenso Thema, wie das, was in dieser Zeit alles passiert ist. Um dies spielerisch herauszufinden könnt ihr euch mit einem Moorbohrer in die Tiefe bohren. In einer 360° Videopräsentation lernt ihr die unterschiedlichen Moorlebensräume mit ihrer Tier- und Pflanzenwelt kennen und im Anschluss könnt ihr in den Nachbau eines Torfstichs absteigen. Dort – in einem Kino auf einer Wasserbühne – erwarten euch Perspektiven aus der Tier und Pflanzenwelt des Wurzacher Rieds, wie sie Laien in der Natur kaum je live erleben können. Entdeckt und erlebt viele biologische und naturwissenschaftliche Phänomene in insgesamt neun interaktiven Themenbereichen. Für Kinder gibt es eine eigene Audioebene mit der Moorhexe Calluna.

Familienführungen

Ob Heuschrecken im Sommer oder Tierspuren im Winter, immer gibt es Spannendes und Interessantes im Wurzacher Ried zu entdecken. Bei den Familienführungen dürft ihr auch mal die Schuhe ausziehen und spüren, wie sich das Moor zwischen den Zehen anfühlt. „Mit allen Sinnen Natur erleben" lautet das Motto. Die Familienführungen finden einmal im Monat zu unterschiedlichen Themen statt.

Täglich: 10 bis 17 Uhr (Nov bis März), 10 bis 18 Uhr (April bis Oktober)
Erwachsene 5 €, Kinder und Jugendliche (6 bis 15 Jahre) 2 €
Die Wege sind alle barrierefrei.
Rosengarten 1, 88410 Bad Wurzach
Tel: 07564 302190
www.wurzacher-ried.de
www.moorextrem.de

OBERSCHWABEN

Aulendorf

Der Ritterkeller im Hotel Arthus

Willkommen im Mittelalter – werdet Ritter und Burgfräuleins auf Zeit! Im Ritterkeller erwartet Euch ein großes Familienabenteuer.

Beim Ritteressen ist nicht nur das Mahl selbst ein eindrucksvolles Erlebnis. Das Drumherum vermittelt Euch den Eindruck, wirklich im Mittelalter gelandet zu sein. Im historischen Gewölbekeller brennen die Fackeln und Kerzen, der Mundschenk bittet zur Händewaschung in Rosenwasser und verkündet die Tischregularien, macht eine Giftprobe und Suppenlehre. Die Mägde in mittelalterlichen Gewändern tragen köstlich Speis und Trank auf. Am Freitag- und Samstagabend sowie vor Feiertagen sorgen Gaukler und der Nachtwächter für zusätzliches Spektakel mit dem großen Rahmenprogramm. Ein Ort an dem man schnell per „Du" ist und so sein kann, wie man wirklich ist. Rittermahl mit großem Rahmenprogramm jeden Freitag- und Samstagabend sowie vor Feiertagen von 19 Uhr bis 23 Uhr

€ Erwachsene: 36,90 €, Kinder: 19 €
www.ritterkeller.de

Alpaka-Farm Brandtely

Ein Sprichwort besagt: Schau einem Alpaka nicht zu tief in die Augen, du könntest Dich für immer verlieben.

Die zauberhaften Tiere verzaubern einen mit ihren schwarzen Knopfaugen und dem kuscheligen Vlies. Sie sind einfach wundervoll, bereiten Freude und bestechen vor allem mit ihrem besonderen Charme. Ihr ruhiger und friedlicher Charakter vertreibt mit Sicherheit jegliche Sorgen. Die Alpakas können Sie gerne bei einer Alpakawanderung oder bei Kindergeburtstagen kennenlernen

Termine nur mit Voranmeldung
Tel: 0176 64334236 (auch über WhatsApp)
Lippertsweiler 1 · 88326 Aulendorf
www.brandtely-alpakas.de

OBERSCHWABEN

Naturstrandbad Steegersee

Das Naturstrandbad lockt seit über 80 Jahren Besucher aus nah und fern zum Baden nach Aulendorf und wurde 2019 von den Lesern der Schwäbischen Zeitung zum schönsten Badesee im Landkreis Ravensburg gewählt.

Für Badegäste jeden Alters ist etwas geboten: für die Kleinsten ein über 150 m flach abfallender Sandstrand mit abgegrenztem Nichtschwimmerbereich, ein schöner Spielplatz auf der Liegewiese sowie ein weiterer, extra mit Sonnensegel überdachter Wasser-/Sandspielplatz. Für die größeren Kinder und Jugendlichen gibt es 1 m und 3 m Sprungbrett sowie ein Beach-Volleyball- und ein Fußballfeld. Für alle, ob jung oder alt, ist eine große Liegewiese mit circa 2 ha mit ausreichendem Ruhebereich vorhanden und zur Freizeitgestaltung eine Boulebahn.

🕐 Mai bis Mitte September: Täglich 9 bis 20 Uhr. Fr: bis die Sonne untergeht
€ Kinder ab 6 Jahre/Jugendliche 1,70 €, Erwachsene 3 €, Familien 6,80 €
Abendkarte: Erwachsener 1,80 €,
Familie 4 €, Kinder/Jugendliche 1 €

Erlebnisrundweg um den Steegersee

Um den schönen Aulendorfer Badesee, den Steegersee, führt ein Rundweg, ideal für Familien, aber auch für Jogger. Der Weg ist rund 1,1 km lang, mit Hackschnitzeln weich aufgefüllt und führt an einer Wassertretstelle vorbei, in der Sie sich erfrischen können.

Im Jahr 2021 wird der Rundweg zu einem „Erlebnisrundweg". Mit zahlreichen Lehrtafeln, die groß und klein zum Mitmachen und Erleben einladen, lässt sich die Flora und Fauna um den Steegersee erleben. Stets dabei ist das Maskottchen, der aufgeweckte Frosch „Steegi". Der Weg ist mit Kinderwagen nutzbar.

Am Ende wartet die Gastronomie am Badesee, oder natürlich auch der Badesee selbst (während der Saison), zum weiteren Verweilen ein.

Aulendorf

Adventure Golf

Adventure Golf ist das neue Minigolf! Es verbindet den unnachahmlichen Spaß des "kleinen" Minigolfs mit der coolen Sportlichkeit des "großen" Golfs.

Vom Minigolf stammt der Abwechslungsreichtum der Bahnen, aus dem professionellen Golf wurden Ideen wie Sandhindernisse, Rasen und Bälle übernommen. Man könnte Adventure Golf also als eine Art verbessertes Minigolf bezeichnen.

Spielen kann jeder – von jung bis alt – ohne Vorkenntnisse, Ausrüstung und Anmeldung. Im Vergleich zum Minigolf sind die Bahnen beim Adventure Golf abenteuerreicher, interessanter und anspruchsvoller. Natürliche Hindernisse wie Schrägen, Hügel, und Wasserläufe – aber auch Weinfässer, Wagenräder und Steinbrocken machen jede Bahn zu einer ganz speziellen Herausforderung.

Der ca. 3.300 m² große Golfpark liegt sehr idyllisch beim Hofgut Tiergarten in Aulendorf und fügt sich harmonisch in die schöne Umgebung ein. Gespielt wird gegeneinander auf den 18 naturgetreuen Bahnen – umgeben von Hirschen, Hühnern, Ziegen, Hasen, Ponys,…

Es gibt unterschiedliche Ruhezonen im Park – unter anderem mit Liegestühlen im Sand am Teich, Pavillons mit Bänken und einem Biergarten. Frisch gebrühter Kaffee, Kuchen, Eis, kleine Speisen oder Erfrischungsgetränke? Am Kiosk gibt es leckere Köstlichkeiten mit denen man es sich auf dem großzügigen Areal gemütlich machen kann.

🕐 Täglich (Außer bei starkem Dauerregen)
€ Jugendliche ab 13 Jahren
und Erwachsene 8,50 €
Kinder bis einschl. 12 Jahren 7 €
Beim Tiergarten 11
88326 Aulendorf
www.adventuregolf-aulendorf.de

Ferienhof & Restaurant Tiergarten

Schon zum Frühstück gibt es frische Früchte und ein stärkendes Müsli, danach kann man die Streicheltiere am Ferienhof besuchen, den Hirschen zuhören, die Entlein im Weiher füttern, barfuß durch den Pfad stampfen und an den Bäumen lauschen. Nach einem ausgelassenen, entspannten Tag kann man sich im gemütlichen Restaurant köstlich verwöhnen lassen.

Tel: 07525 913190
www.ferienhof-tiergarten.de

Schwaben-Therme

Angeschlossen an die Thermenlandschaft ist das Spaß- und Aktivbad. Hier kommen sowohl kleine als auch große Gäste voll auf Ihre Kosten.

Die Größeren toben sich in den Wasserrutschen aus oder reiten den „Gaudiwurm". Je mehr Kinder darauf herumtollen, um so mehr Balance braucht man, um oben zu bleiben. Die Erwachsen trainieren lieber beim Bahnenschwimmen. Auch die tägliche Wassergymnastik ist etwas für die Sportlicheren. Im Wasser lassen Sie sich von den Massagedüsen streicheln. An Land erwartet Sie eine Infrarotkabine eine Salzgrotte: Lunge, Herz und Haut atmen auf. Noch mehr Ruhe, Gesundheit und Erholung findet man in der großen Saunalandschaft.

Schwabentherme · Tel: 07525 93-50
www.schwaben-therme.de

OBERSCHWABEN

Aulendorf

Mediale Schlossparcour

Auf Entdeckungstour durchs Schloss Aulendorf: Im oberschwäbischen Schloss Aulendorf können Besucher mittels modernster Technik tief in frühere Zeiten eintauchen. Mit Tablet oder Smartphone begeben sie sich bei einem medialen Erlebnisparcours virtuell auf die Spuren der Schlossherren oder lassen sich bei einer Kostümführung mit der „echten" Gräfin in die höfische Welt entführen.

Das Schloss läd ein, die alten Mauern neu zu entdecken. Dazu wurde ein virtueller Erlebnisparcours erarbeitet. In kleinen Filmen, die man an den Stationen auf Tablet oder Smartphone aufruft, lässt er auf unterhaltsame Weise die Schlossgeschichte Revue passieren. Seine Ausführungen werden ergänzt von kleinen Szenen, in denen sich Magd Magdalena, Knecht Emeran und der Graf zu Königsegg-Aulendorf als Schattenfiguren vor historischer Kulisse ein Stelldichein geben. Die App „Aulendorfer Schlossgeschichten" kann auf das eigene Gerät geladen und von dort an den jeweiligen Stationen abgerufen werden. Es gibt aber auch die Möglichkeit, sich bei der Tourist-Information im Schloss gegen eine kleine Gebühr ein Tablet mit Kopfhörern auszuleihen. Die App „Aulendorfer Schlossgeschichten", ist kostenlos verfügbar für Android/iOS. WLAN steht Ihnen im und außerhalb vom Schloss zur Verfügung.

🕐 Mi bis Fr von 8 bis 12 Uhr
und 13 bis 18 Uhr
Sa/So/Feiertag von 10 bis 18 Uhr
Tourist-Information
Hauptstraße 35 · 88326 Aulendorf
Tel: 07525 934 203
www.schloss-aulendorf.de

# OBERSCHWABEN

Ferienregion Oberschwaben-Allgäu

Beim Familienurlaub gilt es, ganz verschiedene Wünsche zu berücksichtigen. Die Ferienregion Oberschwaben-Allgäu schafft das spielend. Für Kinder, Eltern und Großeltern gibt es eine Fülle von spannenden Ausflugszielen und familienfreundlichen Unterkünften.

Mit siebzehn Türmen und Toren regt die Stadt Ravensburg die Fantasie aller Besucher an. Kinder werden bei Stadtführungen in Ritterkostümen auf Türme und durch verwinkelte Gassen geführt. Nur wenige Autominuten entfernt liegt das Ravensburger Spieleland. Käpt'n Blaubär, Maus und Co. erwarten die Besucher hier mit über 70 Attraktionen in acht Themenwelten. Im Campus Galli bei Meßkirch lebt das 9. Jahrhundert auf der Klosterbaustelle wieder auf. Aufgebaut aus historischen Gebäuden wurden auch das Bauernhaus-Museum in Wolfegg sowie das Oberschwäbische Museumsdorf Kürnbach. Das Erwin Hymer Museum in Bad Waldsee spricht Träume und Visionen von Menschen an, die gerne verreisen. Auch Wasserratten müssen nicht auf dem Trockenen sitzen. Ein besonderes Vergnügen für Familien ist das Freizeitzentrum Schwarzachtalsee. Wasserskifahren ist am Seepark Linzgau bei Pfullendorf angesagt. Ein eher stilles Vergnügen ist es, sich den Naturschönheiten der Ferienregion zu widmen. Der Burgermoos-Lehrpfad in Kißlegg vermittelt den Eindruck einer eiszeitlichen Moorlandschaft. Moor-Extrem heißt es im Naturschutzzentrum Wurzacher Ried und im NaturThemenPark Bad Saulgau laden Erlebnisstationen Familien zur Naturentdeckung ein. Nach einem spannenden Tag heißen die familienfreundlichen Hotels, Ferienhöfe, das Feriendorf des Ravensburger Spielelands sowie der Center Parcs Parc Allgäu müde Abenteurer willkommen.

Alle Informationen zu den
Ausflugszielen gibt es unter
www.familienferien-oberschwaben.de

Bad Waldsee

Strand- und Freibad

Das Strand- und Freibad Bad Waldsee gehört zweifelsohne zu den schönsten der Region. Der Natursee, gelegen vor der malerischen Kulisse der historischen Altstadt bietet schon optisch einen unvergesslichen Eindruck.

Es sind nur wenige Schritte vom Wurzacher Tor am See entlang, nach denen die Besucher das Wahrzeichen des Freibades entdeckt: Die 90 m Rutsche. Auf 30 000 m² erstreckt sich eine baumbestandene Wiesenlandschaft zwischen Strand- und Freibad. Auf der einen Seite lädt der See die Schwimmer für längere Strecken ins kühle Nass. Dazu bieten inmitten der Liegemöglichkeiten ein Sportbecken von 21 x 50m, ein Nichtschwimmerbecken, ein Kinderplanschbecken und natürlich die besagte Riesenrutsche, Badespaß für jeden Geschmack. Insbesondere an Kinder ist gedacht, die sowohl im Strandbereich des Sees, wie auch an verschiedenen Bereichen des Geländes vielfältige Spielgelegenheiten vorfinden.

🕐 Mai bis Juni tägl. von 9 Uhr bis 19 Uhr
Juli bis Sept. tägl. von 9 Uhr bis 20 Uhr
€ Erwachsene: 3,50 €, Ermäßigt: 2 €,
Kinder unter 6 Jahren frei
Abendkarte Mo bis Fr ab 17 Uhr
Sa-,So- und Feiertag ab 18 Uhr: 2 €
Robert-Koch-Straße · 88339 Bad Waldsee
Tel: 07524 49845
www.bad-waldsee.de

Stadtsee-Weg

Es ist nicht übertrieben den Stadtsee als das Schmuckstück schlechthin im Reigen der Waldseer Attraktionen zu bezeichnen.

So faszinierend der Stadtsee ist, für Kinder und Jugendliche ist zunächst einmal ein Spaziergang am See nicht zwingend der absolute Höhepunkt. Diesem latenten Desinteresse wurde mit der Einrichtung des Stadtsee Aktiv-Weges eine attraktive Versuchung entgegengestellt, die auch für alle Erwachsenen mit unerwarteten Erlebnisstationen eine attraktive Verführung darstellt. Verteilt auf den Rundweg von 1,6 Kilometer stehen an 5 verschiedenen Orten Spielgeräte und verteilt auf 7 Erlebnisstationen erwartet sie eine multisensorische Begegnung mit der Gesundheitsphilosophie des Sebastian Kneipp.

€ Kostenlos
Ravensburger Straße 3
88339 Bad Waldsee
Tel: 07524 94 1342
www.bad-waldsee.de

OBERSCHWABEN

Naherholungsgebiet Tannenbühl

Der Tannenbühl am Stadtrand von Bad Waldsee bietet Naturerlebnisse für die ganze Familie. Da sind zunächst die verschiedenen Spielmöglichkeiten für kleine und größere Kinder, immer naturnah gestaltet und auf dem neuesten Stand der Sicherheitstechnik.

Ganz besonderen Zulauf haben verschiedene Wildgehege, die auf den steilen Hängen der bewaldeten Moränenhügel angelegt sind. Für Rot- und Gebirgswild hat die Stadtförsterei hier beste Bedingungen geschaffen. Die Besucher können die Tiere in einem natürlichen Lebensraum in aller Ruhe beobachten. Das Schwarzwildgehege unmittelbar an den großzügigen Parkmöglichkeiten gelegen, ist dann besonders spannend, wenn der meist zahlreiche gestreifte Nachwuchs das Wildschweinvölkchen vergrößert. Eine ganze Reihe von Informationsschildern bietet Wissenswertes über Wald, Tiere und Bodenformationen.

Wald- und Baumlehrpfad
Den Wald den Besuchern näher bringen und seine natürlichen Zusammenhänge mit all seinen Auswirkungen auf uns Menschen erklären, das ist das Ziel des neuen Lehrpfades für große und kleine Besucher.

€ Tourist-Information
Kostenlos
Ravensburger Straße 3
88339 Bad Waldsee
Tel: 07524 94 1342
www.bad-waldsee.de

Du kennst noch weitere Ausflugsziele?

Lass es uns wissen!

redaktion@kindersommer-online.de

OBERSCHWABEN

Bad Waldsee

Abenteuer-Kletterpark-Tannenbühl

Klettern von Baum zu Baum, dass ist echtes Abenteuer pur für die ganze Familie. In 4 bis 20 Metern Höhe geht es über verschiedene Übungen, wie Reifen, Balken, Treppen, Seilrutschen und vieles mehr.

Oder Du wagst einen Sprung aus 20 Metern in die Tiefe. Einfach mal loslassen. Im Tannenbühl gibt es derzeit neun Parcours, mit über 175 Übungen und rund 2200 Meter Kletterstrecke. Eine Kombination aus Geschicklichkeit, Nervenkitzel und Erfolgserlebnissen. Sicherheit geht immer vor. Unter Anweisung und Beobachtung unserer Trainer klettern Sie durch den Park. Sie können ohne jegliche Vorkenntnisse in die Parcours einsteigen und sich darin zu Recht finden. Im Kiddy-Parcours, mit 22 Übungen, klettern Kinder unter Aufsicht der Eltern. Kinder ab einer Körpergröße von 120 cm dürfen in Begleitung einer erwachsenen Person in die Familien-Parcours einsteigen.

🕐 täglich: Mitte März bis Anfang Nov.
👫 Ab 3 Jahren
Abenteuer Kletterpark Tannenbühl
Tannenbühl 2 · 88339 Bad Waldsee
Tel: 07524 4011275
www.abenteuer-kletterpark-tannenbuehl.de

OBERSCHWABEN

Erwin Hymer Museum

Fotocredits: Erwin Hymer Museum

Auf Entdeckungsreise durch Zeit und Raum: Kleine und große Besucher erleben ferne Länder, Sehnsuchtsorte, Traumrouten und Reisefahrzeuge von der Vergangenheit bis in die Zukunft hautnah.

Die über 6.000 qm große interaktive Ausstellung erzählt multimedial die Kultur- und Technikgeschichte des Caravanings und fordert zum Mitreisen auf. Gemeinsam geht die Reise auf den Traumstraßen der Welt zu fernen Zielen. Die Besucher erklimmen den steilen Alpenpass, träumen in der leuchtendgelben Strandmuschel vom Urlaub in Italien, entdecken den abenteuerlichen Hippie-Bus auf dem Weg nach Indien, durchqueren den Orient und die Wüste. Sie tauchen ein in die Abenteuer der Pioniere des Caravanings und reisen auf deren Spuren durch die Geschichte.

Eine fröhliche Parade von über 80 Fahrzeugen, von Oldtimern bis hin zu Zukunftsstudien; PKW, Caravans, Reisemobile, Motorräder etc. steht entlang der Traumrouten. Die Fahrzeuge, ob seltene Einzelstücke, skurrile Entwicklungen oder typische Vertreter, riesengroß bis winzig klein, versetzen mit ihrer detailreichen Innengestaltung zurück in vergangene Zeiten, erzählen ihre Geschichte(n) und von Träumen und Visionen.

Wie wird ein Wohnwagen entwickelt und gebaut? Wie funktioniert die Bremse eines Caravans und aus welchen Materialien besteht eine Seitenwand? Spannendes aus Entwicklung, Design und Produktion lädt an den Entwicklerstationen zum Staunen, Mitmachen und selbst erfahren ein. Die ganze Familie ist beim Zukunftsradar gefragt, wie und wohin sie in der Zukunft reisen möchte. Und wie sehen die Fahrzeuge der Zukunft aus? R-Win 4.0, der kleine digitale Helfer, assistiert beim fantasievollen Bau von Zukunftsmobilen. Das große „Panorama der Zukunft" zeigt, wie junge Designer und Entwickler die Mobilität sehen.

Wechselnde interaktive Familienprogramme in den Ferien machen den Museumsbesuch immer wieder zu einer spannenden Reise in die Welt des Caravanings. Das Programm gibt es tagesaktuell auf der Homepage.

Tägl. 10 Uhr bis 18 Uhr, Do bis 21 Uhr.
Erwachsene: 11,50 €
Schüler, Studenten, Azubis: 7,50 €
Kinder und Jugendliche bis 18 Jahre frei
Tel: 07524 976676-00
www.erwin-hymer-museum.de

Waldburg

Schloss Waldburg

Ein Traum aus einer anderen Zeit... Familientage mit speziellem Kinderprogramm. Kindgerechte Burgführungen Schwertkampf, Körbeflechten oder unsere Waffenkammer zum Anfassen.

Die Waldburg ist eine der geschichtsträchigsten Burgen im internationalen Bodenseeraum. Das Museum auf der Waldburg zeigt den Kronschatz des heiligen Römischen Reiches Deutscher Nation. Die erste urkundliche Erwähnung von Amerika (heute Weltdokumentenerbe) wird auf der Waldburg als Faksimile gezeigt. Die Turmbesteigungen jeden Sonntag bieten einem Rundblick vom Bodensee bis zur Zugspitze.

Gastronomisch wird auf der Waldburg für Jung und Alt sehr viel angeboten. Von der Pizzaparty bis zur Weinverkostung. Eventgrillen in der neuen Burgküche oder ein mittelalterliches Ritteressen in den Gewölben der Waldburg lassen hier keine Wünsche offen.

April bis November an Sonn- und Feiertagen, Burgführungen von 11 bis 18 Uhr. Die Burg kann nur im Rahmen von Führungen besichtigt werden
www.schlosswaldburg.de

OBERSCHWABEN

Sauldorf

TipiHof

Naturnahe liegt der Tipihof am Waldrand in nähe einer faszinierenden Seenlandschaft.

Für einen kurzen oder längeren Aufenthalt bietet der Hof unterschiedliche Angebote. Die verschiedenen Tipizelte schmücken den Platz und laden zum übernachten ein. Parallel bietet der grüne Campingplatz, Möglichkeiten für Zelt, Wohnmobil/Wohnwagen oder im Bus zu nächtigen an. Die bezaubernden Ferienwohnungen bieten ihnen einen unvergesslichen Aufenthalt. Die kleinen Blockhäuschen verteilt auf dem Gelände laden zu einem entspannten Urlaub ein. Die Waldschenke und die großzügig angelegte Terrasse mit einer schönen Aussicht dazu leckere vegetarisch-vegane Speisen und Getränke laden zum ankommen ein. Spiel & Spaß beim Minigolf spielen: Natur und Indianerweisheiten findet ihr im Sinnespfad. Ein Spielplatz rundet den Aufenthalt ab.

Von Ostern bis ende Oktober
Anmeldung:
Tel: 07777 219002-1
www.tipihof.de

Eselwanderungen

Auf dem Esel – und Schafhof können Sie einen oder mehrere Esel ausleihen und einen Tag spazieren gehen.

Die Esel haben Reitsättel für die Kinder oder Packtaschen für die Verpflegung oder eine kleine Kutsche. Nach einer kleinen Eselkunde und Kartenmaterial können die Esel von den Erwachsenen geführt werden. Anmeldung erforderlich, bei Veronika Rotthaler.

€ pro Esel und Tag 36 €
Am Steinbruch 16 · 88605 Sauldorf-Boll
Tel: 0171 3438894
www.esel-schafhof.com

Kinder Sommer | 291

OBERSCHWABEN

Bad Schussenried-Kürnbach

Oberschwäbisches Museumsdorf

Oberschwäbische Dorfidylle und Natur pur! Strohgedeckte Bauernhäuser aus sechs Jahrhunderten und beeindruckende Nebengebäude zeigen die Bau- und Wohnkultur von einst. Original eingerichtete Werkstätten und Stuben machen das Leben und Arbeiten früher lebendig. Gehen Sie mit dem kostenlosen Multimediaguide auf Entdeckertour durch die Häuser und die Streuobstwiese – einer der sortenreichsten des Landes mit über 150 alten Obstbäumen.

Besonders attraktiv für Familien sind die vielen lebendigen Sonntagsveranstaltungen wie das Dampffest im Juni oder der große Herbstmarkt im Oktober. An den vielen spannenden Aktionstagen rund um das historische Landleben präsentieren Schmied, Seiler & Co. ihr Handwerk und landwirtschaftliche Vorführungen zeigen, wie früher mit Muskel- und Dampfkraft gearbeitet wurde. Historische Tierrassen, ein buntes Mitmachprogramm und der Entdeckerpfad für die Kinder begeistern Groß und Klein.

In zeitgemäßen Ausstellungen erfahren Sie mehr über oberschwäbische Trachten, das Leben am Rande der Dorfgesellschaft, die Motorisierung der Landwirtschaft oder darüber, was früher auf den Tisch kam. So wie die Ausstellung „Freiheit auf vier Rädern? Wie das Auto Oberschwaben verändert hat". Besonderer Hingucker ist hier ein Original NSU Prinz 4 von 1966, in den die Besucher selbst einsteigen können – und selbst erleben können, wie sich ein Auto dieser Zeit anfühlt: ohne Sicherheitsgurte oder Knautschzone, winzig, aber mit beeindruckender Rundumsicht.

Jeden Sonntag nehmen Bäcker das historische Backhäusle von 1866 in Betrieb und holen leckere Dennete, Knauzen und andere Köstlichkeiten aus dem Holzofen. Die Kürnbacher Vesperstube mit ihren oberschwäbischen Köstlichkeiten und ihr wunderschöner Biergarten laden zu einer Pause ein.

🕐 Täglich von Ende März bis Ende Oktober von 10 bis 18 Uhr
€ Erwachsene 6 €, Ermäßigt 5 €,
Kinder & Jugendliche 3 €,
Kinder unter 6 Jahre frei, Familien 12 €
Oberschwäbisches Museumsdorf Kürnbach
Griesweg 30
88427 Bad Schussenried-Kürnbach
Tel: 07351 52 6790
www.Museumsdorf-Kürnbach.de

OBERSCHWABEN

Uttenweiler

Naturfreibad

Das Naturfreibad mit familienfreundlichen Eintrittspreisen ist über die Gemeindegrenzen hinaus beliebt und bekannt.

Im flachen Wasserspielbereich können die Kinder nach Herzenslust planschen, sandeln oder sich in den zahlreichen „Duschen" abkühlen. Für die Mütter und Väter gibt es in diesem Bereich viele Sitzgelegenheiten. Auch die Holzterrassen laden hier zum Sonnen ein. Der lange Sandstrand außerhalb des Wasserspielbereichs ist bei Klein und Groß beliebt. Die große und kleine Rutsche sowie die Sprungbretter sind ebenfalls ein Anziehungsmagnet für alle Besucher. Die liebevoll gepflegte Liegewiese bietet einen sehr großzügigen und gemütlichen Platz zum Entspannen. Das Beachvolleyballfeld, die Plätze für Badminton und viele Freizeitspielgeräte runden das Angebot außerhalb des ein Hektar großen Badesees ab.

🕐 Von 10 bis 20 Uhr.

Ellmannsweiler

Naturfreibad

Besonders kinderfreundlich ist der große Sandspielbereich mit Rutsche und großer Badeinsel. Liegeplätze in der Sonne und im Schatten, WC, Duschmöglichkeiten und Umkleidekabinen sind vorhanden. Es gibt eine Badeaufsicht.

🕐 Mai bis September tägl. ab ca. 10:30 Uhr bis spät am Abend.
€ Bis 6 Jahre 0,50 €, Jugendliche bis 18 Jahre 1 €, Erwachsene 2 €
Tel: 07351 827275
www.maselheim.de

Kinder Sommer | 293

OBERSCHWABEN

Bad Saulgau

Jump Town – Trampolinpark

Oberschwabens erste Trampolinhalle verfügt alles, was man für ein actionreiches Erlebnis benötigt: Neben den Sprungflächen, die aus FreeJump, WallJump und ParcourJump bestehen, wird die Halle im urbanen Stil durch einen NinjaWarrior-Parcour sowie eine Boulderwand ergänzt.

Die DogdeBall Arena, die InterActive Wall und der BattleBeam laden zu tollen Wettkämpfen zwischen dir und deinen Freunden ein. Hier kommt sicher keine Langeweile auf! Nach dem Springen lädt eine Gastronomie zum Verweilen ein. Dieser Bereich steht auch für die Veranstaltung von Geburtstagen zur Verfügung. Hier können die jungen Jumper im coolen Ambiente ihre außergewöhnliche Party feiern.

- 🕐 Mi bis Fr 15 bis 20 Uhr, Wochenende/Feiertage/Ferien BW 10 bis 20 Uhr
- € ab 12 € pro Stunde
- Schützenstraße 61
- 88348 Bad Saulgau
- www.jumptownbadsaulgau.de

Sendolino

Hier steht Kindern alles zur Verfügung, was sie für ein tolles Spielerlebnis benötigen.

Ob es der Kletterturm mit Riesenrutsche und Bällebad oder die lustigen Hüpfburgen sind – das Sendolino macht Kinderherzen beim Spielen und Toben glücklich, selbst wenn draußen schlechtes Wetter angesagt ist. Auf der Go-Kart-Bahn können kleine Rennfahrer ihre Runden drehen und mit den Mini-Trampolinen geht es hoch hinaus. Neuste Attraktion sind die Bumper-Cars, mit denen man ordentlich auf Kollionskurs gehen darf.

- 🕐 Mi bis Fr 15 bis 19 Uhr, Wochenende/Feiertage/Ferien BW 10 bis 19 Uhr
- Schützenstraße 59
- 88348 Bad Saulgau
- www.sendolino-bsg.de

OBERSCHWABEN

Hayingen - Wimsen

Wimsener Höhle

Das als „Wimsener Höhle" oder auch als „Friedrichshöhle" bekannte Naturdenkmal ist die einzige aktive und mit dem Boot befahrbare Wasserhöhle Deutschlands.

Sie ist benannt nach Kurfürst Friedrich von Württemberg und entstand mit ihrer heute bekannten Länge von über 725 m in den Oberen Massenkalken des Oberjura durch den Höhlenbach und befindet sich in einem Quellarm der Zwiefalter Ach.
Über 1,5 Millionen Jahre Geschichte zum Anfassen. Die Wimsener Höhle ist eine der Hauptattraktionen des Geoparks Schwäbische Alb. Der Fährmann des Bootes entführt Sie 70 Meter ins mystische Erdinnere. Sie erleben ein historisches und archäologisches Naturerbe hautnah und erfahren Spannendes über die Entstehung, Geschichte und Geologie der Wimsener Höhle, sowie die verhältnismäßig junge Geschichte des historischen Anwesens Wimsen. Das Wasser in der Höhle ist glasklar und Sie können bis auf den Grund sehen. Hier fühlen Sie sich wie in einer anderen Welt.

Bio Gasthof Friedrichshöhle

Der historische Bio Gasthof Friedrichshöhle befindet sich direkt neben der Wimsener Höhle und lädt am Ufer des glasklaren Flusses „Zwiefalter Ach" zum Verweilen ein. Der Gasthof Friedrichshöhle wurde mehrfach als Familienrestaurant ausgezeichnet. Für Kinder ist der Fluss mit seinem bestechend klaren Wasser und den an dieser Stelle lebenden Bachforellen ein wahres Spielparadies. Der große Wasserspielplatz direkt am Gasthof ist auch bei größeren Kindern der absolute Renner.
An der Wimsener Höhle führen zudem Premiumwanderwege vorbei, sodass ein gelungener Tagesausflug garantiert ist.

Wimsen 1 · 72534 Hayingen - Wimsen
Tel: 07373 915260
www.tress-gastronomie.de/wimsener-hoehle/

OBERSCHWABEN

Bad Buchau

Federseemuseum

Hier wird Geschichte lebendig: im Federseemuseum warten nicht nur bis zu 15 000 Jahre alte Fundstücke, sondern auch authentische Nachbauten und Angebote auf Entdecker.

Geniale Werkzeuge und Wagenräder, kostbare Opfergaben und feinste Stoffe sind nur ein kleiner Teil der Funde, die aus der Zeit von Eiszeitjäger bis Kelten berichten. Im Außenbereich kann Archäologie aktiv erlebt werden: Ein nachgebautes Rentierjägerzelt, verschiedene Dorfausschnitte sowie eine keltische Fischfanganlage können erkundet werden. Aber nicht nur das - ein kleines Tiergehege und verschiedene Stelen und Inszenierungen laden ebenfalls dazu ein, die Vergangenheit mit allen Sinnen zu entdecken. Eine geniale Kulisse für Vorführungen, Mitmachprogrammen und vielen Angeboten rund um die Vorgeschichte vor 15 000 bis 2000 Jahren. Wie wäre es zum Beispiel mit einer ArchäoKids-Führung, bei der Kinder Kinder durch die Steinzeit und das Freigelände führen? Jeden Sonntag kann zudem Speerschleudern wie die Eiszeitjäger ausprobiert oder – wer es gemütlicher mag- auch mit dem Einbaum auf dem Museumsteich gefahren werden.

Toll für Familien:
der „Family Activity Trail!"
Lust auf Rätseln, Kombinieren und Ausprobieren? Dann ist der neue „Family Activity Trail" genau richtig! Vom Stahl der Steinzeit über nervige Plagegeister und harter Feldarbeit bis zu heutigen Forschungsmethoden – die vielseitigen und manchmal kniffligen Aufgaben sind ideal, um die Vergangenheit zu erforschen. Dafür sind Geschick, Zusammenarbeit und ganz viel Aktion notwendig, um diese zu meistern und zu guter Letzt an einen Schatz zu kommen!

⏵ Anfang April bis Anfang November: täglich von 10 bis 18 Uhr
€ Erwachsene 6 €, Familien (mit Kindern bis 16 Jahren) 15 €
Tel: 07582 8350
www.federseemuseum.de

OBERSCHWABEN

Federseesteg

Trockenen Fußes auf einem kinderwagentauglichen Holzsteg mitten rein ins Moor, und dann durchs Schilf bis zu einer Plattform direkt im Federsee – auf einer Länge von eineinhalb Kilometern hat man unterwegs immer wieder Atem beraubende Ausblicke und faszinierende Einblicke in die Tier- und Pflanzenwelt des Moores.

Hautnah zeigt sich direkt entlang dem Steg die faszinierende Federseenatur: Schmetterlinge schaukeln von Blüte zu Blüte, Rehe äsen auf den Wiesen, im Schilf klettern die hübschen Bartmeisen, und vom Ende des Federseestegs sieht aus man Wasservögel.

Zu jeder Jahreszeit lohnt sich ein Ausflug an den Federsee, denn bei jedem Besuch hat die Moorlandschaft ein anderes Gesicht.

Vor dem Start ins Moor bietet sich ein Abstecher zum NABU-Naturschutzzentrum Federsee an, das nur 100 m vom Federseeparkplatz entfernt liegt. Hier bekommt man aktuelle Beobachtungstipps, kann in Aquarien Fische und Kleintiere des Federsees kennenlernen, einen über 2 m langen präparierten Wels und einen riesigen Hecht bestaunen. Oder ein Moorquiz zur Ausstellung lösen.

€ Der Eintritt in die Ausstellung ist frei
Tel: 07582 1566 · www.NABU-Federsee.de

Federsee

Das Federseemoor bei Bad Buchau ist nicht nur das größte Moor in Südwestdeutschland, sondern auch ein Naturreservat für viele seltene Tiere und Pflanzen.

Aussichtstürme, Besucherplattformen, Stege und Lehrpfade sowie die Angebote des NABU-Naturschutzzentrums Federsee erschließen das Moor für Naturfans und ermöglichen Einblicke in die faszinierende Moorwelt.

Meßkirch

Walderlebnispfad Leibertingen

Bei einem Ausflug ins Grüne darf eine Entdeckertour natürlich nicht fehlen!

Vom Baumtelefon über den Tierweitsprung bis zu einem Uhu-Gehege wird der Waldspaziergang sicher nicht langweilig – und das waren nur drei von vielen Attraktionen auf dem Leibertinger Walderlebnispfad. Der Höhepunkt ist unter anderem die Burg Wildenstein, welche am Ende der Tour erreicht wird.

Sauldorfer Seen – für Vogelfans und Picknicker

Rund um die Sauldorfer Seen gibt es viel zu beobachten:

Vögel in jeglicher Art, Enten und viele weitere Tiere in der Luft, im Wasser oder an Land. Eine Fahrradtour oder eine Wanderung ist hier möglich. Die vielen Wiesen und die schöne Landschaft laden zu einem Picknick ein.

Oldtimermuseum

Hier sind Automobile von 1899 bis in die 60er Jahre ausgestellt. Die Ausstellung wechselt, da die Fahrzeuge durch die Besitzer gefahren werden. Doch auch Motorrad-Fans kommen auf ihre Kosten, verschiedene Modelle von 1913 bis in die 50er Jahre sind in der Ausstellung zu finden. Als Besonderheit wird dort das einzig existierende Schakomobil ausgestellt. Dieser Kleinwagen wurde durch die Firma Ferdinand Schad in Meßkirch hergestellt.

Felsentäle – für Höhlenforscher und Abenteurer

Das Felsentäle bei Meßkirch lädt zum Versteckspiel in den verschiedenen Höhlen, zu wagemutigen Kletterpartien und dazu, viele Abenteuer in der Natur zu erleben, ein.

Spielplatz beim Sassenage Garten

Der Spielplatz unterhalb dem Schloss Meßkirch, bietet jede Menge Spaß. Neben unterschiedlichen Spielgeräten ist das große Holz-Piratenschiff das absolute Highlight.

OBERSCHWABEN

Campus Galli

Eine einzigartige Zeitreise ins 9. Jahrhundert. Vor 1200 Jahren zeichneten Mönche des Klosters Reichenau den Plan eines umfassenden Klosterbezirks, den St. Galler Klosterplan die älteste überlieferte Architekturzeichnung des Abendlandes. Viel diskutiert aber nie verwirklicht, wird dieser Plan nun in der Nähe von Messkirch auf einem ca. 25 ha großen Areal realisiert mit den Handwerkstechniken des frühen Mittelalters.

Schauen Sie bei einem Rundgang den Handwerkern über die Schulter und erfahren Sie bei einer Führungen, welche Herausforderungen durch die Auseinandersetzung mit den mittelalterlichen Quellen entstehen. Mit wissenschaftlicher Unterstützung werden die einzelnen Baubereiche geplant und die Arbeiten mit fast vergessenen handwerklichen Techniken ausgeführt.

Auf dem Campus Galli scheint die Zeit stehengeblieben zu sein. Fern von moderner Technik wirken die Arbeiter in ihrer mittelalterlichen Kleidung entschleunigt und beeindrucken durch die präzise Arbeit, wenn z.B. beim Behauen der Balken jeder Axtschlag sitzt. Das Hämmern aus der Schmiede ist schon von Weitem zu hören, ebenso der Steinmetz, wenn er mit Meißel und Hammer die Steine für die Fundamente bearbeitet. Ruhiger geht es in der Weberei zu: Wolle wird sorgfältig versponnen und zu Textilien verarbeitet. Der Korbflechter fertigt die benötigten Körbe, der Böttcher die Holzeimer und der Töpfer formt aus Lehm Tongefäße. Schindeln werden gespalten und Holzspäne fliegen, wenn der Drechsler und der Schreiner Holzwerkzeuge für die Baustelle herstellen. Hühner, Schafe, Ziegen und Schweine beleben das Gelände, in der Landwirtschaft und den Gärten werden liebevoll alte Getreide- und Gemüsesorten gepflegt und das auf den Feldern gewonnene Roggenstroh wird für Strohdächer aufbereitet.

Kein Tag gleicht dem anderen, denn auf dem Campus Galli wird nicht vorgeführt, sondern die Arbeiter und ehrenamtlichen Helfer stellen sich den täglich anfallenden Aufgaben einer aktiven Baustelle und verfolgen alle ein gemeinsames Ziel: Der Verwirklichung der im St. Galler Klosterplan dargestellten Anlagen. Es wird Jahrzehnte benötigen, alle Bereiche des Klosterplans umzusetzen und gerade deshalb ist ein Besuch auf der Baustelle immer wieder aufs Neue spannend.

🕐 Tägl. von ende März bis anfang November: von Di bis So, von 10 bis 18 Uhr
€ Erwachsene 11 €, Kinder 6 €
👪 Jedes Alter
Hackenberg 92 · 88605 Meßkirch
Tel: 07575 206 1423 · www.campus-galli.de

Kinder Sommer | 299

OBERSCHWABEN

Biberach

Spannende Stadtführungen

Tiere in der Stadt entdecken, auf den Spuren der Ritter in Biberach wandeln und die Gaunersprache Rotwelsch kennenlernen – all das ist möglich bei einer Biberacher StadtVerführung. Bei zahlreichen öffentlichen, kindgerechten Führungen wird die historische Stadt mit Kinderaugen betrachtet - manchmal auch im Dunkel der Nacht mit der Taschenlampe. Weitere Informationen und genaue Termine unter www.biberach-tourismus.de

Ideal für Gruppen oder Kindergeburtstage, bieten sich auch buchbaren Stadtführungen an. Diese können individuell an einem Wunschtermin vereinbart werden.
Mögliche Themen sind:

Wassergeschichten und -spiele für kleine Biber
Wozu benötigt man Wasser und wie kommt es überhaupt in die Stadt und in die Häuser? Gemeinsam werden die Spuren des Wassers in der Stadt verfolgt, Geheimnisse am Stadtbach aufgedeckt und der Ratzengraben erforscht. Besonders im Sommer bietet diese Stadtführung eine erfrischende Abkühlung.

K(l)eine Ritter in Biberach
Von der Stadtmauer, über Ritterturniere bis hin zum Kaiser – Bei diesem spannenden Stadtrundgang werden alle Geheimnisse des Mittelalters aufgedeckt.

Biberacher Stadtsafari
Tiere - mitten in der Stadt? Jawohl, Tiere: Fliegende Biber, Schlangen und Esel auf dem Marktplatz. Und Schafe in der Kirche. Löwe, Storch, Frosch, Pferd und Bär gibt´s zu entdecken - wenn man ganz genau hinschaut und beobachtet - eben wie auf einer Safari. Und zu jedem Tier gibt's was zu erzählen.

Räubergeschichten
Gaunerzinken, Rotwelsch, Weißer Turm - eine abenteuerliche Reise in die Welt des Schwarzen Veri und seiner Bande!

Taschenlampenführung
Nach Einbruch der Dunkelheit sehen vertraute Dinge oft rätselhaft und fremd aus, doch manches wird erst im Schein der Taschenlampe sichtbar! Unheimliche Schatten, geheimnisvolle Orte und spannende Geschichten begleiten uns auf dem Weg durch die Nacht. Wer traut sich mitzukommen?

| Stadt Biberach | Tourismus | Marktplatz 7/1 | 88400 Biberach |

OBERSCHWABEN

Stadtrallye – Biberach auf eigene Faust entdecken

Eine spannende Spurensuche durch die Stadt bietet die Biberacher Stadtralley.

Die Kinder bekommen eine Anzahl von Fragen gestellt. Um diese beantworten zu können, müssen sie verschiedene Ort in der Stadt suchen. Ist der Ort erst einmal gefunden, beginnt die Spurensuche nach dem richtigen Lösungswort. Ein tolles Erlebnis, bei dem die ganze Familie gemeinsam die Stadt auf eine sehr besondere Art kennenlernt. Für Eltern und Großeltern gibt es auf Anfrage ein Lösungsblatt. Die Stadtralley kann an der Touristinfo im Rathaus abgeholt oder unter www.biberach-tourismus.de heruntergeladen werden.

Naturkundepfad

Der Biberacher Naturkundepfad führt durch eine abwechslungsreiche Landschaft, sowohl mit städtischen als auch mit naturnahen Elementen.

Mit Hilfe von Schautafeln öffnet er die Augen für die Geheimnisse der Lebensräume von Fließgewässern und Streuobstwiesen. Interessierte bekommen außerdem Einblicke in ökologische Zusammenhänge und erfahren so manches über die in Biberach vorkommenden Tiere und Pflanzen. Daneben kommen aber auch die geologischen und kulturhistorischen Besonderheiten Biberachs zur Sprache.

Der insgesamt 4,5 km lange Pfad führt vom renaturierten Ratzengraben über den Stadtgarten, den Gigelberg, das Lindele und den Ziegeldumpf zum katholischen Friedhof. Die Führung auf der Gesamtstrecke dauert ca. 3 Stunden. Es besteht aber auch die Möglichkeit nach ungefähr halber Wegestrecke die Wanderung zu beenden. Festes Schuhwerk wird auf alle Fälle empfohlen

Tel: 07351 51-165   tourismus@biberach-riss.de   www.biberach-tourismus.de

Kinder Sommer | 301

Biberach

Jordanbad

Im Familienbad gibt's jede Menge Wasserspaß für die ganze Familie!

Stürzen Sie sich mit Ihren Kindern Hand in Hand auf der 15 Meter langen Breitrutsche in die Fluten. Der Ehrgeiz ist in der Röhrenrutsche geweckt: Wer knackt den Dauerrekord von unter 8 Sekunden? Bei 70 Meter Länge kommen Sie auf über 30 km/h.

Für die kleinsten Wasserratten gibt es im Kleinkinderbecken bei angenehmen 33 Grad Wassertemperatur jede Menge zu entdecken. Eine kleine Minirutsche, wasserspritzende Badefiguren und Wasserspielzeug sorgen für glänzende Kinderaugen.

St. Elisabeth-Stiftung
Jordanbad
Im Jordanbad 3
88400 Biberach an der Riß
Tel: 07351 343-0
www.jordanbad.com

Frei- und Hallensportbad Biberach

Mit separatem Kinderbereich, Spiel- und Spaßangeboten, großzügigen Liegeflächen und günstigen Angeboten sorgt es bei der ganzen Familie für Wasserspaß.

Das moderne Hallensportbad ist außerdem ideal geeignet für Schwimmer und Springer. Die Highlights: Kombibecken mit Riesenrutsche, Strömungskanal, Wasserliegen, Luftsprudler, Wasserpilz, behindertengerechte Hebeanlage, separatem Eltern-Kind-Bereich Kiosk, Beach-Volleyballfeld, Badmintonfeld, Streetballfeld und eine Tischtennisanlage

🕐 Mai bis September
Stadt Biberach · Tourismus
Marktplatz 7/1 · 88400 Biberach
Tel: 07351 51 165

OBERSCHWABEN

Museum Biberach

Das Museum der Stadt Biberach residiert im Hospital zum Heiligen Geist, dem größten mittelalterlichen Gebäudekomplex der ehemaligen Reichsstadt. In vier Ausstellungsabteilungen Naturkunde, Archäologie, Geschichte und Kunst präsentiert es bedeutende Sammlungen.

Interaktive Modelle, Experimentierstationen und Filme zeichnen die Entstehung und Besiedlung der oberschwäbischen Landschaft nach. Inszenierungen aus rund 1.000 Jahren Stadtleben erzählen von den Kämpfen des Mittelalters, von dem berüchtigten Räuber Schwarzer Veri, von Weltkriegen und Nationalsozialismus. Neben Hauptwerken der oberschwäbischen Kunst stehen die originalen Ateliers der Münchner Tiermaler Anton Braith und Christian Mali, sowie das 1997 ins Museum umgezogene Atelier von Jakob Bräckle. Glanzstücke der Sammlung sind die Werke des Expressionisten Ernst Ludwig Kirchner.

🕐 Di bis So 10 bis 18 Uhr, Do bis 20 Uhr. Führungen Do 18 Uhr und So 11:15 Uhr, sowie nach Vereinbarung.
€ Bis 18 Jahren frei und Sa generell frei

Kletterwald

Der Biberacher Hochseilgarten ist der modernste und schönste Hochseilgarten Oberschwabens.

9 Parcours, 85 Kletter-Elemente und das innovative SMART-Belay Sicherungssystem versprechen mit Sicherheit Spaß, Spannung und Abenteuer. Der Waldseilgarten liegt mitten im schönen Biberacher Burrenwald mit einem großen Spielplatz, zahlreichen Grillstellen und einer perfekten Umgebung für Outdoor Trainings. Von einfachen Einsteiger- und Kid´s Parcours bis hin zur 140 Meter langen ZIP Line und dem neuen Burrensprung bietet der Hochseilgarten für jeden die richtige Herausforderung.

www.kletterwald-biberach.de

OBERSCHWABEN

Ellmansweiler

Naturfreibad

Tauchen Sie ein ins kühle Nass des Naturfreibads.

Besonders kinderfreundlich ist der große Sandspielbereich mit Rutsche und großer Badeinsel. Liegeplätze in der Sonne und im Schatten, WC, Duschmöglichkeiten und Umkleidekabinen sind vorhanden. Es gibt eine Badeaufsicht. Beste Versorgung bei Durst und Hunger ist am Kiosk gewährleistet.

🕐 Mai bis September tägl. ab ca. 10:30 Uhr bis spät am Abend geöffnet.
€ Bis 6 Jahre 0,50 €, Jugendliche bis 18 Jahre 1 €, Erwachsene 2 €
Tel: 07351 827275 · www.maselheim.de

Herbertingen

Schwarzachtalseen

Idyllisch eingebettet liegt das Erholungs- und Freizeitzentrum Schwarzachtalseen inmitten der oberschwäbischen Landschaft.

Hier heißt das Motto - "Nehmen Sie sich an dem von den Gemeinden Ertingen und Herbertingen gemeinsam geschaffenen Kleinod mit seinem Badesee, dem Wassersportsee und den drei Naturseen eine Auszeit vom Alltag". Der abwechslungsreiche Wasserspielplatz mit Piratenschiff, Aussichtsturm, Kletterfelsen und Matschtischen lässt Kinderherzen höher schlagen. Ein weiterer Höhepunkt der Anlage ist das direkt am See gelegene Café & Restaurant. Die Seeterrasse lädt Besucher zur gemütlichen Einkehr ein.

Abgerundet wird das Angebot durch mehrere Liegewiesen, die Seepromenade mit Spiel- und Fitnessparcours sowie Ruhebänken, ein Beachvolleyballfeld, zwei Tischtennisplatten, einen Bolzplatz, einen Grillplatz und einen Wohnmobilstellplatz.

Keltenmuseum Heuneburg

Den Kelten ganz nah: Unweit der Keltenstadt Heuneburg bieten originale Funde aus den regionalen Forschungsgrabungen, eindrucksvolle Inszenierungen sowie informative Texttafeln, einen Einblick in das Alltagsleben, Kunstschaffen, sowie die weitverzweigten Handelsbeziehungen der Kelten.

Wechselnde Sonderausstellungen beleben mit weiteren Ausstellungsobjekten das Museum. In spannenden Führungen durch die Dauerausstellung, Sonderausstellung und verschiedenen Themenbereiche nehmen wir Sie und Ihre Kinder mit auf eine unterhaltsame Reise in die Keltenzeit.

🕐 Anfang April bis Ende Oktober
Di bis So sowie feiertags 10 bis 16 Uhr
(letzter Einlasse 15:30 Uhr)
€ Erwachsene: 3 €, Ermäßigt: 2 €,
Kinder bis 6 Jahre: frei, Familien: 6,50 €
Keltenmuseum Heuneburg
Binzwanger Straße 14
88518 Herbertingen-Hundersingen
Tel: 07586 1679 · www.heuneburg.de

OBERSCHWABEN

Kanzach

Bachritterburg

In der Bachritterburg könnt ihr das Mittelalter erleben! Die Burg wurde nach historischen Vorbildern des 14. Jahrhunderts erbaut und wird diesen Frühling sogar erweitert. Das Highlight ist das Backhaus, in dem mit euch Brot, Gebäck und viele andere Leckereien gebacken werden!

Die Bachritterburg ist die Rekonstruktion einer hölzernen Niederadelsburg mit repräsentativen Wehr- und Wohnturm, der Vorburg mit Wirtschaftshof, Pferdestall, Kornspeicher und Schmiede. Jeder Raum und jedes Detail ist mit viel Liebe zum Detail so gestaltet, als ob der Burgherr gleich um die Ecke kommt.

Regelmäßig ziehen Ritter, Burgdamen, Handwerker und Dienstleute ein und demonstrieren damalige Handwerkskunst, z. B. die Herstellung eines Kettenhemdes oder Wendeschuhes, das Knochenschnitzen oder das Färben von Stoff mit Naturfarben. Bei gebuchten Führungen, auch mit Bogenschießen, erschließt sich hier die Gelegenheit zu einem entspannenden und kreativen Erlebnis.

Ganz besonders beliebt sind auch die Familiensonntage auf der Burg als Ziel für Familien- und Gruppenausflüge. Die kulinarischen Angebote in der Burgschänke und der angrenzende Spiel- und Rastplatz mit zwei Grillstellen laden ein zum entspannten Verweilen.

Von April bis Oktober: Sa, So und Feiertage von 10 bis 18 Uhr

OBERSCHWABEN

Mengen - Ennetach · Das Gaggli Nudelhaus

Seit über 90 Jahren produziert das Familienunternehmen Buck feinste Nudelspezialitäten nach traditionellen Rezepturen.

Erleben Sie bei einer Führung durch die NudelProduktion die Herstellung Ihrer Lieblingsnudel vom Eieraufschlag, über die Produktion bis hin zur Verpackung hautnah.
Lassen Sie sich faszinieren von der Vielfalt der über 100 Varianten an Buck Nudelspezialitäten. Für besonders Ernährungsbewusste bietet Buck Gaggli Bio-Kindernudeln, Dorfmühle Oberschwäbische Dinkel-Nudeln sowie darüber hinaus Dorfmühle NuWell aus 100% Bio-Hülsenfrüchten an.

🕐 Gaggli NudelLaden:
Mo bi Fr 9 bis 13 Uhr und 14 bis 18 Uhr, Sa 9 bis 13 Uhr
Führungen durch die NudelProduktion mit Voranmeldung von Mo bis Do
Mühlstr. 8 bis10 · 88512 Mengen-Ennetach
Tel: 07572 759 444
www.gaggli-nudelhaus.de

Oberstadion

Krippenmuseum Oberstadion

Das Krippenmuseum, im historischen Ambiente der alten Pfarrscheuer (1612), hat auf rund 700 qm Ausstellungsfläche einiges zu bieten.

Es sind die bedeutendsten Krippenbauer, Tonkünstler und Schnitzer aus Deutschland, Österreich und Italien vereinigt. Kennen Sie eine „Tag- und Nachtkrippe" oder eine „sprechende Krippe"? Die wohl „kleinste handgeschnitzte Krippe der Welt" ist auch unter 160 Krippen zu finden. Neben kinder- und familienfreundlichen Eintritten, wird auch eine Kinderrallye durchs Museum angeboten. (Mind. 5 Kinder und mit Voranmeldung.)

Kirchplatz 5/1 · 89613 Oberstadion
Tel: 07357 9214-0
www.Krippen-Museum.de
www.oberstadion.de

OBERSCHWABEN

Riedlingen · Feuerwehrmuseum

Auf zwei Etagen hat er seit 2008 nun die Möglichkeit, seine umfangreiche, über Jahrzehnte erarbeitete Sammlung einer breiten Öffentlichkeit zu präsentieren. Im Erdgeschoss befinden sich Fahrzeuge, Spritzen, Feuerlöscher, Löscheimer, Leitern und eine Ordenssammlung. Im Obergeschoss können Helme, Paradewaffen, Handdruckspritzen und sonstige Werkzeuge bewundert werden. Es gibt Feuerwehr-Uniformen von Pöchlarn und Bürgel zu sehen. Wandmalereien von Uwe Strang dokumentieren das Feuerwehr-Leben auf sehr persönliche und auch augenzwinkernde Art.

Im Herzen der Altstadt von Riedlingen hat der enthusiastische Sammler von historischen Feuerwehr-Utensilien, Günther Hübler, ein wahres Schmuckstück geschaffen.

🕐 Sa und So 14 bis 17 Uhr
€ Eintritt frei
Tel: 0172 7009724
www.feuerwehrmuseum-riedlingen.de

Walpertshofen · Pony-Ranch

Es braucht vorher keinen Reitunterricht, die Eltern führen die Ponys auf dem Spaziergang. Ein (Fahrrad-)Helm für alle Fälle ist von Vorteil.

Und so steht einem nicht alltäglichen Erlebnis eigentlich nichts im Weg. Auf dem Hof gibt es noch einen großen Kinderspielplatz und eine ganze Menge Tiere. Es gibt gemütliche Sitzgelegenheiten im Garten, wo man sich Kaffee und hausgemachte Kuchen, sowie kleine Snacks schmecken lassen kann. Bitte beachten: Bitte keine Hunde mitbringen, da 2 Wachhunde auf dem Hof keine Konkurrenz dulden.

🕐 Sa 14 bis 17 Uhr, So 10 bis 17 Uhr, Letzte Pony-Runde 30 Min. vor Schließung
€ Eine halbe Stunde Reiten 8 €
Tel: 07353 981320
www.pony-ranch-walpertshofen.de

OBERSCHWABEN

Sigmaringen

Schloss Sigmaringen

Das Schloss Sigmaringen bietet neben den täglichen Schlossführungen auch spannende Kinderthemenführungen an.

Natürlich gibt es auch in der historische Innenstadt mit vielen familienfreundlichen Restaurants, Cafés und Geschäften viele Geheimnisse bei einem Spaziergang zu entdecken. Ein toller Begleiter hierzu ist der Flyer „Geheimnisse von Sigmaringen", den es in der Tourist Info kostenfrei gibt.

| www.hohenzollern-schloss.de

Schaukelweg

Zwischen dem Wehr im Ortsteil Laiz und der Hängebrücke hinter der Sigmaringer Stadthalle gibt es einen Rundweg mit 12 Schaukeln, der von Kindern, Erwachsenen und von Rollstuhlfahrern barrierefrei genutzt werden kann. Der Rundweg inklusive Bienenlehrpfad führt an einem renaturierten Teilstück der Donau und einem Naturbeobachtungsturm vorbei und vermittelt interessante Einblicke in die Flora und Fauna.

| Tourist-Info Sigmaringen
| Apothekergasse 1/Rathausplatz
| 72488 Sigmaringen
| Tel: 07571 106 224
| www.sigmaringen.de

©Christoph Dupper

Kinder Sommer | 309

OBERSCHWABEN

Sigmaringen

Freibad

Reines Schwimmvergnügen und Abkühlung finden alle Badebegeisterten im Freibad Sigmaringen, das im Jahr 2019/20 komplett saniert wurde und nun mit neuen und tollen Attraktionen seine Gäste begeistert, wie z.B. 5-Meter-Sprungturm, Wasserschaukel und mehr.

| www.stadtwerke-sigmaringen.de

Flowpark

Ein Highlight für Familien, Hobby-Biker sowie ambitionierte Fahrer ist der Flowpark im Antoniustal.

Der serpentinenförmige, wellige Verlauf der Strecken mit North-Shore-Passagen, Brücken und Wippen in verschiedenen Schwierigkeitsstufen zaubern den Bikern ein breites Grinsen ins Gesicht. Vorhanden ist auch ein Pumptrack, der ohne ausgeprägte Fahrtechnik von Anfängern gemeistert werden kann.

Donauufer

Die Donauufer sind perfekt zum Spielen und Aktivsein für jedes Alter – ob auf dem Abenteuerspielplatz beim „Bootshaus" mit großem Biergarten oder am Jugend-freizeitbereich mit Beachvolleyballfeld, Skateranlage und Calisthenicspark.

OBERSCHWABEN

outandback

Hochseilgarten: In einer Höhe bis zu 10,00 Meter warten auf Sie 33 Herausforderungen. Sie werden über Balken, Baumstämme, Taue oder über Autoreifen balancieren und schwingende Seilkonstruktionen überwinden. Unterschiedliche Schwierigkeitsstufen werden alleine oder im Team bewältigt. In Begleitung eines Erwachsenen können mutige Kinder bereits ab 4 Jahren in den Hochseilgarten.

Niederseilgarten: Der Niederseilgarten hat auf einer Höhe von ca. 90 cm 10 Übungen, die nicht nur kleine Gäste herausfordert. Für die einen ist es ein Spielplatz oder der Start um die höchste Plattform des Hochseilgartens zu meistern. Für die anderen ist es eine ideale Umgebung für Teambuilding-Übungen. Keine Altersbegrenzung.

Kletterwand: An der Kletterwand mit 3 Routen kann man einfach nur klettern, oder man kann vor allem in der Gruppe richtig Spaß haben! Versuchen Sie doch mal paarweise, mit einer Hand und einem Fuß an den Partner gefesselt die Kletterwand zu meistern.

Kanutouren: Die Fahrt durch das Obere Donautal, dem schwäbischen Grand Canyon, von Gutenstein nach Sigmaringen ist geprägt von der schönen Natur mit ihren bizarren Felsgebilden, Mischwäldern, Burgen und Ruinen. Die spektakuläre Kanurutsche in Laiz erhöht den Spaßfaktor maximal. Erleben Sie das Schloss Sigmaringen, die großen Wiesen und Wälder rechts und links der Donau als ideales Rückzugsgebiet für viele Vogelarten. Die Donau selbst wird mit ihrem kurvenreichen Flusslauf für den Paddler anspruchsvoller.

Minigolf: Die 18-Loch Minigolfanlage befindet sich direkt auf dem Gelände der out & back Erlebniswelt.

| www.outandback.de

OBERSCHWABEN

Ochsenhausen

Naturbad Ziegelweiher

In idyllischer Lage am Rande des Fürstenwaldes findet man das Naturbad Ziegelweiher.

Die großzügig angelegte Liegewiese rund um den See bietet das ideale Plätzchen sowohl für Sonnenanbeter als auch für Badegäste, die die Sonne lieber im Schatten genießen. Das Bad ist abgeteilt in einen Schwimmer- und einen Nichtschwimmerbereich. Spielgeräte begeistern die kleinen Badegäste. Auf der Terrasse des Café Seestern lässt sich das bunte Treiben im Wasser gemütlich bei einem Kaffee oder einem kühlen Getränk beobachten. Dort gibt es auch kleine Gerichte, Snacks und Eis.

🕐 Mai bis Mitte September tägl. von 10 bis 20 Uhr (nur bei gutem Wetter)
€ Kinder und Jugendliche 1,50 €, Erwachsene 2,50 €
Telefon: 07352 938933
www.tourismus-ochsenhausen.de

Muschel- und Schneckenmuseum

Hier werden 80.000 Exponate auf 145 m² aller Größen, Farben und Formen vorgestellt.

Das Museum ist ein Ort an dem das eine oder andere Exponat auch angefasst und „erfühlt" werden kann. Es empfiehlt sich an einer Führung teilzunehmen. Die Besucher entscheiden die Dauer und Intensität der Führung.

🕐 Oktober bis Juni jeweils am Fr, Sa und So von 13 bis 18 Uhr, Juli bis Oktober jeweils am Do, Fr, Sa und So von 12 bis 18 Uhr. Nach Absprache auch außerhalb der Öffnungszeiten
€ Erwachsene 7 €, Kinder 2 €, Familien (mit 2 Kindern) 15 €
Führungen nach Vereinbarung und Gruppengröße
Bahnhofstraße 9
(rechter Eingang seitlich in der 1. Etage)
Tel: 0175 1100114
oder 0160 97349087
www.muschelmuseum-ochsenhausen.de

OBERSCHWABEN

Öchsle-Bahn

Gemächlich dampft es durch Wiesen und Wälder und weckt Erinnerungen an vergangene Zeiten: das „Öchsle", wie die einzige noch erhaltene Schmalspurbahn in Baden-Württemberg liebevoll genannt wird. Die nostalgische Fahrt mit dem Dampfzug auf der 750 mm Schmalspurstrecke führt durch die hügelige Landschaft Oberschwabens, vorbei an historischen Bahnhöfen aus der Gründerzeit.

Ein besonderes Erlebnis ist die Fahrt im offenen Sommerwagen im Zug mit Cabriofeeling. Alle Personenwagen haben Fenster zum Öffnen und offene Einstiegsplattformen, auf denen man sich während der Fahrt auch aufhalten kann. Eine Besonderheit der 19 Kilometer langen Strecke ist die 1.800 Meter lange Steigung bei Wennedach, mit 1 : 40 ist sie genauso steil wie die Geislinger Steige. Auf der rund einstündigen Fahrt bleibt Zeit für eine kleine Erfrischung im Restaurationswagen. Die Fahrt im gemütlichen Tempo entschleunigt und führt wie in einer Zeitreise in die Zeit vor 100 Jahren. Wer die Fahrt mit einer Fahrradtour verbinden möchte für den hat das Öchsle seinen eigenen, weitgehend parallel zur Strecke verlaufenden Radweg und der Fahrradtransport im Zügle ist kostenlos.

🕐 Fahrtage:
Das Öchsle fährt von 1. Mai bis 10. Oktober an jedem So, an jedem 1. Sa im Monat sowie an allen Do von 15. Juli bis einschließlich 9. September (nicht an Feiertagen während der Woche).
Abfahrt in Warthausen um 10:30 Uhr und 14:45 Uhr, in Ochsenhausen um 12 Uhr und 16:15 Uhr.
€ Einfache Fahrt Erwachsener 12 €, Hin- und Rückfahrt 16 €. (Kinder reduzierter Preis), Familien (2 Erwachsene mit bis zu 3 Kindern) 35 €.
Tourist-Information Ochsenhausen
Marktplatz 1 · 88416 Ochsenhausen
Tel: 07352 9220-26 · www.oechsle-bahn.de

Ochsenhausen

Der Krummbach

Heute ist der Krummbach das Ziel erholungssuchender Spaziergänger. Der Krummbach hat bis heute etwas von seiner klösterlichen Stille bewahrt.

Uralte Baumriesen, die schon zu Zeiten Napoleons und Fürst Metternichs gestanden haben, säumen den Weg. Im kristallklaren Wasser stieben Forellen davon und lassen kleine Sandwölkchen zurück. In der dunklen Tiefe des Fürstenwaldes hämmert ein Specht. Der Bach war Zentrum eines technisch hoch entwickelten Kanalsystems. Zahlreiche miteinander verbundene Wasserläufe und Weiher lieferten Wasser und Energie für das Kloster, das klösterliche Bräuhaus und die Klostermühle. So besaß das Ochsenhauser Kloster bereits in der Renaissance eine zentrale Wasserversorgung. Längst haben die Mönche das Kloster verlassen und das Klappern der Klostermühle ist verstummt. Der Krummbach aber ist erhalten geblieben und ist heute eine Station der „Mühlenstraße Oberschwaben".

Kirchdorf an der Iller

Freibad

Wasserspaß für Jung und Alt verspricht das Freibad Kirchdorf an der Iller.

Das 50-Meter-Becken bietet ideale Bedingungen für alle Altersgruppen. Dazu gibt es eine Riesenrutsche, einen Nichtschwimmerbereich sowie einen großen Bereich für Kleinkinder. Auf der 25.000 qm großen Liegefläche sorgen viele Bäume für genügend Schatten. Ein Beachvolleyballfeld sowie ein Rahmenprogramm runden das Angebot ab.

🕐 täglich von 9 bis 20 Uhr, schlechtes Wetter: 9 bis 11 Uhr und 16 bis 18 Uhr

Laupheim

Planetarium

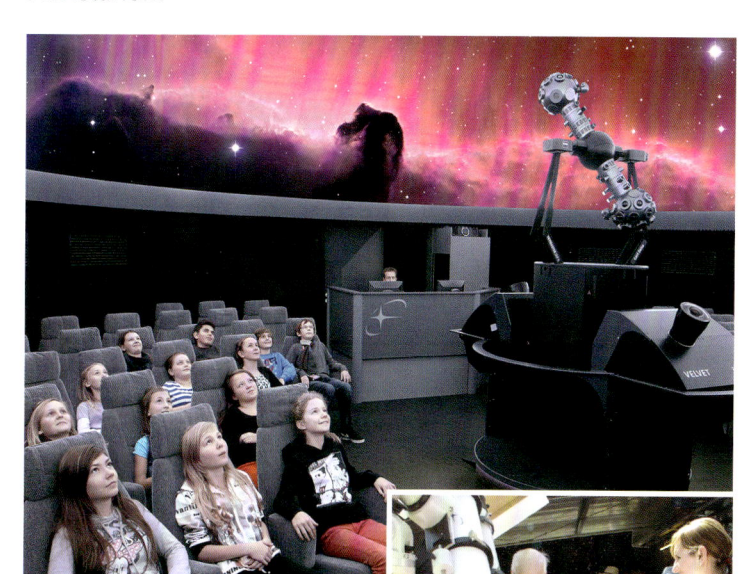

Spannende Shows im Weltraumsimulator: Im regelmäßigen Wechsel bieten 360°-Multimedia-Shows spannende Unterhaltung und Infos rund um die Themen Astronomie und Raumfahrt. Erleben Sie im Planetarium die Faszination des Weltalls hautnah: fremde Planeten, unvorstellbar große Galaxien und schwarze Löcher warten darauf, von Ihnen entdeckt zu werden.

Spezielle Show für Kinder: Kinder im Vorschulalter können mit auf die Reise gehen und spannende Weltraumabenteuer erleben. Termine: Jeden Samstag um 10:30 Uhr, sowie nach vorheriger Vereinbarung. Weitere Termine erfahren Sie auf unserer Internetseite und am Telefon. Dauer ca. 35 Min.

Laupheimer Planetenweg
Im Maßstab eins zu einer Milliarde bildet der fünf Kilometer lange Rundkurs mit Beginn und Ende am Sternentheater unser Planetensystem ab. Die Stationen mit drehbaren Modellen jeder Planetenkugel fassen auf Schautafeln und im Audioguide Wissenswertes zu den jeweiligen Himmelskörpern zusammen. Für Familien und Kinder ab 10 Jahren dreht sich im Planetarium alles um die erste bemannte Mondlandung.

Die Reservierung von Plätzen wird ausdrücklich empfohlen.
Milchstraße 1 · 88471 Laupheim
Tel: 07392 91059
www.planetarium-laupheim.de

Ehingen

Erlebnisfreibad

Im Jahr 1971 wurde das Ehinger Erlebnisfreibad mit 50m Schwimmerbecken, Nichtschwimmerbecken, Planschbecken und Sprungbecken gebaut.

Im Jahr 1990 wurde das Freibad grundlegend saniert. Seither wird das gesamte Beckenwasser, soweit es die Witterung zulässt, mit Sonnenenergie beheizt. Jedes Jahr besuchen mehr als 100.000 Badegäste das familienfreundliche Freibad. Das Erlebnisfreibad wurde vor einigen Jahren zum schönsten Bad im Alb-Donau-Kreis gewählt.

Müllerstraße 35 · 89584 Ehingen (Donau)
Tel: 07391 770150

Minigolfanlage

Minigolfanlage Ehingen-Gamerschwang
Tel: 07391 3661 oder 0152 23973109

Harmonisch fügt sich die 18-Loch-Anlage am südlichen Ortsrand von Gamerschwang in die Kapellengärten ein.

Für Profis, aber auch für Anfänger, Familien und Kinder gleichermaßen bietet der Parcours abwechselnde und spannende Möglichkeiten, sein Können unter Beweis zu stellen. Nicht nur zum Minigolfen findet man hier ideale Voraussetzungen, auch ein Kinderspielplatz mit Schaukel, Wippe, Klettergerüst und Sandkasten sowie ein Grillplatz laden zum Verweilen ein.

Museum „Alte Säge"

Das Museum ist eine Fundgrube für Raritäten aller Art. Im Obergeschoss befinden sich antike Gegenstände, wie Flachsbreche, Honigschleuder, Turmuhr, Kaffeeröstmaschine, Milchzentrifuge bis hin zu Nähmaschinen.

So und Feiertage von 11 bis 17 Uhr

OBERSCHWABEN

Erbach

Schlossberg

Den Erbacher Schlossberg mit Kirche und Schloss sieht man von Weitem. 50 m über dem Donautal prägt er das Stadt- und Landschaftsbild von allen Seiten. Kirche und Schloss sind ein Kleinod an der Hauptroute der oberschwäbischen Barockstraße. Teile des in Privatbesitz der Reichsfreiherren zu Ulm und Erbach befindlichen Schlosses sind der Öffentlichkeit als Museum zugänglich.

▌ www.erbach-donau.de

Schelklingen

Der Hohle Fels

Im Urtal der Donau, dem heutigen Achtal, liegt der zum UNESCO Welterbe gehörende Hohle Fels.

Hinter dem 29 m langen, nahezu ebenerdigen Eingangstunnel erscheint mit 500 qm Grundfläche einer der größten, barrierefreien Höhlenhallen der Schwäbischen Alb. Im Eingangsbereich der Höhle sind archäologische Ausgrabungen zu beobachten, denn zweifelsohne war der Hohle Fels ein beliebter Platz unserer Vorfahren. Funde aus der Alt- und Jungsteinzeit, Bronze- und Eisenzeit bis ins Mittelalter belegen dies. Auch eine Knochenflöte und figürliche Eiszeitkunst wurden entdeckt, u.a. ein Wasservogel, ein Pferdekopf und die weltberühmte „Venus vom Hohle Fels", die alle ein Alter von ca. 40.000 Jahren aufweisen.

▌ ⏱ Mai bis Okt: Mi bis Fr 14 bis 17 Uhr, Sa. 12 Uhr bis 17 Uhr
So/ Feiertage 11 Uhr bis 17 Uhr
€ Erw. 4,50 €, Ermäßigt 3 €, Kinder 1 €
Führungen buchbar unter:
Stadt Schelklingen
Tel: 07394 24817
www.schelklingen.de

OBERSCHWABEN

Schelklingen-Hütten

Themenausstellung des Biosphären-Infozentrums Hütten

Was haben die kulturelle Wiege der Menschheit, nostalgische Dampflokfahrten, technischer Pioniergeist, der Schmiechener See und die reizvolle Landschaft im Schmiechtal gemeinsam?

Ganz einfach: Zu all dem und noch mehr bietet die Themenausstellung des Biosphären-Infozentrums Hütten spannend aufbereitete und präsentierte Informationen für Groß und Klein. Interaktive Karten, Audio- und Videobeiträge und Mitmachstationen für Kinder vermitteln Wissenswertes zu Tier- und Pflanzenwelt, Geologie und Geschichte der Umgebung. So erfahren die Besucher Interessantes über spektakuläre Funde im Hohle Fels, die historische Albwasserversorgung, die Geschichte der Eisenbahn und die Natur des Oberen Schmiechtals sowie des Biotops Schmiechener See. Auch das historische Schulmobiliar im Ausstellungsraum lässt die Besucher dabei einen Blick in die Vergangenheit werfen. Die Mitarbeiter und eine Vielzahl an Informationsmaterialien beantworten all Ihre Fragen zum Biosphärengebiet, zu Wandermöglichkeiten und zu weiteren Ausflugszielen in der Region. Zum Infozentrum gehören ein Wildkräutergarten und ein Barfußpfad, direkt anschließend befindet sich ein großzügig angelegter Spielplatz. In der näheren Umgebung stehen Gastronomie und Übernachtungsmöglichkeiten zur Verfügung.

🕐 April bis Oktober an Sonn- und Feiertagen von 10 bis 16 Uhr sowie Termine für Gruppenführungen nach Voranmeldung bei der Stadt Schelklingen auch außerhalb der Öffnungszeiten

€ Eintritt frei

Tel: 07394 248-17
Informationszentrum Schelklingen-Hütten
Mühlstr. 5
89601 Schelklingen-Hütten
www.schelklingen.de/infozentrum

OBERSCHWABEN

Allmendingen

Waldfreibad

Das Waldfreibad Allmendingen ist idyllisch gelegen im Wald und garantiert einen Badegenuss in natürlich gesunder Umgebung.

Es gibt ein großes Schwimmbecken mit Nichtschwimmerbereich, sowie ein separates Kleinkindbecken. Große, sonnige Liegewiesen laden zum Sonnenbaden ein. Durch den alten Baumbestand findet man auch an schattigen Plätzen Erholung.

| 🕐 Mai bis September
| € Erwachsene 3,50 €
Jugendliche von 6 bis 15 Jahren 2 €
Kinder unter 6 Jahren frei
Tel: 07391 5580

Dietenheim

Badesee

Der Badesee ist vom sehr idyllischen Iller-Auwald umgeben. Der Badebereich gilt als sehr gepflegt und das Wasser des Sees besitzt, wie die Badegewässerkarte des Landes ausweist, eine sehr gute Wasserqualität.

Der Naturstand führt flach in den See und ist sehr gut für Kinder geeignet. Es ist zudem ein Nichtschwimmerbereich ausgewiesen. Allerdings gibt es keine Badeaufsicht. Ein Teil des Uferbereichs ist aus Naturschutzgründen gesperrt. Der Badesee, der frei zugänglich ist und deshalb keinen Eintritt kostet, bietet viel Abwechslung für Schwimmer. Ein Steg führt in den See, und draußen auf dem Wasser liegen zwei künstliche Insel, die man zum Sonnenbaden oder als Sprungbrett nutzen kann.

| Königstraße 63
| 89165 Dietenheim
| www.dietenheim.de

www.kindersommer-online.de

OBERSCHWABEN

Weitere Informations-

Entdeckerwelt Bad Urach:
Wer hat die Ladung Holz gestohlen? Wohin verschwindet Emilie jeden Morgen? Warum schmeckt das Trinkwasser so komisch? Wie hängt das alles zusammen? Auf drei verzwickten Touren in und um Bad Urach begeben sich Kinder und Jugendliche auf eine detektivische Suche nach Antworten.

Freilichtmuseum Beuren:
Ein Erlebnis- und Lernort zur ländlichen Kultur und Geschichte Württembergs. Museumsdorf schwäbische Pracht und Sparsamkeit entdecken. Begeben Sie sich auf eine Zeitreise durch fünf Jahrhunderte.

Gestütsmuseum Offenhausen:
Kirche und Informationszentrum - welch eine einzigartige Kombination. Das Museum des Haupt- und Landgestüts Marbach ist auch dank seiner erhabenen Atmosphäre eine Besonderheit.

Haupt- und Landgestüt Marbach:
Mit über 500 Jahren Geschichte ist das Haupt- und Landgestüt Marbach das älteste deutsche Staatsgestüt und eine der ältesten Pferdezuchtstätten Europas. Die drei Gestütshöfe Marbach, Offenhausen und St. Johann liegen inmitten des UNESCO-Biosphärenreservats Schwäbische Alb.

Informationszentrum Ehinger Alb:
Besinnung, Entschleunigung, Spiritualität. Alte und neue Begriffe, die unserer rastlosen Zeit Wert und Tiefe verleihen. Ihnen werden diese Begriffe als Grundlage einer Lebenseinstellung begegnen, die Gewachsenes und Zukünftiges wohltuend verbindet.

Informationszentrum Lauterach:
Eine grundlegende Wandlung hat das ehemalige Vereinsheim des SC Lauterach durchlaufen. Wo früher -König Fußball- regierte, tummeln sich heute Bachmuschel, Flusskrebs und Wasseramsel - nur wenige Kilometer von der Donau entfernt.

Kugelmühle Neidlingen:
In der Kugelmühle werden noch mit überliefertem Handwerk und der Kraft des Wassers im Seebach Kugeln und Murmeln hergestellt. Die Steine aus buntem Albmarmor werden in der alten Manufaktur mühlenfertig bearbeitet.

Münsinger Bahnhof - Zentrum für Natur, Umwelt und Tourismus:
Das eiserne Band zwischen Ulm und Münsingen schien mit der Aufgabe des ehemaligen Truppenübungsplatzes zerschnitten zu sein. Doch der Schienenbetrieb konnte am Leben erhalten werden. Planmäßige Züge und Event-Fahrten mit der Dampflok begeistern wieder regelmäßig Jung und Alt.

OBERSCHWABEN

und Erlebniszentren:

Naturschutzzentrum Schopflocher Alb:
Das Naturschutzzentrum Schopflocher Alb liegt am nördlichen Rand des Biosphärengebiets inmitten einer herrlichen Alblandschaft. Direkt am Zentrum befindet sich der ehemalige Steinbruch Lauster, in dem früher Juramarmor abgebaut wurde. Heute ist der Steinbruch als Naturdenkmal geschützt.

Obstbaumuseum Glems:
Im Frühling zeigt die Natur im Biosphärengebiet ihren ganzen Charme. Hügel und Täler erstrahlen in einzigartiger Pracht: Die Streuobstwiesen blühen. Jetzt ist die beste Zeit, das Obstbaumuseum Glems zu besuchen.

Peterstor Zwiefalten:
Katholisch, evangelisch, jüdisch. Die Glaubensrichtungen hatten großen Einfluss auf die Geschichte im Biosphärengebiet. Kirchengebäude, Traditionen und Gebräuche sind äußerlicher und innerlicher Ausdruck der unterschiedlichen Konfessionen.

Schertelshöhle Westerheim:
Höhlen üben seit jeher eine fast schaudernde Faszination auf uns aus. Sie sind die Eingänge in das Innerste der Erde. Sie waren Unterschlupf, Wohnstätte, kultische Orte und Heimstätte unserer ältesten Vorfahren. Nicht umsonst hat die UNESCO die Schirmherrschaft über den Geopark Schwäbische Alb übernommen.

Umweltbildungszentrum Listhof:
Die Natur mit allen Sinnen aktiv zu erleben, mit der Gelbbauchunke auf du und du, den Apfelsaft selbst herstellen, ihn anschließend genießen und zu lernen, wie eigentlich eine Biogasanlage funktioniert - dies sind nur ein paar wenige Punkte der Angebotsvielfalt.

Waldschulheim Indelhausen:
Das Waldschulheim Indelhausen ist eine Umweltbildungseinrichtung des Landkreises Reutlingen. Als außerschulischer Lernort zum Thema Wald und Natur wird die ehemalige Dorfschule jährlich von über 1.200 Schülern und Lehrern aufgesucht.

Wimsener Mühle:
Idylle pur erwartet den Besucher der Wimsener Mühle. Landschaftlich malerisch gelegen bildet sie mit der Wimsener Höhle und dem historischen Gasthof Friedrichshöhle ein Ensemble, dass einzigartig ist für die Region. Erleben Sie die Kombination aus Natur, Kultur und Kulinarik auf höchstem Niveau.

Württembergisches Trachtenmuseum:
Seit 2012 ist das Württembergische Trachtenmuseum Informationszentrum des Biosphärengebietes Schwäbische Alb und nimmt Sie mit auf eine Reise durch die Zeit - rund um Trachten und Bräuche aus dem einstmaligen Königreich Württemberg.

OBERSCHWABEN

Blaubeuren

Blaubeuren Blautopfstadt

Wohl kaum eine Quelle wirkt so geheimnisvoll wie der Blautopf in Blaubeuren. Mal tiefblau, mal grün schimmernd, wie ein Auge, das aus der Unterwelt heraufschaut, erscheint sein Wasser.

Die eigentliche Quelle des Donauzuflusses Blau liegt in 22 Metern Tiefe. Sie ist Teil eines weitverzweigten Höhlensystems von über 14 km Länge mit bis zu 45 Meter hohen und 180 Meter langen Hohlräumen. Die bekannteste Sage zum Quelltopf handelt von der Wassernixe „Schöne Lau". Durch das Urdonautal gelangt man auf dem Donauradweg über Ehingen nach Blaubeuren.

Weitere Highlights
Die UNESCO-Welterbestätten Höhlen und Eiszeitkultur der Schwäbischen Alb. An den Fundhöhlen Hohle Fels, Geißenklösterle und Sirgenstein besteht die erste Möglichkeit einen Blick in die Steinzeit zu werfen. Vor über 40.000 Jahren entstanden hier die bisher ältesten Musikinstrumente und Eiszeitkunstwerke des modernen Menschen. Kloster Blaubeuren: Einst von den Benediktinern im 15. Jahrhundert erbaut sind besonders sehenswert der doppelflügelige Hochaltar als eines der bedeutendsten Kulturdenkmäler des Mittelalters. Das ehemalige Badhaus ist das einzig erhaltene Mönchsbad in Deutschland.

Hinter der Klostermauer beginnt das Reich der Schönen Lau. In der Hammerschiede am Blautopf finden an den Wochenenden Schmiedevorführungen statt. Alte Meister ihres Faches verwandeln glühendes Eisen in filigrane Kunstwerke. Startpunkt für die Panoramatour des nostalgischen Blautopfbähnles ist ebenfalls der Blautopf. Die einstündige Rundfahrt führt durch die fachwerkgeprägte Altstadt und zu den schönsten Aussichtspunkten.

Kirchplatz 10
89143 Blaubeuren
Tel: 073 44 96 69 90
www.blaubeuren.de

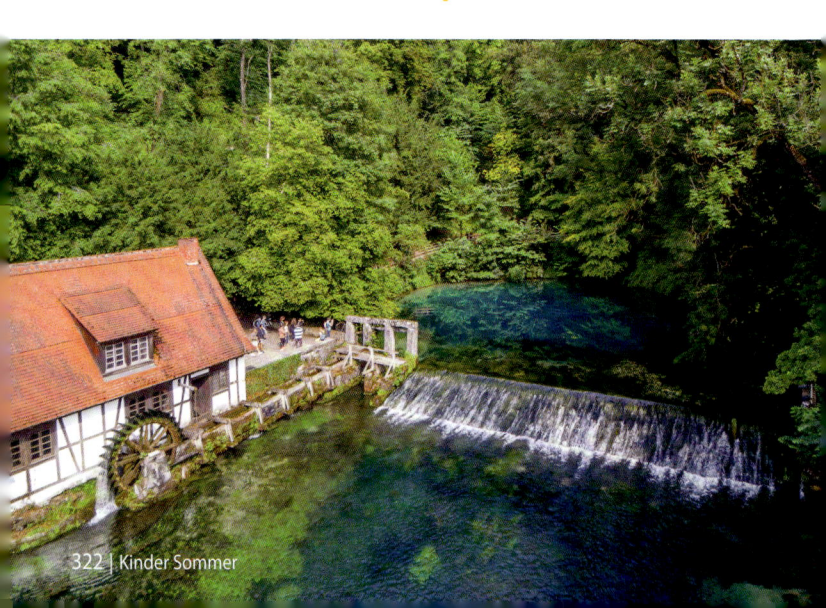

OBERSCHWABEN

Urgeschichtliches Museum – urmu

Welterbe erleben: Auf ins abenteuerliche Leben der eiszeitlichen Jäger und Sammler! Jagen mit dem Speer, Feuer machen ohne Feuerzeug, Höhlenleben ... die Eiszeit war abenteuerlich.

Kaum irgendwo können kleine und große Besucher tiefer in diese Welt eintauchen als im Urgeschichtlichen Museum. Nur wenige Steinwürfe von Welterbe-Eiszeithöhlen entfernt, erleben die Besucher den Alltag der Jäger und Sammler, die hier am Rand der Schwäbischen Alb vor 40.000 Jahren gelebt haben: Wie ist es, mit Feuerstein ein Geweih anzuspitzen? Wie klein fühlt man sich im Angesicht eines Mammuts? Wie gelingt ein Eintopf ohne Kochtopf? Das Steinzeitkind Keram streift auf Wunsch mit den Kindern durchs Museum, erzählt aus seinem Leben und fertigt mit ihnen einen Lederbeutel mit Muschelverschluss.

Das urmu lässt die ältesten Musikinstrumente der Welt erklingen, die in der Region gefunden wurden, und erlaubt vor den ältesten figürlichen Kunstwerken wie der „Venus vom Hohle Fels" zu verweilen. Es zeigt anhand von originalen Werkzeugen, Waffen und Figuren aus Mammutelfenbein, wie ideenreich unsere Vorfahren waren. Es lässt eine Modelleisenbahn aus der Eiszeitlandschaft in die Gegenwart reisen und veranschaulicht, wie Archäologen arbeiten.

Am Wochenende und in den Ferien täglich von 11 bis 16 Uhr darf in der Steinzeitwerkstatt selbst Hand angelegt.

🕐 Anfang April bis Ende Oktober: Di bis So 10 bis 17 Uhr, (Karfreitag geschlossen)
Anfang. November bis Ende März:
Di bis Sa 14 bis 17 Uhr, So 10 bis 17 Uhr
€ Erwachsene 7 €, Kinder 3 €, Kinder bis 6 Jahre frei, Familien 15 €
Ab Kindergartenalter
Kirchplatz 10 · 89143 Blaubeuren
Tel: 07344 9669 90
www.urmu.de

OBERSCHWABEN

Neu-Ulm

Kindermuseum im Edwin Scharff Museum

Fotos: Martina Strilic

Das Edwin Scharff Museum liegt etwas versteckt hinter der Petruskirche am Petrusplatz, aber dafür mitten in Neu-Ulm. Es hat viele Gesichter: Auf über 1400 Quadratmetern Ausstellungsfläche zeigt es einerseits Kunst. Darüber hinaus gibt es auch ein Kindermuseum.

Es ist bundesweit einmalig, denn die Präsentation von Kunst nimmt im Edwin Scharff Museum ebenso viel Raum ein wie die Angebote für Kinder. Und auch die Kunst wird durch vielfältige Angebote für Kinder erlebbar gemacht.

Im Kindermuseum ist Anfassen ausdrücklich erwünscht: Auf zwei Etagen werden über 500 Quadratmeter mit wechselnden Ausstellungen bespielt. Sie reichen von gesellschaftsrelevanten bis zu kulturgeschichtlichen Themen. Es ging schon um die Familie, den Tod, um den eigenen Körper, die Globalisierung, um alles, was sich bewegt, und um Tiere als Baumeister. Die Ausstellungen zu den unterschiedlichsten Wissensgebieten sind so konzipiert, dass Lernen richtig Spaß macht und nebenbei passiert. An Experimentier- und Mitmachstationen werden kleine und große Besucherinnen und Besucher zu aktiven Mitspielerinnen und Mitspielern. Das Kindermuseum kommt damit der Spielfreude, dem Bewegungsdrang und dem Wissensdurst nicht nur von Kindern entgegen. Es kommen auch viele begeisterte erwachsene Besucher immer wieder in die Ausstellungen.

Als Ort für die ganze Familie und komplett barrierefrei ist das Kindermuseum ein Platz zum Wohlfühlen, an dem man sich nicht für laute und lebhafte Kinder entschuldigen muss. „Finger weg!" gibt's nicht!

Ein Blick auf die Museumswebsite lohnt, denn das Museumsteam bietet in Ergänzung zu den Ausstellungen auch viele Mach-Mit-Angebote, Museumswerkstätten und Workshops für Kinder und ihre Familien an.

Auch die Verpflegung vor Ort ist einfach: Wer eine Pause vom Erleben im Kindermuseum machen möchte, hat dazu die Möglichkeit im Museumscafé der Lebenshilfe mit dem hübschen Museumshof.

Mo geschlossen, Di, Mi 13 bis 17 Uhr
Do, Fr 13 bis 18 Uhr, Sa, So 10 bis 18 Uhr
€ Eintritt 5 € (1 Erwachsener und max. 3 Kinder), Familienkarte 9 € (2 Erwachsene und max. 6 Kinder)
Petrusplatz 4 · 89231 Neu-Ulm
Tel: 0731 70502555
www.edwinscharffmuseum.de

OBERSCHWABEN

Donaubad

Zeit für Spaß&Action im Erlebnisbad mit Wellenbecken, Rutschenanlage, Strömungskanal, Schwimmerbecken, Dampfbad und Kleinkinderbereich.

Im Thermalbereich stehen noch zwei weitere Becken mit Sprudelliegen sowie Massagedüsen zur Verfügung. Im Sommer ist im Erlebnisbad-Eintrittspreis auch der kostenlose Übertritt ins Freibad mit 50m-Becken, Sprungturm, Kinderbereich und großer Liegewiese inbegriffen. Zeit für Ruhe&Entspannung finden sie in der Saunalandschaft. Eingeheizt wird in Finnischer-, Vier-Jahreszeiten-, Sudhaus-, Blockhaus-, Münsterblick- und Biosauna. Neben Dampfbädern, Ruheräumen und Entspannungsbecken gibt es tolle weitere Angebote, wie z.B. Show-Aufgüsse in der Event-Sauna oder die monatlichen Saunaabende mit Motto.

Wiblinger Straße 55
89231 Neu-Ulm
www.donaubad.de

Neu-Ulm

Topolino Figurentheater

© Andreas Biersch

Das Theater für alle die gerne mit dem Herzen lachen. Das Topolino Figurentheater bietet seit über 30 Jahren Puppentheater für Groß und Klein. Klassiker wie „Der Räuber Hotzenplotz", „Das kleine Gespenst", „Findus und Pettersson" und viele andere stehen auf dem Programm. Spielort ist der Saal in der Musikschule Neu-Ulm, Gartenstr. 13 gegenüber der Post.

Reservierungen:
www.topolino-figurenthater.de

Schildkröten- und Reptilienzoo

Zoo mit ca. 80 Schildkrötenarten, Echsen, Schlangen und Insekten. Ein Erlebnis der besonderen Art für Familien, Schulklassen, Kindergärten und viele Besucher mehr.

Täglich von 10 bis 18 Uhr
Erwachsene 6 €, Kinder 3 €
Brunnenweg 46 · 89231 Neu-Ulm
Tel: 0163 5346093

Sparkassendome DAV Kletterwelt Neu-Ulm

Ihr wolltet schon immer einmal hoch hinaus? In der Kletterhalle werden u.a. (Familien)-Schnupperklettern und Kindergeburtstage angeboten an.

Nelsonallee 17
89231 Neu-Ulm
www.sparkassendome.de

OBERSCHWABEN

Ecodrom Neu-Ulm

Die innovativste Indoor-Kartbahn Deutschlands steht in der Neu-Ulmer Innenstadt: Mit modernsten Elektrokarts wird über zwei Etagen gedüst – auf 2-Komponenten-Rennbelag zwischen schockabsorbierenden Leitplanken.

Mindestalter: 16 Jahre!
Industriestraße 4
89231 Neu-Ulm
www.ecodrom.de

Schifffahrt mit dem Ulmer Spatz

Erleben Sie Ulm/Neu-Ulm aus einer einzigartigen Perspektive von der Donau aus auf einer 60-minütigen Rundfahrt zwischen Metzgerturm und Friedrichsau. Auf dem „Ulmer Spatz" arbeiten Menschen mit Behinderung gemeinsam mit nicht behinderten Menschen.

www.ulmer-schiffahrt.de

Atelierkeramik

Das Atelier ist im historischen Ambiente der Ludwigsvorfeste

Workshops: Frei aufgebaute Objekte, Plastiken und Gefäße (gerne nach eigenen Vorstellungen). Vermittlung von Gestaltung, Aufbautechniken, Oberflächengestaltung. Für Anfänger und Fortgeschrittene geeignet. Kindergeburtstage: Gemeinsames Töpfern, aufbauen und modellieren einer Figur. Die Werke bleiben im Atelier zum trocknen, brennen und glasieren und können nach ca. 2 - 4 Wochen abgeholt werden. Bis 8 Kinder, Dauer 2 Stunden mit kleiner Pause. Getränke und Kuchen o. ä. dürfen auf Wunsch mitgebracht werden.

Wileystraße 21 · 89231 Neu-Ulm
Tel: 0731 82472
www.atelierkeramik.de

Kinder Sommer | 327

OBERSCHWABEN

Erlebe die Welt vom Kanu aus!

Auf der wunderschönen Donau oder Iller gibt es neben dem Paddelspaß viel zu entdecken. Eisvögel sind farbenfrohe Begleiter und an Ufernähe schauen die Enten den vorbeifahrenden Kanus mit ihrer Besatzung zu.

Die verwunschene Landschaft und der Fluss mit abwechselnd mal ruhiger mal flotter Strömung sorgen für ein kurzweiliges Paddelvergnügen. Besonders auf der Iller laden ausgedehnte Kiesstrände zum anlanden und Baden ein.

Ulm/ Neu-Ulm
Strecke: Senden/Oberkirchberg nach Ulm/ Neu-Ulm
Gesamtdauer: ca. 2,5 h,
reine Paddelzeit 1,5 h
Streckenlänge: 10 km
€ Preisbeispiel: Familienboot 2 (2 Erw. mit 2 Kindern bis einschl. 14 Jahre): 69 €
www.kso-outdoor.de

Bei Ehingen
Strecke: Rottenacker nach Öpfingen
Gesamtdauer: ca. 3,5 h,
reine Paddelzeit 2 h
Streckenlänge: 11 km
€ Preisbeispiel: Familienboot 2 (2 Erw. mit 2 Kindern bis einschl. 14 Jahre): 69 €
www.kso-outdoor.de

AUSFLUG NACH THÜRINGEN

The Grand Green
Das buntergrüne Waldresort

Das neue Vier-Sterne-Superior-Familienhotel im Thüringer Oberhof: Ein außergewöhnliches Hotel mit allem, was Familien im Urlaub wollen:

Spaß und Unterhaltung für die Kinder, eine Spiel- und Wassererlebniswelt mit Rutschenpark, Wellness und erholsame Rückzugsmöglichkeiten für Erwachsene, dazu kulinarische Highlights aus Vinothek und Gourmetküche, an einem Standort mit besonderer historischer Bedeutung. Harmonisch eingebettet zwischen dem Stadtplatz und den weiten Wäldern des Rennsteigs.

Im The Grand Green – Familux Resort der Lermooser Hoteliers-Familie Mayer gibt es Familiensuiten und Chalets. Im Resort befinden sich neben Spiel-, Kinderbetreuungs- und Sportbereichen eine Indoor-Go-Kart-Bahn, Softplay-Anlangen, ein eigenes Kino, eine Bade- und Saunalandschaft mit Rutschenpark und vieles, vieles mehr. Für das leibliche Wohl stehen mehrere Restaurant- und Büfetbereiche zur Verfügung. Die großartige Kulinarik in den bereits etablierten Familux Resorts in Lermoos, Gosau und Bad Hindelang wirft ihre Schatten voraus. „Es wird regional eingekauft und sensationell gekocht.", verspricht Resort-Inhaber Ernst Mayer.

Das Erlebnisprogramm baut auf das Lernen und Erleben in und mit der Natur. Auf Basis didaktischer Strukturen können Kinder und Eltern gleichermaßen den Zugang zu umweltbezogenen Themen und Aktivitäten finden. Spaß und Spannung kommen da keineswegs zu kurz. Parallel sind im gesamten Resort umweltrelevante Zonen gekennzeichnet und mit interessanten Informationen hinterlegt. „Lernen, handeln und schützen" zeigt auf und macht schlau.

Tambacher Str. 2 · 98559 Oberhof
www.thegrandgreen.de

Ulm

Kunstschule und Kulturwerkstatt Kontiki

Die Lust am Malen, Zeichnen, Singen, Tanzen und an Geschichten wird hier spielerisch gefördert. Zahlreiche Materialien wie Ton, Holz, Farben und Baustoffe stehen zur Verfügung.

2 bis 14 Jahren
Magirus-Deutz-Str. 14 · 89077 Ulm
www.kontiki-ulm.de
www.kunstschule-ulm.de

Farbenfroh - Individuelles aus Keramik

Das Keramik-Malatelier farbenfroh bietet Kindern und Erwachsenen die Möglichkeit, Geschirrkeramik individuell zu bemalen oder mit bunten Mosaiksteinen Gegenstände, wie z. B. Spiegel, Tischchen, etc. zu verschönern. Ob alleine oder in der Gruppe, einfach mal so oder im Rahmen einer Veranstaltung, wie z. B. eines Kindergeburtstages.

Judenhof 1 · 89073 Ulm
www.keramik-farbenfroh.de

Donauschwäbisches Zentralmuseum

Kennst Du Kukuruz und Ulmer Schachteln? Wenn nicht, dann auf ins Donauschwäbische Zentralmuseum und entdecke die Welt der Deutschen in Südosteuropa! Von der Auswanderung auf der Donau über die Ansiedlung in Ungarn bis hin zum Arbeitsalltag.
Schillerstraße 1

89077 Ulm
www.dzm-museum.de

Museum Brot und Kunst

Das einzigartige Wissensmuseum beschäftigt sich mit kulturellen Zusammenhängen rund um Brot, Hunger und Ernährung; seine Sammlung umfasst mehr als 20.000 Objekte, Dokumente und Kunstwerke, u.a. von weltbekannten Künstlern wie Pieter Brueghel und Salvador Dalí.

Salzstadelgasse 10 · 89073 Ulm
www.museumbrotundkunst.de

OBERSCHWABEN

Naturkundliches Bildungszentrum

Das „lebendige Museum" lädt insbesondere Familien zu einem Besuch ein.

Die Ausstellungen sind so aufgebaut, dass sowohl Erwachsene als auch Kinder die diversen Naturphänomene selbständig zum Beispiel an Riech- und Fühlstation oder dem Wunderbaum entdecken können.

Kornhausgasse 3 · 89073 Ulm
www.naturmuseum-ulm.de

Museum Ulm

40.000 Jahre alt ist der Löwenmensch, eine aus einem Mammutzahn geschnitzte Figur. Sie ist das Highlight des Hauses, umgeben von einer stattlichen Sammlung alter und moderner Kunst, einer Wunderkammer aus dem 17. Jhdt. und nicht zu vergessen den Modellen der alten Stadt!

Marktplatz 9 · 89073 Ulm
www.museumulm.de

OBERSCHWABEN

Ulm

Jump4All

Es stimmt tatsächlich: Hüpfen setzt Glückshormone frei. Testen können Sie das am besten im jump4all in Ulm.

Die Trampolinhalle bietet reichlich Platz, sich mal nach Herzenslust jeden Stress aus dem Leib zu hüpfen. Der federnde Sprung in die Höhe, der kurze Augenblick der Schwerelosigkeit, das Aufkommen auf elastischem Boden: Das Gefühl kann regelrecht süchtig machen! Und zu dem unübersehbaren Spaßfaktor gesellt sich ganz nebenbei noch der gesundheitliche. Körperwahrnehmung, Motorik, Fitness, Geschicklichkeit, Konzentration, Koordination – all das wird geschult. Springen bedeutet gelenkschonendes Training der Muskeln in sämtlichen Körperregionen und verbessert den Gleichgewichtssinn.

„Aber einfach nur hüpfen ist uns zu kurz gesprungen", dachten sich wohl die Macher von jump4all, und so bietet die Halle neben seinem Herzstück, dem Freejump-Bereich, noch viele weitere Möglichkeiten, sich auszutoben: Da ist zum Beispiel der Foam Pit, ein mit Schaumstoffwürfeln gefülltes Becken, eine Kletterwand oder der Ninja-Parcours, mit verschiedenen Elementen, die bezwungen werden wollen.

| Eberhard-Finckh-Straße 47
| 89075 Ulm
| Tel: 0731 94056500
| www.jump4all.de

Bundesfestung Ulm

Die Bundesfestung ist das größte erhaltene Festungsensemble in Deutschland aus dem 19. Jahrhundert. Spannende Führungen in der imposanten Anlagen führen in dunkle Gewölbe, die zwischen 1842 und 1859 gebaut wurden.

| Förderkreis Bundesfestung Ulm e. V.
| www.festung-ulm.de

OBERSCHWABEN

Tiergarten Ulm

Eingebettet in die Parkanlage Friedrichsau, ist der Tiergarten der Stadt Ulm ein beliebtes Ausflugsziel für Groß und Klein. Aber nicht nur Gäste fühlen sich hier wohl!

Rund 2000 Tiere haben hier ihr Zuhause, Karpfen bis zum Kapuzineraffen. Ein Schwerpunkt ist die Unterwasserwelt und so beginnt ein Tiergartenbesuch mit einem echten Highlight: dem 18 Meter langen Donautunnel, der dem Besucher die heimischen Fischarten näher bringt. Auch die zahlreichen weiteren Aquarien, Terrarien, das Tropenhaus und die Außengehege begeistern die Zoobesucher dieser kleinen, aber feinen Einrichtung.

Foto: © Stadt Ulm

April bis Sept. von 10 bis 18 Uhr
Alle Altersgruppen
Friedrichsau 40 · 89073 Ulm
Tel: 0731 1616742
www.tiergarten.ulm.de

Oberelchingen · Segway Point

Segway Fahrspass speziell für Kinder, Segway Kinderfreizeiten und Segway Kindergeburtstage ab 8 Jahren finden auf dem Betriebsgelände statt. Neben den Segways stehen noch andere Elemente wie z.B. Megaball, div. Wurfspiele, Leitergolf u.v.m zur Verfügung.

Klosterhof 1 · 89275 Oberelchingen
www.einfach-natur-erfahren.de

Untermarchtal · Technisches Museum Kalkofen

Der Kalkofen im Untermarchtal ist das einzige in einem so guten Zustand erhaltene Bauwerk seiner Art im Alb-Donau-Kreis. Er wurde 1922 zur Herstellung von Schwarz- und Weißkalk errichtet und war bis 1939 in Betrieb. Aufgrund seines guten Zustands kann der Besucher nahezu alle verschiedenen Arbeitsschritte der Kalkproduktion nachvollziehen.

April bis Sept, So und Feiertage: 13 bis 17 Uhr
Erwachsene: 2 €, Jugendliche: 1 €
89617 Untermarchtal · Tel: 07393 917383
www.gemeinde-untermarchtal.de

Kinder Sommer

Laichingen

Kletterwald

Baden-Württembergs größter und Familienfreundlichster Kletterwald mit momentan 18 Parcours und über 300 Stationen in einem 28.000 m² großen „wunderschönen" Buchenwald auf der Schwäbischen Alb.

Kinder ab dem 5. Lebensjahr dürfen schon in die Bäume, und sich wie Tarzan, Baron Münchhausen, Spiderman, beim Dreirad – oder Fahrrad fahren üben. Kinder ab dem 2. Lebensjahr dürfen in Begleitung eines Erwachsenen auf den 5 Bambini-Parcours klettern. Für Schulen, Vereine sowie Betriebsevents ist der Kletterwald sehr gut geeignet. Planen Sie bitte 3,5-4 Stunden für den Aufenthalt im Kletterwald ein.

Teamtraining auf Anfrage
Bei der Tiefenhöhle in Laichingen
Höhlenweg 240
Tel: 07333 9500 10
www.kletterwald-laichingen.de

OBERSCHWABEN

Ponyhof und Märchenpark

Im Stall stehen 20 gepflegte Ponys. Weiß, schwarz, braun und gefleckt sind sie, heißen Susi, Jonny oder Cindy und warten auf kleine Reiter (Kinder bis 12 Jahre und max. 45 kg Körpergewicht), um sie auf einem ca. 1,5 km langen Reitweg durch die wunderschöne Landschaft der Schwäbischen Alb zu tragen. Vorausgesetzt, ein Elternteil oder ein anderer erwachsener Begleiter führt das Pony am Zügel.

Im Märchenpark finden Sie auf einem Rundweg 13 Märchenhäuschen. Alle Häuschen und die sich darin befindlichen Puppen und Puppenmöbel sind von der Betreiberfamilie in liebevoller Handarbeit selbst gefertigt. Auf Knopfdruck bewegen sich die Figuren, und es werden die Geschichten von Dornröschen, Hänsel und Gretel und anderen bekannten Märchen erzählt. Ein Kaninchen- und ein Ziegengehege beleben den Rundgang ebenso, wie eine Fahrt im „Ponyhof-Express" oder im „Raupenzügle".

Auf einem großen Spielplatz gibt es Gelegenheit zum Klettern und Schaukeln, während die Eltern vielleicht an der Grillstelle ein Grillfeuer entfachen oder nur in aller Ruhe im Biergarten ein kühles Getränk genießen.

🕐 Ostern bis Anfang November
Di bis Fr 11 bis 18 Uhr, Sa und So 10 bis 18 Uhr, Kassenschluss jeweils um 17:15 Uhr
€ Ponyreiten 8 €, Märchenpark pro Person ab 2 Jahre 4 €
Fam. Mahler · Beim Ponyhof 1
89150 Laichingen-Machtolsheim
Tel: 07333 5600
www.ponymaerchenpark.de

OBERSCHWABEN

Roggenburg

Prämonstratenser-Kloster

Spannendes für Groß und Klein bietet das Kloster Roggenburg.

Bei der Roggenburger Lauschtour gilt es die Geschichte und die Kultur des ehemaligen Reichsstifts zu entdecken. Die spannende und informative Geschichte der Lauschtour wird von Menschen aus der Region, den Chorherren und dem Lauschtour Reporter Marco Neises erzählt. Die Geschichte des Klosters von der Gründung um 1126 bis zur gewaltsamen Aufhebung 1802 wird im Klostermuseum anschaulich dargestellt. Auch für Familien mit Kindern ist die Geschichte der Kirche erlebbar. Die kleinen Besucher können sich mit einem Kinderkirchenführer auf die Suche nach Tieren und Pflanzen in der Klosterkirche machen und erfahren ganz spielerisch, was diese über Gott und seine Schöpfung erzählen. An bestimmten Terminen finden die „Familien-Umwelt-Nachmittage" statt. Bei diesen Terminen können die Geheimnisse der Natur und der Tierwelt als Familie erkundet werden. Hier stehen auch Führungen mit dem Imker auf dem Programm.

Der Klostergasthof Roggenburg verspricht eine leckere Stärkung. Die Kinderspeisekarte hält spezielle Angebote für die kleinen Gäste bereit. Der direkt an die Außengastronomie angrenzende Spielplatz und die Spieleecke in der Lobby lädt die Kinder zum Spielen ein.

> Klosterstraße 5 · 89297 Roggenburg
> Tel: 07300 9600-0
> www.kloster-roggenburg.de

Weiher

In der schönen Umgebung rund um das Kloster Roggenburg liegt der Klosterweiher. Bei der Fahrt mit einem Tret- oder Ruderboot, dass zum Verleih angeboten wird, kann man den See erkunden.

> Klosterweiher
> Klostermühle 1
> 89297 Roggenburg
> Tel: 07300 5490
> www.kleinvenedig-roggenburg.de

OBERSCHWABEN

Blaustein

Bad Blau

Kleine Badegäste können große Abenteuer erleben, während die Erwachsenen neue Kraft tanken.

Ein Bad, das Lust macht auf Erholung und Entspannung. In der schönen Saunalandschaft mit dem besonderen Ambiente kannst du in verschiedenen Saunen umsorgt entspannen. Erlebnisduschen, Soledampfbad, Kalt- und Warmbecken und ein großzügiger Gastrobereich laden dich ein.

Boschstraße 12 · 89134 Blaustein
Tel: 07304 802910
www.badblau.de

Ehrensteinzeitdorf - das Mitmachdorf

Im Mitmachdorf wird das tägliche Leben der Menschen vor 6000 Jahren durch regelmäßige Mitmach-Aktivitäten für Kinder zum Leben erweckt.

Steinzeitliche Techniken und steinzeitliches Handwerk dürfen am Originalfundort des UNESCO-Welterbes Ehrenstein ausprobiert werden. Das Modell eines originalgroßen Steinzeithauses macht das Leben in der Steinzeit greifbar. Das Aktionshaus im Mitmachdorf bietet Schutz vor jedem Wetter.
Weitere Info und Anmeldung unter steinzeitdorf@gmail.com oder www.steinzeitdorf-ehrenstein.de

Kurt-Mühlen-Str. 4 (neben Tankstelle)
89134 Blustein

Kinder Sommer | 337

Kammeltal

Baumhotel Auszeit

Buche deinen Kindheitstraum! Übernachte im Baumhaus mit Blick in den Sternenhimmel! Das Baumhotel Auszeit liegt malerisch in Wiesen eingebettet im schönen Kammeltal.

Während die Kinder den Erlebnispfad oder die Biberburg entdecken können die Eltern in der Hängematte oder auf der Schaukelbank relaxen. Gemeinsam ein Lagerfeuer machen, in der Kammel baden oder bei einer Tandemtour (können vor Ort ausgeliehen werden) die Umgebung entdecken. Hier ist für jeden etwas dabei. Die hauseigene Sauna lädt zum Entspannen ein. Drei Wanderwege von je 6 km erzählen die Geschichte der Region. Tipp: An Sonn- und Feiertagen (April bis Oktober) können alle im Café Auszeit bei Kaffee und hausgemachten Kuchen die Zeit im schönen Kammelauwald genießen.

Kammelauwald 1
89358 Kammeltal
Tel: 0170 1705882
www.baumhotel-auszeit.de

Kammeltal-Radweg

Der Kammeltal-Radweg: Zwischen Allgäu und Donau. Der Kammeltal-Radweg ist Teil des „Bayernnetz für Radler" und verbindet das Allgäu mit der Donau.

Die insgesamt 60 Kilometer lange Strecke führt von Erisried nach Offingen. Der Kammeltal-Radweg ist als Tagestour geeignet, kann aber auch in zwei Etappen, z.B. mit Übernachtung im mittelschwäbischen Krumbach, gefahren werden. Die Straßen und Wege entlang des Kammeltal-Radweges sind innerhalb des Landkreises Günzburg weitgehend eben.

OBERSCHWABEN

Ichenhausen

Bayerisches Schulmuseum

Nehmen Sie Platz auf knarzenden Schulbänken, schreiben Sie mit dem Griffel auf eine Schiefertafel und tauchen Sie ganz in Urgroßmutters Klassenzimmer ein!

Lernen Sie den launischen Schulhausmeister Grantinger kennen und erleben Sie hier in einer großen Ausstellung die spannende Geschichte des Lehrens und Lernens, die bereits in der Steinzeit begonnen hat: Was ist ein Faustkeil und wofür kann man ihn verwenden? Worauf begannen die Menschen vor gut 5000 Jahren zu schreiben – und warum eigentlich? Wer hat unser 26teiliges Alphabet erfunden und was war davor?

Schreiben Sie auf ägyptischem Papyrus, drucken Sie, wie Johannes Gutenberg und rechnen Sie, wie Adam Ries, mit einem mittelalterlichen „Taschenrechner". Am Flaschenzug kann man seine Kräfte messen und – wer ganz brav ist – bekommt sicherlich aus dem Lobautomat ein Fleißkärtchen geschenkt. Eine besondere Freude sind Schulutensilien aus unterschiedlichen Jahrzehnten – da freut sich mancher Gast, den längst vergessenen Setzkasten wieder einmal zu sehen, einen schmucken Griffelkasten oder ein liebevoll gestaltetes Poesiealbum.

Öffnungszeiten auf der Internetseite
Bayerisches Schulmuseum Ichenhausen
Schloßplatz 3-5
89335 Ichenhausen
Tel: 08223 6189
www.schulmuseum-ichenhausen.de

OBERSCHWABEN

Leipheim

Straussen-Eiland

Straussen-Eiland ist eine kleine afrikanische Oase am Rande des Leipheimer Donaumoos. Auf Straussen-Eiland befinden sich eine der größten Straußenfarmen Europas mit Eventgastronomie und Straußenlädle.

Der circa ein Kilometer lange Rundweg führt entlang der Weiden und Ställe.
Auf großzügigen Weidenflächen, mit angrenzenden Stallungen, genießen bis zu 1000 Straußen in allen Altersgruppen auf über 130.000 m² eine tiergerechte Haltung. Unser Besucherrundgang ist mit Informationstafeln ausgestattet. Für weitergehende Informationen steht auch eine kleine Farmbroschüre zur Verfügung.
Straußenhennen legen in den Monaten März bis August am Spätnachmittag bzw. gegen Abend in das vom Straußenhahn angelegte Nest ihre Eier ab. Mit etwas Glück kann in den Sommermonaten die Eiablage und das Schlüpfen der Straußenküken live beobachtet werden. Die Schlupftermine werden immer rechtzeitig auf Internetseite bekannt gegeben.
Straußenküken sind Nestflüchter und können somit vom ersten Tag an laufen und sich weitgehend selbst versorgen. Die Küken wollen es in den ersten Lebenstagen warm (ca. 30 °C) und trocken. Daher können sie erst einmal für einige Tage im Stall beobachtet werden, bevor sie dann bei schönem Wetter auf die Weide dürfen. Jungstrauße und Elterntiere sind in der Regel immer im Auslauf zu sehen.

Daneben gibt es noch weitere Bauernhoftiere wie Ponys, Kaninchen, Schweine, Schafe und Katzen zum Anfassen und Streicheln. Dadurch ist der Besuch nicht nur für Kinder ein besonderes Erlebnis.
Im angrenzenden Hofladen erwartet Sie ein umfangreiches Sortiment rund um den Vogel Strauß z.B. Straußenfleisch und Wurstprodukte, Eier, Federn, Lederartikel und Souvenirs.

Jedes Alter
Familie Engelhardt
Herdweg 2 · 89340 Leipheim
Tel: 08221 273209
www.straussen-eiland.de

340 | Kinder Sommer

OBERSCHWABEN

Bohlenweg Leipheimer Moos

Ein richtiges Kleinod haben wir da entdeckt! Alle Naturfans, Tierliebhaber und Freunde der Ruhe und Stille werden hier ihre wahre Freude haben!

Los geht`s am Wanderparkplatz vor der Straußenfarm. Die Straussenfarm ist etwa 500 Meter weg und gleich das erste Highlight! Sowie ihr euch der Farm nähert, kommen die Tiere neugierig angelaufen und recken ihre Hälse durch den Zaun. Und es sind Hunderte! Wer genug Zeit hat, kann die Farm für ein paar Euro besichtigen. Empfehlenswert ist auch der kleine, angegliederte Hofladen, den ihr auch ohne Besichtigung entern könnt.

Weiter folgt ihr dem Weg entlang der Farm über die weiten Wiesen in Richtung Bohlenweg. Das nächste Highlight folgt bald darauf; auf einer lauschigen Wiese tauchen unvermittelt süße Zottelkühe auf. Die schottischen Hochlandrinder leben hier ganzjährig und sind einfach nett anzuschauen. Von hier aus ist es nicht mehr weit und kurz nach einem kleinen Infopunkt mit Fahrradabstellplatz taucht ihr endgültig in die tolle Wasser- und Moorlandschaft ein. Vom offiziellen Weg biegt ihr links auf den Bohlenweg ein. Der Bohlenweg selbst ist nicht sehr lang, etwa 500m. Nehmt euch Zeit, rennt nicht einfach drüber, sondern genießt! Packt euch ein wenig Wegzehrung ein und picknickt auf dem Bohlenweg. Begleitet von einem Froschkonzert in allen Tonlagen und allen Lautstärken könnt ihr die Beine vom Steg baumeln lassen und euch in eine andere Welt träumen…

ab 4 Jahre
Länge: 4,2km, alles eben
Start und Ziel: Wanderparkplatz vor der Straußenfarm
Ausrüstung: normale Turnschuhe
Tel: 01726162800
www.outdoorkid.de

Kinder Sommer | 341

OBERSCHWABEN

Wallenhausen

Waldseilgarten

Eigenverantwortliches Klettern in den 9 Parcours unterschiedlicher Schwierigkeitsgrade mit über 100 Elementen charakterisiert der idyllische Waldseilgarten.

So lernen schon Kinder und Jugendliche mit viel Spaß und Freude, wie wichtig es ist, auf sich selbst zu achten und Verantwortung für sich und seine Mitkletterer zu übernehmen. Das durchgängige Sicherungssystem in der gesamten Anlage garantiert dabei höchste Sicherheit. Vom Anfänger bis hin zum erfahrenen Kletterer ist Nervenkitzel und Kletterfreude garantiert. Und sogar die kleinsten Klettermäuse kommen nicht zu kurz, denn für Kinder ab drei Jahren gibt es einen eigenen Indianerwald mit 5 Parcours und einem Kletterkäfig. Mitten im Indianerwald steht auch ein großes Tipi-Zelt und ein Schäferwagen, die für Kindergeburtstage gebucht werden können. Anfang August öffnet das Sonnenblumen-Maisfeldlabyrinth (je nach Wetterlage und Höhe des Maises bzw. der Sonnenblumen) und auch sonst gibt es immer wieder allerlei Neues bei im Wald zu erleben!

🕐 An Sonn- und Feiertagen für Einzelbesucher in den Sommermonaten von 10 bis 19 Uhr (Witterungsabhängig), in den Ferien täglich geöffnet (witterungsabhängig), weitere Öffnungszeiten auf der Internetseite
€ Für 3 Stunden klettern in den verschiedenen Parcours:
Kinder 12 €, Jugendliche 17 € (ab 12 Jahren), Erw. 22 €, (Familienrabatt 10% bei 2 Erwachsenen Kletterern und mind. 1 Kind)
Bambiniparcours (ab 3 Jahre bis ca. 6 Jahre) inkl. Kletterkäfig: 2 Stunden 10 €
Tel: 07309 425959
www.waldseilgarten-wallenhausen.de

OBERSCHWABEN

Thannhausen

Turncable Wakeboardpark

Im Turncable Wakeboardpark kannst du Wakeboaren und Wasserski in einer neuen Dimension erleben.

Neben dem klassischen Liftbetrieb gibt es ein umfassendes Angebot an Freizeitaktivitäten und Erholungsmöglichkeiten, die jede Menge Spaß, Action und Entspannung bieten. Zu den sportlichen Aktivitäten bieten wir auch verschiedene Übernachtungsvarianten für einen Kurzurlaub direkt am See an. Warum in die Ferne schweifen, wenn das schöne so nah ist. Also, buche deinen Urlaub am besten gleich jetzt und die Erholung kann beginnen.

Ab 10 Jahren
Öffnungszeiten & Angebot auf:
www.turncable.de

Günzburg · Hochseilgarten im LEGOLAND® Feriendorf

Ausgestattet mit dem neuesten Sicherheitssystem, bei dem ein Umhängen nicht mehr notwendig ist, laden 6 Parcours mit insgesamt 42 verschiedenen Elementen Kinder ab 4 Jahren und Erwachsene zu Abenteuern in luftiger Höhe ein. Highlight ist der Seilrutschenparcours, der mit einer Länge von insgesamt 300 Metern über den "Feriendorf-Teich hinweg geht.

Wer nach dem Klettern noch nicht genug Adrenalin getankt hat, der kann sich auf den 13-Meter hohen Heldensprung oder auf die 14-Meter hohe Kletterwand freuen. Das LEGOLAND® Feriendorf findet Ihr direkt im Anschluss an den LEGOLAND® Park in Günzburg. Das Feriendorf ist für jeden zugänglich, daher ist auch KEIN PARKEINTRITT zu bezahlen. Außerdem gibt es ausreichend kostenlose Parkplätze direkt vor der LEGOLAND® Feriendorf Rezeption (ca. 100m zum Hochseilgarten) und für die Kinder gibt es zahlreiche Spielplätze, auf denen sie sich tummeln können.

€ 1,5 Stunden Klettern in den Parcours:
Bambini (4 bis 7 Jahre) 12 €, Kinder (8 bis 14 Jahre) 18 €, Erwachsene (ab 15 Jahren) 22 €
Familienkarte (2 Erw., 2 Kinder) 65 €, Familienkarte (2 Erw., 3 Kinder) 70 €, 13-Meter Heldensprung 5 €, Kletterwand 5 €
LEGOLAND Deutschland Freizeitpark GmbH
Legoland Allee
89312 Günzburg
Tel: 07309 425959
www.hochseilgarten-guenzburg.de

OBERSCHWABEN

Günzburg

LEGOLAND® Deutschland Resort

Mit Sicherheit viel Spaß für die ganze Familie – diese Devise des Familienfreizeitparks im bayerischen Günzburg hat seit 2020 eine ganz neue Bedeutung.

Eine Reise ins LEGOLAND ist für die ganze Familie ein Kurzurlaub vom Alltag, denn er bedeutet einen Ausflug in 10 spannende LEGO® Welten.

Auf dem Rücken des Feuerdrachen bezwingt man die kurvenreiche Achterbahnstrecke im Land der Ritter, während sich kleine Abenteurer bei der Safari-Tour auf eine Entdeckungsreise durch den LEGO Dschungel begeben. Und in der Welt der Ninja gilt es die Spinjitzu-Kräfte zu aktivieren, um an der Seite der NINJAGO® Helden verschiedenste Abenteuer zu meistern. Eine Tour durch Europa ermöglicht das aus über 23 Millionen LEGO Steinen erbaute MINILAND. Das ist Sightseeing wie es auch Kindern Spaß macht. Bei jedem Wetter ist für beste Unterhaltung gesorgt: Erfrischender Wasserspaß, wenn's heiß hergeht – und tolle Indoor-Erlebnisse auch bei Regen: Großartige Shows, exklusive 4D-Filme mit den LEGO Helden, atemberaubende Unterwasserwelten und vieles mehr…

🕐 Ende März bis Anfang November:
Von 10 bis 18 Uhr
Längere Öffnungszeiten an den Wochenenden, in den Ferien und an Feiertagen
€ Tageskarte Kinder (3 bis 11): 44,50 €,
Tageskarte Erwachsene 49,50 €
Tel: 0180 6 700 757 01
(20 Cent pro Anruf; Mobil max. 60 Cent)
LEGOLAND Allee · 89312 Günzburg
www.LEGOLAND.de

OBERSCHWABEN

Urlaubsfeeling im Feriendorf

LEGO® thematisierte Familien-Unterkünfte in drei prächtigen Burgen, im Pirateninsel Hotel und in unterschiedlichen Themenzimmern sind liebevoll dekoriert und großzügig mit LEGO Modellen ausgestattet. Passend zum LAND DER PHARAONEN übernachten Hobby-Archäologen stilgerecht in orientalischen Ägypten-Themenzimmer, während sich Rallyepiloten in bunten Rennfahrer-Zimmern wohlfühlen. Erstklassige Restaurants, Bowlingbahnen im Piraten-Look, eine Minigolfanlage und zahlreiche Abenteuerspielplätze runden das Unterhaltungsangebot im Feriendorf ab.

▍ www.LEGOLANDHolidays.de

Campingplatz im Feriendorf

Wer sich in der Natur zu Hause fühlt, der ist auf dem Campingplatz im LEGOLAND® Feriendorf bestens aufgehoben. Auf dem Spielplatz gibt es viel zu entdecken und kleine und große Abenteurer kommen hier voll auf ihre Kosten! Das Feriendorf ist ca. zehn Minuten zu Fuß vom LEGOLAND Deutschland entfernt.

Ohmden

Schieferbruch Kromer

Im nahe Holzmaden gelegenen Ort Ohmden liegt der Schiefersteinbruch Ralf Kromer, es ist der letzte noch aktive Schieferbruch in der Region. Von der Tier- und Pflanzenwelt, die zur Liaszeit vor rund 180 Millionen Jahren existiert hat, ist nur ein kleiner Teil fossil erhalten.

Die Versteinerungen werden beim Abbau durch die verschiedenen Gesteinsschichten immer nur durch Zufall und die Sorgfalt der Schieferbrecher gefunden. Ein Abbau allein wegen der Versteinerungen würde sich nicht lohnen.

Ohmden und die Nachbargemeinde Holzmaden wurden weltweit bekannt als eine der berühmtesten Fossilienfundstätten des Erdmittelalters. Ohmden war im 16. Jahrhundert Mittelpunkt der Schieferindustrie. In einer alten Stadtrechnung von Kirchheim unter Teck werden fast 20 Ohmdener Schieferbrecher namentlich erwähnt, die zusammen rund 33.000 Schieferstücke zum Bau der Martinskirche in den Jahren 1570 bis 1576 geliefert haben. Der Schiefer wurde zur Gewinnung des „Fleinses" abgebaut, einer feinkörnigen, festen Schicht, die heutzutage höchstens noch für innenarchitektonische Zwecke Verwendung findet. Fast alle hiesigen Steinbrüche haben in den letzten 50 Jahren mangels Rentabilität geschlossen.

Bringen Sie für Ihren Besuch Hammer und Meißel mit, sowie eine ausreichend große Transportbox, Sie werden mit Sicherheit fündig. Sie haben gute Chancen auf verschiedene Ammoniten, Belemniten und versteinertes Holz (Gagat) sowie – mit etwas Glück - auch Teil- bzw. Fragmentfunde von Seelilien, Pflanzen, Ichthyosauriern und Fischen.

Vor Ort gibt es ausreichend Parkplätze sowie einen überdachten Sitz- und Ruhebereich.

Öffnungszeiten auf der Internetseite
Für Gruppen ab 15 Personen auf Anfrage
€ Erwachsene 3 €, Kinder 2 €
Werkzeugverleih: Hammer und Meißel 1,50€, Hammer oder Meißel 1 €
73275 Ohmden
Tel: 07023 4703 oder 0173 9623907
www.schieferbruch-kromer.de

OBERSCHWABEN

Holzmaden

Urwelt-Museum Hauff

Das Urwelt - Museum Hauff bietet bei jeder Witterung spannende Erlebnisse für jung und alt und einen eindrucksvollen Überblick über die faszinierende Meereswelt der Jurazeit.

Tief eintauchen in die Urzeit, als Saurier die Welt beherrschten: Das 1993 neu gestaltete, private Museum zeigt auf gut 1000 Quadratmetern Ausstellungsfläche eine phantastische Meereswelt mit Ichthyosauriern, Plesiosauriern, Krokodilsauriern und Flugsauriern, sowie große Kolonien von Seelilien, Ammoniten und Belemniten aus dem einstigen Jurameer.

Zu den eindrucksvollsten Präparaten zählen ein Ichthyosaurier-Muttertier mit 5 Embryonen sowie die weltgrößte Seelilien-Kolonie mit 18 x 6 Metern.

Die Ausstellung der Fossilien wird anschaulich begleitet von Schautafeln, Dioramen, Videos und Computer-Animationen, so dass das Leben im Jurameer auf spannende Weise erlebbar wird. Wie die Fossilien vor Jahrmillionen entstanden sind, wird ebenso anschaulich erklärt wie die Arbeit der Museumswerkstatt, in der die Überreste der Urmeerbewohner sorgfältig freigelegt werden. Für einen Eindruck, wie imposant die Bewohner der Erde im Jura-Zeitalter gewesen sind, sorgt der Dino-Park im Außenbereich des Museums:

Dort sind lebensgroße Nachbildungen von acht verschiedenen Dinosauriern zu sehen. In einem Ausgrabungsfeld können die kleinen Besucher einen Saurier freilegen.

Dino-Park mit Modellen von 8 lebensgroßen Landsauriern zwischen Schachtelhalmen, Ginkgo- und Mammutbäumen. Verkauf von Fossilien, Geschenkartikeln und Büchern. Cafeteria mit täglich frischen Backwaren
Ausrichtung von Kindergeburtstagen und anderen privaten Events in architektonisch ansprechenden Räumlichkeiten

🕐 Ganzjährig geöffnet:
Di bis So, 9 bis 17 Uhr, Mo geschlossen
€ Erwachsene: 7 €, Schulkinder: 4 €,
Kinder ab 3 Jahren: 2 €.
Persönliche Führungen auf Vorbestellung oder jeden 1. So im Monat um 14 Uhr
Urwelt-Museum Hauff
Aichelberger Str. 90 · 73271 Holzmaden
Tel: 07023 2873 9
www.urweltmuseum.de

ORTSREGISTER

Ortsregister:

Allensbach	S. 160 - 161
Achberg	S. 245
Allmendingen	S. 319
Altusried	S. 135
Amtzell	S. 102
Argenbühl	S. 103
Aulendorf	S. 280 – 284
Bad Buchau	S. 296 - 297
Bad Hindelang	S. 56 - 59
Bad Saulgau	S. 294
Bad Schussenried-Kürnbach	S. 292
Bad Waldsee	S. 286 - 289
Bad Wörishofen	S. 149 - 151
Bad Wurzach	S. 276 - 279
Balderschwang	S. 49
Bezau - Bregenzerwald	S. 252
Biberach	S. 300 - 303
Blaichach	S. 74
Blaubeuren	S. 322 - 323
Blaustein	S. 337
Bodman-Ludwigshafen	S. 188 - 189
Bolsterlang	S. 50 - 51
Bregenz	S. 246 - 249
Buchenberg	S. 130
Burgberg	S. 68 - 70
Deggenhausertal	S. 207
Dietenheim	S. 319
Dietmannsried	S. 143
Dinkelscherben	S. 153
Dornbirn	S. 250 - 251
Ehingen	S. 316
Eigeltingen	S. 184 - 185
Eisenberg	S. 19
Ellmannsweiler	S. 293
Ellmansweiler	S. 304
Engen	S. 174 - 175
Erbach	S. 317
Eriskirch	S. 238
Erkheim	S. 156
Fischach	S. 152
Fischen	S. 48 - 49
Frickingen	S. 208 - 209
Friedrichshafen	S. 222 - 227
Friesenried	S. 148
Fronreute	S. 275
Füssen	S. 24 - 31
Görisried	S. 135
Gossau	S. 256
Grüntensee	S. 51
Günzburg	S. 343 - 345
Hagnau	S. 190
Hayingen - Wimsen	S. 295
Heiligenberg	S. 206
Heimenkirch	S. 95
Hemishofen	S. 258
Herbertingen	S. 305
Hilzingen	S. 168 - 169
Hohenfels	S. 213
Holzmaden	S. 347
Hopferau	S. 23
Ichenhausen	S. 339
Illerbeuren	S. 123
Illmensee	S. 163
Immenstaad	S. 218 - 220
Immenstadt	S. 75 - 79
Insel Reichenau	S. 182
Isny	S. 104 - 109
Jettingen - Scheppach	S. 157
Kammeltal	S. 338
Kanzach	S. 306
Kaufbeuren	S. 146 - 147
Kempten	S. 136 - 139
Kirchdorf an der Iller	S. 314
Kißlegg	S. 100 - 101
Königseggwald	S. 275
Konstanz	S. 176 - 181
Kressbronn	S. 234 - 237
Kreuzlingen	S. 254 - 255
Laichingen	S. 334 - 335
Langenargen	S. 232 - 233
Laupheim	S. 315
Legau	S. 131
Leipheim	S. 340 - 341
Leutkirch	S. 114 - 117
Liebenau	S. 237
Lindau	S. 242 - 244
Lindenberg	S. 92 - 93
Lipperswil	S. 253

Maierhöfen	S. 110 - 113	Roggenburg	S. 336
Mainau	S. 183	Ruderatshofen	S. 142
Markdorf - Gehrenberg	S. 203	Salem	S. 204 - 206
Marktoberdorf	S. 140 - 141	Salgen	S. 152
Meckenbeuren	S. 240	Sauldorf	S. 291
Meersburg	S. 214 - 217	Scheidegg	S. 88 - 91
Memmingen	S. 132 - 134	Schelklingen	S. 317
Mengen - Ennetach	S. 307	Schelklingen-Hütten	S. 318
Meßkirch	S. 298 - 299	Schongau	S. 18
Mindelheim	S. 154 - 155	Schwangau	S. 32
Möggers	S. 85	Seeg	S. 128 - 129
Moos	S. 164	Sigmaringen	S. 309 - 311
Nesselwang	S. 42 - 43	Singen	S. 170 - 173
Neu-Ulm	S. 324 – 327	Sipplingen	S. 195
Nonnenhorn	S. 239	Sonthofen	S. 62 - 66
Oberammergau	S. 16 - 17	Steibis	S. 80
Oberelchingen	S. 333	Stein am Rhein	S. 259
Obergünzburg	S. 155	Steißlingen	S. 161
Oberjoch	S. 61	Stockach	S. 185 - 187
Obermaiselstein	S. 46 - 47	Sulzberg	S. 120 - 122
Oberreute	S. 94	Tannheim	S. 67
Oberstadion	S. 307	Tengen	S. 165
Oberstaufen	S. 82 - 85	Tettnang	S. 228 - 230
Oberstorf / Kleinwalsertal	S. 52 - 53	Thannhausen	S. 343
Oberstorf	S. 54 - 55	Überlingen	S. 196 - 201
Oberteuringen	S. 213	Uhldingen-Mühlhofen	S. 192 - 194
Ochsenhausen	S. 312 - 314	Ulm	S. 330 - 333
Ofterschwang	S. 45	Untermarchtal	S. 333
Ohmden	S. 346	Uttenweiler	S. 293
Öhningen	S. 166 - 167	Wald	S. 129
Opfenbach	S. 95	Waldburg	S. 290
Ottobeuren	S. 144 - 145	Wallenhausen	S. 342
Oy-Mittelberg	S. 33	Walpertshofen	S. 308
Pfronten	S. 34 - 38	Waltenhofen	S. 124 - 125
Pfronten-Weißbach	S. 39	Wangen	S. 96 - 99
Pfullendorf	S. 210 - 212	Wasserburg	S. 241
Radolfzell	S. 162	Weiler	S. 86 - 87
Ratzenried	S. 102	Weingarten	S. 270 - 271
Ravensburg	S. 262 - 269	Weitnau	S. 118 - 119
Rettenberg	S. 71 - 73	Wertach	S. 40 - 41
Reutte	S. 20	Wiggensbach	S. 126 - 127
Rheinfall	S. 257 - 258	Wilhelmsdorf	S. 202
Rieden am Forggensee	S. 21 - 23	Wolfegg	S. 272 - 274
Riedlingen	S. 308	Ziemetshausen	S. 153

FEEDBACK

Hier hat es uns gefallen: